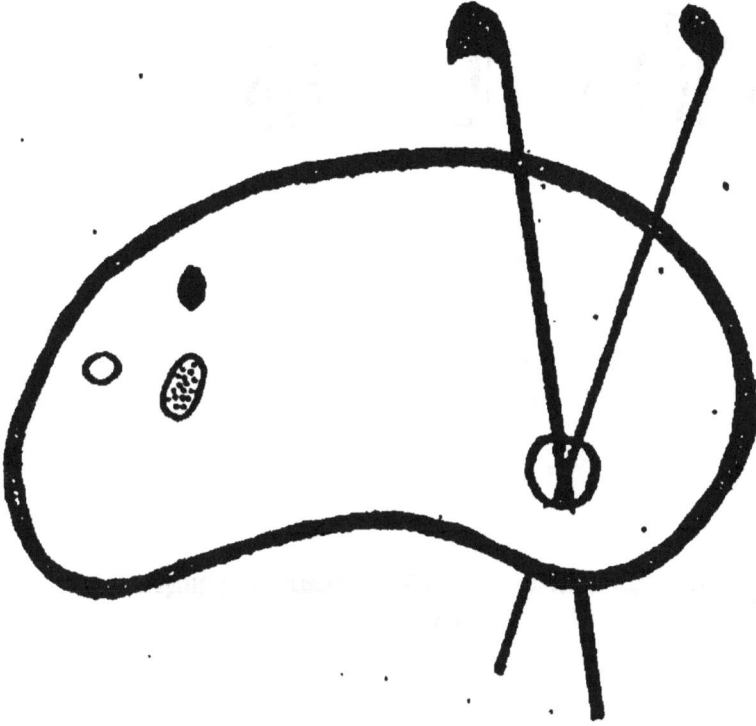

DEBUT D'UNE SERIE DE DOCUMENTS
EN COULEUR

ESSAI

SUR LES

FINANCES COMMUNALES

PAR

L. PAUL-DUBOIS

Auditeur à la Cour des Comptes.

Ouvrage couronné par l'Académie des Sciences morales et politiques
(Prix Léon Faucher).

Librairie académique PERRIN et Cⁱᵉ.

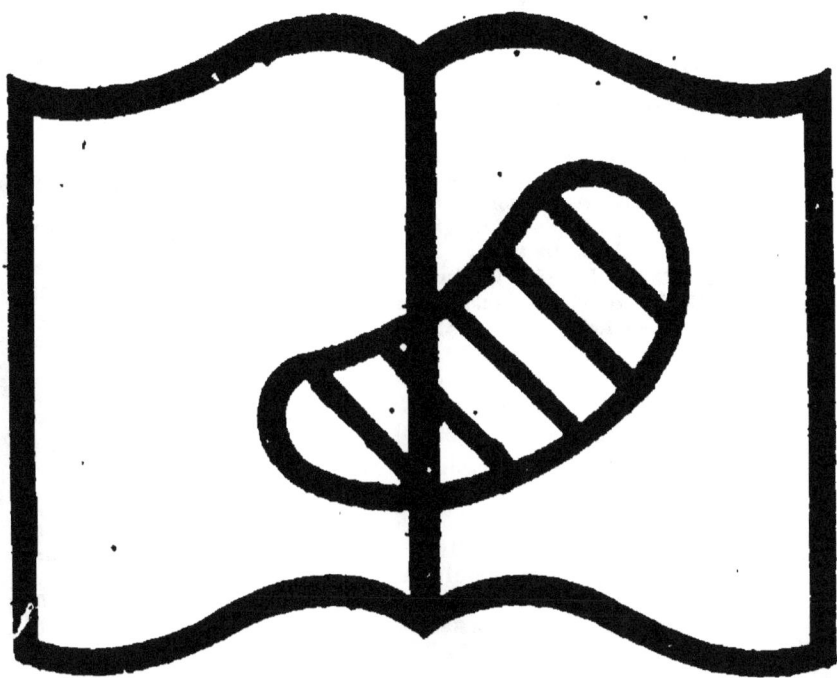

Illisibilité partielle

Contes allemands du temps passé, extraits des recueils des frères Grimm et de Simrock, Bechstein, Franz Hoffmann, etc., avec la légende de Lorely, traduits par Felix Frank et E. Alsleben et précédés d'une introduction par Ed. Laboulaye, de l'Institut. 3e édition. 1 vol. in-16, illustré..... **3 50**

SCHURÉ (ÉDOUARD)

Les grandes légendes de France, les légendes de l'Alsace. — La Grande-Chartreuse. — Le mont Saint-Michel et son histoire. — Les légendes de la Bretagne et le génie celtique. Un in-16. **3 50**

Les grands Initiés. Esquisse de l'histoire secrète des religions : Rama. — Krisna. — Hermès. — Moïse. — Orphée. — Pythagore. Platon. — Jésus. Un in-8°. **3 50**

PUYMAIGRE (Cte TH. DE)

Folk-Lore. Un in-16..... **3 50**

SANTA ANNA NÉRY (F.-J. DE)

Folk-Lore Brésilien. Un in-16, avec 12 morceaux de musique... **3 50**

BREMOND D'ARS (Cte GUY DE)

La vertu morale et sociale du christianisme. Un in-16. **3 50**

Les temps prochains La Guerre, la Femme, les Lettres. 1 in-16. **3 50**

ROD (ÉDOUARD)

Les idées morales du Temps présent. 3e édit. Un in-16. **3 50**

Le Sens de la Vie (cour. par l'Académie française). 9e édition. Un in-16..... **3 50**

ANGOT DES ROTOURS (JULES)

La Morale du Cœur. Étude d'âmes modernes. Un in-16..... **3 50**

O'MEARA (KATHLEEN)

Frédéric Ozanam. Sa vie et ses œuvres. Un in-16..... **3 50**

WYZEWA (TH. DE)

Le mouvement socialiste en Europe. Un in-16..... **3 50**

COCONNIER (R. P.)

L'Ame humaine. Existence et nature. Un in-16......... **3 50**

HENNEQUIN (ÉMILE)

La critique scientifique. 3e édition. Un in-16......... **3 50**

Études de critique scientifique. Les écrivains francisés. Dickens, Heine, Tourguenef, Poë, Dostoïewsky, Tolstoï. Un in-12. **3 50**

Études de critique scientifique. Quelques écrivains français. Flaubert, Zola, Hugo, Goncourt, Huysmans, etc. Un in-12. **3 50**

MORICE (CHARLES)

La littérature de Tout à l'heure. Un in-16......... **3 50**

HOUSSAYE (HENRY)

1814. Histoire de la Campagne de France et de la chute de l'empire d'après les documents originaux. 9e édition revue et augmentée. Un vol. in-12......... **3 50**

FONTANE (THÉODORE)

Souvenirs d'un prisonnier de guerre allemand en 1870. 1 in-16......... **3 50**

ERNOUF (BARON)

L'art musical au XIXe siècle. Les compositeurs célèbres : Beethoven, Rossini, Meyerbeer, Mendelssohn, Schuman. Un in-16 avec cinq portraits......... **4**

BIRÉ (EDMOND)

Paris pendant la Terreur. Un in-16......... **3 50**

Victor Hugo après 1830. Deux in-16......... **7**

LA ROCHETERIE (MAXIME DE)

Histoire de Marie-Antoinette (cour. par l'Académie française). 2e édition. deux in-16... **8**

GIRAUDEAU (FERNAND)

Hier et Aujourd'hui. Les vices du jour et les vertus d'autrefois. 2e édition. Un in-16...... **3 50**

NICOLAŸ (FERNAND)

Les enfants mal élevés. Étude psychologique, anecdotique et pratique (cour. par l'Académie des sciences morales et politiques). 10e édition. Un in-16.... **3 50**

Paris. — Imp. E. Capiomont et Cie, rue des Poitevins, 6.

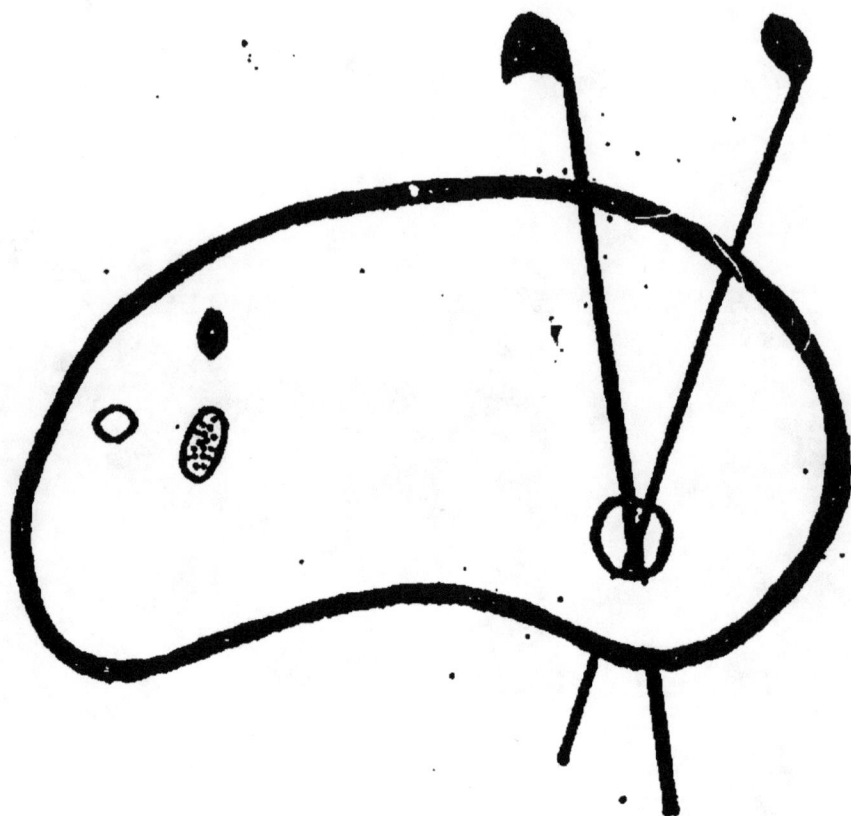

FIN D'UNE SERIE DE DOCUMENTS
EN COULEUR

ESSAI

SUR LES

FINANCES COMMUNALES

PAR

L. PAUL-DUBOIS

Auditeur à la Cour des Comptes

Ouvrage couronné par l'Académie des Sciences morales et politiques

(Prix Léon Faucher)

PARIS

LIBRAIRIE ACADÉMIQUE DIDIER

PERRIN ET Cⁱᵉ, LIBRAIRES-ÉDITEURS

35, QUAI DES GRANDS-AUGUSTINS, 35

1898

ESSAI

SUR LES

FINANCES COMMUNALES

DU MÊME AUTEUR

Les Chemins de Fer aux États-Unis, 1 volume in-18. —
Paris, Armand Colin et Cⁱᵉ, éditeurs, 1896.

Les Mémoires couronnés aux concours de l'Institut ne peuvent être publiés que moyennant l'indication des changements opérés sur les manuscrits en vue de la publication.

Ont été ajoutés :

P. 2, le paragraphe commençant par les mots : De toutes les espèces d'associations...

P. 11, le premier paragraphe du chapitre Ier.

P. 58 et s., le paragraphe VI.

P. 62, le premier paragraphe du chapitre II.

P. 64. et s., le paragraphe commençant par ces mots : Ces distinctions, et le paragraphe suivant.

P. 125 et s., le paragraphe commençant par ces mots : Le trait prédominant, ainsi que les deux suivants.

Ont été modifiés dans la forme et non quant au fond :

P. 9, le paragraphe commençant par ces mots : L'étude des finances...

P. 24, la fin du paragraphe Ier à partir de ces mots : Ainsi, sans heurt...

P. 38, la fin du paragraphe II à partir de ces mots : Cette œuvre...

P. 57, le paragraphe commençant par ces mots : Avec un système...

P. 68, la fin du paragraphe à partir du tiret.

P. 71, la fin du paragraphe.

P. 93, le paragraphe commençant par ces mots : Quelque développées...

P. 103 et s., le paragraphe intitulé : Services relatifs à l'amélioration...

P. 114, le paragraphe commençant par ces mots : On voit que la répartition...

P. 130, le paragraphe commençant par ces mots : De cet accroissement..., et les deux suivants.

P. 136, la fin du chapitre II.

P. 174, le paragraphe commençant par ces mots : Comment les charges...

P. 226, la fin du paragraphe II.

P. 300 et s., les quatre derniers paragraphes de la conclusion.

ESSAI

SUR LES

FINANCES COMMUNALES

———

Le régime financier d'une association quelconque, publique ou privée, ne porte en lui-même
ni sa raison d'être ni son principe propre. Il ne
constitue par rapport à cette association qu'un
moyen ; il représente le résultat matériel de son
activité sociale, il est la manifestation pratique de
devoirs et de fonctions dont il donne la traduction
en chiffres et l'expression mathématique. De tous
les attributs de la personnalité civile, le pouvoir
financier — *die Finanzhoheit*, comme disent nos
voisins d'outre-Rhin — est celui qui fait le mieux
connaître l'essence même de l'être qui le possède
et l'exerce, parce qu'il en est la réalisation la plus
sensible et la plus familière. Quels que soient les
caractères constitutifs et essentiels de l'association
idéale que nous envisageons, le régime financier
en portera nécessairement le signe distinctif et

1

l'empreinte matérielle. A toute époque, à travers toutes leurs évolutions, il en réfléchira l'image forcée parfois, mais d'autant plus précieuse, dans ses comptes et ses bilans. C'est en lui qu'apparaissent pour la première fois les tendances nouvelles, qu'il enregistre en les exagérant, comme pour les mieux signaler ; c'est un document, un témoin, mieux encore, un juge dans un temps où les questions financières se posent au premier plan des problèmes sociaux et menacent de les absorber tout entiers. — Mais s'il éclaire ainsi d'une lumière nouvelle la personnalité intime de l'association qui l'a produit, s'il en dévoile la nature constitutive et en analyse de lui-même le rôle spécial, c'est qu'il y puise, avec son propre principe d'existence, l'origine et la raison de tous ses éléments. Ses formes, ses procédés, son esprit, jusqu'à ses résultats, sont « conditionnés » par les caractères personnels de l'être collectif qu'il fait vivre, et dans lequel il est déjà virtuellement tout entier. Rien en lui qui ne soit déterminé, c'est un produit nécessaire : le régime financier d'une association publique ou privée est « fonction » de la constitution intrinsèque de cette association.

De toutes les espèces d'associations, — associations naturelles ou contractuelles, facultatives ou obligatoires, — l'une des premières qui ait eu pour elle la nécessité avec la durée, après cette

société élémentaire et primordiale qui est la
famille, c'est la société locale ou communale, c'est
la commune. Spontanée comme la famille, dont
elle n'est pas une formation dérivée, mais approchée, elle possède, comme l'État lui-même, ce
caractère de contrainte et de perpétuité qui distingue les sociétés ayant pour objet l'intérêt
collectif ; elle est la forme simple, primitive et
locale de ces sociétés dont la forme éminente,
supérieure et composée se trouve dans l'État. Si les
traits essentiels d'une civilisation reflètent tous,
plus ou moins exactement, la condition physique
et morale de l'individu, la société communale est
sans doute, de tous ces traits, l'un des plus caractéristiques. Moins distante de l'individu que n'est
l'État, intéressant d'une façon plus étroite sa vie
pratique et journalière, elle peut davantage pour
lui, en bien comme en mal, elle le représente aussi
plus exactement avec ses tendances, son histoire,
ses aptitudes et sa nature. Il n'y a peut-être pas de
miroir plus net d'un état général de société que
celui que nous offre la société communale ; en
revanche, il n'y a peut-être rien de plus divers et
de plus variable que son caractère et ses formes
essentielles, envisagées dans le cours de l'histoire
ou dans le cadre de chacun des grands pays européens.

Quel est au fond des choses, dans la pratique de

la vie locale, le caractère constitutif de la commune? 'La législation française actuelle nous répond que la commune est une autorité publique locale, créée par l'État, soumise à l'État son maître, et jouissant de plus ou' moins d'indépendance administrative selon le régime politique et la bonne volonté du gouvernement. Voilà une manière de voir : ce n'est ni la seule ni peut-être la plus vraie. On trouve dans les traités de sociologie, comme dans le long champ d'expériences de l'histoire, bien des conceptions différentes de ce qu'est l'État, depuis l'État restreint d'Herbert Spencer ou l'État embryonnaire à peine sorti de l'anarchie barbare, jusqu'à l'État demi-socialiste d'aujourd'hui ou l'État communiste de Fourier. On peut se faire également beaucoup de conceptions diverses de ce qu'est une commune, et l'histoire des localités a partout suivi, parallèlement à celle de l'État, une longue et lente évolution, aveugle et inconsciente, moins connue que la première, et, par sa complexité même, moins aisée à connaître. — Nous avons signalé déjà un type de communes, la commune constituant une autorité publique subordonnée à l'État. Parmi les divers autres types de communes qu'on peut immédiatement imaginer, il y a la commune féodale, jouissant à titre personnel de certains attributs du pouvoir politique; puis la commune souveraine, indépendante, qui a pour modèle la ville italienne du moyen âge. A l'autre extrémité de l'échelle, on peut voir dans telle ou telle commune rurale d'aujourd'hui non plus une association d'ordre public, mais un syndicat privé d'intérêts communs, né des liens permanents du voisinage matériel, d'une sorte de copropriété foncière analogue à celle qui unit entre eux les possesseurs de biens indivis. D'autre part, il a existé longtemps dans les campagnes de la Prusse, aux lieu et place de communes rurales, des communautés agricoles ayant conservé un caractère familial ou patriarcal. Les noms de Hambourg et de Brême suffisent de même à rappeler que certaines administrations urbaines ont revêtu, au moins à leur origine, la forme d'associations commerçantes, de corporations ou gildes marchandes. Enfin tout le monde sait qu'à certaines époques, et cela dans presque tous les pays, la commune, morte en tant qu'être collectif indépendant, en tant que personne morale, s'est trouvée purement et simplement confondue dans l'association plus large de l'État, qui prit sa place et ses fonctions, et dont elle n'a plus représenté qu'un élément constitutif, une division territoriale. Depuis la petite circonscription locale administrée d'en haut par le pouvoir central, jusqu'à la république urbaine indépendante et autonome, il y a ainsi une série continue de types différents de communes, ayant leur origine particulière, leurs fonctions spéciales, leurs formes

propres, et leur nom seul en commun, leur même
étiquette administrative.

On voit donc combien peuvent varier le caractère constitutif et le rôle dans l'État de ce qu'on
est convenu d'appeler du nom générique de commune : on devine aussi combien ces différences de
constitution intrinsèque doivent réagir sur l'esprit
et la forme du régime financier de ces sociétés
locales. — La commune est-elle une simple section
administrative de l'État ? Dès lors, elle ne fonctionne plus par elle-même ; c'est l'État qui pense
et agit pour elle ; il perçoit ses ressources, paie
ses dépenses, absorbe sa comptabilité, s'approprie
ses biens. L'être collectif local est paralysé ; le
corps est intact, mais l'âme est ailleurs. — Voit-
on, au contraire, dans la commune, une autorité
publique du même ordre que celle de l'État,
administrative et locale au lieu d'être nationale et
politique ? Son régime financier devient alors
analogue à celui de l'État, sous cette réserve que
ses moyens et ses besoins seront spéciaux et
locaux. Comme elle constituera, en fait et en droit,
une association forcée, jouissant du droit de coercition, qui est le propre de toute autorité publique,
elle établira des impôts qui seront répartis proportionnellement aux facultés de ses contribuables ;
ses dépenses seront tous les services qui représentent dans la localité des intérêts collectifs,

moraux ou matériels, réels ou personnels; elle
dressera un budget d'ensemble, où, à la différence
du budget de l'État, les recettes passeront avant
les dépenses, parce qu'elles forment l'élément
le moins variable et le moins élastique des
finances locales. Si cette commune, subordonnée
à l'État, secoue peu à peu le joug de l'autorité
nationale, si elle s'empare de quelques-uns des
attributs de la souveraineté, ou si elle atteint
à l'autonomie absolue, ses fonctions et ses ressources s'élargiront sans altérer dans ses traits
généraux le caractère propre de ses finances; on
verra seulement ses impôts affecter une certaine
forme politique ou féodale. — Retournons maintenant à l'hypothèse inverse, et imaginons un ins-
tant une commune qui ne soit qu'un syndicat utilitaire d'ordre privé, organisé, non par des citoyens
comme tels, mais par des particuliers, pour la
gestion en commun de leurs intérêts locaux.
Cette association, naturelle et involontaire, fondée
sur la proximité permanente de l'habitation, ne
puise pas, dans la solidarité physique et jusqu'à
un certain point morale de ses membres, le pouvoir de contrainte qui en ferait un groupement
forcé, obligatoire, le droit de coercition qui l'assi-
milerait à une autorité publique. Les services
qu'elle remplit seront nécessairement limités à
certains besoins d'ordre évidemment privé, ne

supposant pas l'application d'un pouvoir coercitif,
offrant une utilité matérielle, égale ou proportionnelle, pour tous les syndiqués, et nés du contact
inévitable de la vie quotidienne. C'est en proportion de l'intérêt ou des avantages matériels retirés
par chacun des membres de l'association que les
charges communes seront réparties entre ceux-ci,
au moyen d'une comptabilité spéciale par service
et nominative par individu. Les ressources ne
comprendront plus d'impôts, mais des rétributions
ou taxes représentant simplement le total des fac-
tures, des états de frais à fournir aux syndiqués ;
les dépenses seront ainsi réglées avant les recettes.
— D'ailleurs, cette sorte d'association quasi-con-
tractuelle a pu commencer par être un simple groupement traditionnel, familial ou patrimonial, basé
sur une communauté agraire plus ou moins absolue ; la commune apparaît, dans ce cas, comme
l'autorité chargée de l'exploitation générale d'un
territoire à frais et à bénéfices communs, ces bénéfices et ces frais étant partagés par famille de parts-
prenants et de prestataires. — Enfin si, à certaines
époques, quelques municipalités urbaines se sont
trouvées confondues avec les gildes marchandes
d'où elles avaient tiré leur modèle et leur origine,
les formes industrielles ou commerciales ont pu
prédominer plus ou moins longtemps dans leur
organisation administrative et financière.

L'étude des finances communales doit donc être
basée sur un examen au moins approché du caractère constitutif de la société communale. Avant
d'envisager les dépenses, les ressources et les dettes
communales, il faut jeter un coup d'œil sur l'évolution de la commune et sa nature actuelle dans
quelques-uns des grands pays européens. Aujour-
d'hui encore, l'ensemble des divers groupements
d'intérêts qui constitue dans un État donné le
système communal est en effet bien loin de présenter partout un aspect uniforme. Le régime
égalitaire qui divise le territoire en un certain
nombre de communes toutes semblables les unes
aux autres n'est pas universel. Tel pays, très voisin
du nôtre, au lieu d'avoir une seule et même espèce
de communes remplissant à elles seules les principales fonctions du gouvernement local, a réparti
et spécialisé ces fonctions entre un grand nombre
d'associations indépendantes ; tel autre admet
encore, dans une partie de son territoire, à côté des
communes rurales tout récemment reconstituées,
des domaines quasi-féodaux formant par eux-
mêmes des communes d'une espèce particulière.
Presque partout, auprès des autorités communales
proprement dites, de droit commun, on trouve des
associations spéciales, de nature analogue, remplissant des fonctions limitées, ici prépondérantes,
jouant là un rôle presque effacé. Presque partout

aussi, les communes, unités administratives du premier degré, peuvent s'associer pour former des syndicats qui s'étendent sur une circonscription plus vaste. Ces établissements spéciaux, ces unions, ce sont encore des associations communales, détachées en satellites autour du noyau originaire, participant à la vie locale au même titre que les communes véritables, auxquelles on doit les comparer, et auxquelles il faut les réunir. — Un rapide aperçu qui nous permettra de préciser les éléments, les unités devant faire l'objet de notre examen, est ainsi le fondement nécessaire de toute étude critique des finances communales; par une opération réflexe, l'étude des finances communales pourra peut-être aboutir, grâce aux données rassemblées et aux théories émises, à une conception plus précise et à une détermination plus rigoureuse du caractère constitutif de la commune à l'heure actuelle.

CHAPITRE I

LA SOCIÉTÉ COMMUNALE

I. Prusse. — II. France. — III. Belgique. — IV. Angleterre.
V. Italie. — VI. Résumé

La société communale paraît avoir eu, dans presque toute l'Europe occidentale, une origine très analogue et une constitution à peu près uniforme, aux premiers temps de l'ère moderne. Il est une période de la civilisation où, dans tous les pays, les institutions locales encore rudimentaires se ressemblent nécessairement : c'est dans la première phase de leur existence, quand elles ne sont représentées que par des communautés de villages ou de villes qui ne se distinguent pas encore juridiquement des premières. Leur analogie est alors de qualité négative, et ne consiste guère que dans l'absence de différences positives. Plus tard, les divergences sociales et politiques de chaque peuple impriment une marque de plus en plus profonde sur son régime communal, et les caractères propres de la société locale se déterminent et s'accentuent peu à peu sous la double influence de la race et du milieu. Plus tard encore, une tendance

nouvelle semble porter, sous l'effort de la démocratie, les institutions communales des grandes
nations européennes vers un retour à l'uniformité,
sans que d'ailleurs cette lente assimilation puisse
jamais effacer les particularités caractéristiques
qui donnent à chacune d'elles leur aspect personnel et national.

I

L'histoire des institutions locales se divise en
deux parties. Villes et communes rurales ont en
effet suivi partout une évolution distincte, parfois
contraire, et c'est seulement aux temps présents
que les législations éprises d'unité cherchent à les
identifier dans le régime qu'elles leur appliquent.
La formation historique des communautés de
campagne et celles des associations urbaines
sont partout différentes, comme l'époque de leur
naissance à la vie publique. Leur rôle dans ce qui
fut d'abord le pays, puis devint l'État, n'est rien
moins que comparable ; aujourd'hui encore, les,
conditions pratiques du gouvernement local dans
les villes et dans les campagnes ne sont point
égales et ne peuvent être assimilées. C'est ce dont
témoigne clairement l'histoire de la société locale
en Prusse[1].

[1] La richesse des documents relatifs à l'histoire de la société
locale en Prusse nous a engagé à insister un peu sur ce point
encore mal connu. Voir Gierke, *Das deutsche Genossenschaft-*

La condition de la commune rurale a toujours été, en Prusse plus encore qu'en tout autre pays, inséparablement liée à celle des paysans. Pendant les temps qui précédèrent immédiatement l'apparition de la féodalité en Allemagne, la commune (*Markgemeinde* ou *Dorfschaft*) nous apparaît dans les Marches comme une communauté agraire, familiale, composée d'hommes libres, et ayant à sa tête un *Schulze* représentant le margrave, c'est-à-dire le souverain. Les paysans, assujettis à l'obligation de culture, au *Flurzwang*, se partagent périodiquement les terres, dont une partie est réservée pour l'usage général ; ils pourvoient en commun à leurs besoins collectifs. Dans cet ordre de choses où tout est réglé en vue de la colonisation, le *Schulze* est un entrepreneur privé, concessionnaire du margrave, qui s'est engagé à faire cultiver une certaine portion de territoire, perçoit une rente annuelle sur chaque champ, et s'est fait concéder en toute propriété un bien-fonds affranchi d'impôt. Gierke[1] semble considérer ces premiers groupements locaux comme affectant surtout un caractère politique : la commune est en effet un centre judiciaire ; elle répond des délits commis

srecht, 1868. Bornhak, *Geschichte des preussischen Verwaltungsrechts*, 1886. Rosin, *Das Recht der öffentlichen Genossenschaften*, 1886. Maurer, *Geschichte der Städteverfassung*, 1868. Le même, *Geschichte der Dörferverfassung*, 1871. E. von Meier, *Die Reform der Verwaltungsorganisation unter Stein und Hardenberg*, 1881. Keil, *Die Landgemeinden in den östlichen Provinzen Preussens*, 1890. Blodig, *Die Selbstverwaltung als Rechtsbegriff*, 1894. *Anlagen zu den stenographischen Berichten des Abgeordnetenhauses*, 1890-1891, n° 7.

[1] *Das deutsche Genossenschaftsrecht*, I, 70.

dans sa circonscription. Nous penserions plutôt avec Waitz [1] et Bornhak [2] qu'il n'y avait là autre chose, qu'une communauté agraire de colonisation, où le *Schulze* rendait la justice et exerçait la police au nom du souverain, les paysans restant indépendants et unis pour la gestion de leurs intérêts communs.

Ce régime primitif disparut d'assez bonne heure dans la plus grande partie de l'Allemagne. A mesure que la féodalité grandit, on vit la communauté rurale passer peu à peu, à partir du x⁰ siècle, sous l'autorité des seigneurs domaniaux, des *Grundherren*, et, de libre qu'elle était, devenir *grundherrliche*, seigneuriale. Les impôts, l'administration, la justice, la police, tombent aux mains du seigneur, qui souvent délègue ses droits et ses attributions à un bailli, et dont le *Schulze* n'est plus que l'agent d'exécution. Vers le xii⁰ siècle, les paysans sont absolument confondus avec les serfs, et leurs terres, avec les terres domaniales. La communauté agricole a disparu en certains endroits, en d'autres elle a subsisté et subsistera longtemps encore ; quant au *Flurzwang*, il durera jusqu'à la fin du xviii⁰ siècle ; d'ailleurs le paysan, bien protégé, jouissant d'une dose de liberté matérielle suffisante, est assez heureux dans sa condition subordonnée ; seulement, il ne peut ni quitter le sol ni abandonner son bien. Quelques communes ont, à la vérité, conservé leur indépendance primitive

---

[1] *Verfassungsgeschichte*, I, 131 : « *Eine Bildung rein auf der Art der Ansiedlung und den agrarischen Verhältnissen beruhend.* »
[2] *Geschichte des preussischen Verwaltungsrechts*, I, 6.

et échappé à l'étreinte du régime féodal, particulièrement en Westphalie, dans le pays rhénan,
dans le Dithmarse ; d'autres ont réussi, comme en
Suisse, à se délivrer par la violence de l'autorité de
leur bailli. Mais partout ailleurs la liberté privée et
matérielle des anciennes communautés rurales est
lettre morte, leur existence corporative même est
chose douteuse. Le seigneur est, de droit, nu propriétaire de tout le territoire, il exerce seul — ou
doit exercer — toute l'administration à titre de
onera patrimonii ; on ne voit pour ainsi dire plus
de place pour la vie locale, pour la gestion indépendante d'intérêts collectifs et, « s'il y a toujours
des droits, des intérêts, des biens communs, il n'y
a pas de droits communaux, d'intérêts communaux, de biens communaux qui s'en distinguent ; il
n'y a pas de commune au sens moderne du mot[1] ».

La féodalité s'avance, puis elle fait place à ce
nouveau régime, féodal encore, mais organisé et
hiérarchisé sous l'autorité reconnue d'un souverain national, qu'on a appelé en Allemagne l'état
patrimonial. Alors la condition des paysans dans
les domaines nobles se resserre, comme celle
des communautés rurales sous la dépendance des
seigneurs. Les intérêts primordiaux, les besoins
essentiels de la vie locale dans les campagnes
sont négligés par les *Grundherren* indifférents,
besogneux ou absents de leurs terres ; l'agriculture dépérit peu à peu ; bientôt après la Réforme,
les paysans se soulèvent en masse dans de ter-

---

[1] Gierke, *Das deutsche Genossenschaftsrecht*, I, 207.

ribles révoltes qui désolent l'Allemagne entière ;
lors de la guerre de Trente ans, les campagnes
sont dépeuplées et restent en friche[1]. De cet
état de choses devait sortir quelque jour un
mouvement en faveur d'une résurrection plus
ou moins complète de la vie locale, et l'on vit
en effet cette réaction commencer avec les premières années du xviii° siècle, sous la double influence des efforts du pouvoir royal et de l'exemple
des associations spéciales organisées dans le Nord
de l'Allemagne sous le nom de *Specialverbände* ou
Specialgenossenschaften. Ces associations s'étaient
formées au xvi° siècle dans le Holstein et dans la
Frise, pour l'établissement et l'entretien de digues,
levées et chaussées sur les bords de la mer du Nord
et de la Baltique ; elles s'étaient étendues peu à
peu à beaucoup d'autres objets communs d'intérêt
local, construction de chemins, d'écoles, et s'étaient
largement développées à la fin de l'ancien régime
dans l'Allemagne tout entière. D'autre part, les
tentatives faites par le roi Frédéric-Guillaume Ier
et ses successeurs pour élever la condition des
paysans ne pouvaient manquer de profiter du même
coup aux communautés locales ; une ordonnance
de 1721 favorise le partage des terres « pour le
bien général de l'agriculture », des édits de 1714
et 1717 ordonnent le rétablissement dans leurs biens
des paysans évincés. Vers la fin du xviii° siècle, le
corps inanimé des intérêts communs de chaque localité semble retrouver conscience de lui-même,

---

[1] *Anlagen zu den Stenographischen Berichten des Abgeordnetenhauses*, 1890-1891, n° 7.

et se reprendre à la vie collective ; les paysans commencent à sortir de l'état passif de la *communauté* pour se constituer en *association* : la *Genossenschaft* fait place à la *Gemeinheit*. Voici une application : ce sont les communes qu'on charge dorénavant, de préférence aux seigneurs, de pourvoir à l'instruction des enfants et, en Westphalie, à l'assistance des pauvres, fonctions exclusivement seigneuriales. L'*Allgemeines Landrecht* ne déclare-t-il pas, en 1794, les communes rurales « autorités publiques » ? C'est d'ailleurs en quoi il se hâte un peu trop, car une pareille qualification ne peut en aucune façon convenir à de simples syndicats d'intérêt privé, n'ayant d'attributions que ce qu'il plaît au seigneur, seul administrateur public, de leur laisser, et dont les membres, liés à ce seigneur par des attaches toutes féodales, n'ont même pas la propriété du sol qu'ils cultivent.

Bien qu'adouci en pratique, le servage subsistait encore en effet au commencement du siècle, du moins dans les provinces orientales de la Prusse. Le premier coup lui fut porté par le ministre Stein dans l'édit du 9 octobre 1807, lequel laisse pourtant aux seigneurs les attributs de la puissance publique, la justice, la police, l'administration locale. L'influence conservée par le propriétaire de biens nobles reste assez puissante pour que les paysans n'aient pas même l'idée de se soustraire à son autorité, et la réforme agraire commencée à cette époque n'apporta de la sorte aucune modification dans les institutions locales de l'Est de la

2

Prusse, si ce n'est que les terres communales
devinrent légalement distinctes des terres seigneuriales. Les communes des provinces de
l'Ouest, passées momentanément sous la domination française, s'étaient trouvées soumises à la
législation de l'an VIII, qu'elles conservèrent assez
longtemps après 1813, jusqu'à ce que des lois
nouvelles, toujours inspirées de l'esprit de nos
institutions, leur fussent substituées [1]. Quant aux
communes des provinces de l'Est, leur organisation, promise dès 1808 par Stein, se fit attendre un
demi-siècle. — Le mouvement révolutionnaire de
1848 devait faire avancer la législation prussienne
dans la voie de l'égalité civile ; en effet, une loi
du 2 mars 1850 abolit toutes les charges foncières
féodales. Ce n'est pas tout : le parti alors au pouvoir essaie d'enlever à l'ancien seigneur ses propriétés privées, les biens nobles ou *Gutsbezirke*
séparés en 1811 des terres communales, puis ses
pouvoirs de police et d'administration locale; mais
dès 1853 ces mesures sont rapportées par la réaction conservatrice. L'année 1856 vit un timide
essai d'organisation communale dans les campagnes des provinces orientales, mais ce n'est
qu'en 1872 que les communes y sont véritablement constituées en tant qu'autorités publiques :
la loi du 13 décembre leur concède alors le droit
de nommer leur *Schulze ;* elle enlève aux anciens
seigneurs les pouvoirs de police qui font retour à
l'Etat, puis toute l'administration locale dont ils

---

[1] Westphalie : ordonnance du 3 octobre 1841. — Provinces du
Rhin : ordonnance du 23 juillet 1845.

étaient restés seuls et personnellement chargés, et qui est restituée aux communes après huit siècles de servitude; quant aux biens nobles, ils sont assimilés à de véritables communes, dont ils ont toutes les attributions et tous les pouvoirs. La commune rurale moderne est née en Prusse.

Dans tous les pays, les communes urbaines s'ouvrent à la vie publique beaucoup plus tôt que les communes rurales. A l'origine, rien ne les distingue légalement des autres groupements territoriaux, des localités de la campagne, si ce n'est l'absence de toute communauté du sol, et les colonies romaines comme les cités germaniques ne présentent en Allemagne aucune organisation spéciale, différente de celle des *Dorfschaften*. « Le mot ville n'a pas alors de signification légale ; la ville ne représente en droit rien de distinct du reste du territoire [1]. » Cela reste vrai jusqu'à ce que cette ville reçoive du souverain des privilèges spéciaux, droit de bourgeoisie, faculté d'établir un marché, d'avoir un conseil, un *Rath*, aux lieu et place du *Schulze*, et des bourgmestres pris dans le sein de ce conseil. — Quelle est l'origine juridique de la ville légale en Allemagne ? L'hypothèse d'une survivance traditionnelle des organisations municipales romaines, soutenue par Savigny, paraît bien abandonnée aujourd'hui des historiens allemands. Gierke [2] voit dans la constitution des villes un développement des gildes personnelles (*Schutzgilden*), ou des gildes marchandes ; avec

---

[1] Blodig, *Die Selbstverwaltung als Rechtsbegriff*, 63.
[2] *Das deutsche Genossenschaftsrecht*, I, 267.

Wilda [1], l'auteur d'un traité des Gildes, il considère le droit municipal comme « le droit des gildes
adapté à des conditions nouvelles ». Maurer [2],
d'autre part, prend à tâche de démontrer que les
corporations urbaines sont sorties directement des
communautés locales primitives, des *Dorfschaften*.
Il est vraisemblable qu'il y a une part de vérité
dans les deux théories ; dans tous les cas, on sait
ce que les privilèges municipaux, exprès ou tacites,
ont coûté de luttes, de sang et d'argent aux villes
de l'Allemagne du Nord. A Cologne, libre en 1056,
mais victorieuse en 1288 seulement de ses arche-
vêques qui se retirent alors à Brühl, et auxquels
la ville continue de prêter serment, la constitution
municipale est bien certainement dérivée de la
Schutzgilde. Trèves, Ratisbonne ne sont reconnues
libres qu'après l'organisation d'une « commune
jurée » analogue. Strasbourg, Spire et Bâle sont
l'œuvre de la corporation des « marchands du
Rhin », qui reste l'élément primordial de l'administration urbaine. Ce sont les villes épiscopales
qui gagnent les premières leur liberté ; les villes
princières, ducales, seigneuriales, ne font que
suivre leur exemple, et deviennent rapidement les
plus nombreuses ; les unes et les autres sont
d'ailleurs faiblement soutenues par les empereurs,
qui ne comprennent pas le bénéfice que les rois
tirent en France du mouvement communal. —
L'apogée de l'indépendance des villes allemandes

---

[1] *Gildenwesen*, 146.
[2] *Städteverfassung*, 1 et suiv.

se marque au milieu du xv⁰ siècle. Alors le *Rath* et les bourgmestres qui ont la charge de l'administration et des finances urbaines exercent aussi la police, le *judicium infimum* et parfois le *judicium supremum*[1]; il y a un droit municipal, dont relèvent les bourgeois, et ce sont les villes qui les premières, à cette époque, ouvrant la voie à l'État, fondent un droit public. Ces villes constituent non seulement des autorités publiques, ce qu'elles sont aujourd'hui encore, mais des pouvoirs politiques, ce qu'elles ne sont plus; la féodalité n'est pas tout entière dans les seigneuries, elle est aussi dans les villes, et ce n'est pas toujours là que le régime est le moins rigoureux. Toutefois, d'une manière générale, on ne saurait comparer l'autonomie dont jouissaient à cette époque les grandes villes allemandes, dans cet empire pourtant morcelé, débilité par sa grandeur même, à celle qu'elles enviaient aux villes italiennes, véritables États indépendants et souverains. Soucieux de ses droits, le pouvoir impérial rappelait souvent les villes infidèles à l'obéissance, comme il le fit, par exemple, dans les arrêtés de Worms (1231) ou dans l'édit de Ravenne (1232), et ces déclarations de suzeraineté, pour platoniques qu'elles fussent en elles-mêmes, n'en suffisaient pas moins à ranimer les luttes entre évêques et municipalités, entre princes et bourgeois; le lien n'était jamais complètement rompu entre les villes et l'Empereur.

---

[1] Bornhak, *Geschichte des preussischen Verwaltungsrechts*, 1, 48.

L'autonomie municipale, qui n'existe dans un pays qu'à la faveur de la faiblesse du pouvoir central, doit tomber nécessairement quand naît l'État moderne, autorité nationale et souveraine, qui s'empresse, comme pour mieux s'affirmer, d'absorber en elle-même toute la vie publique et de supprimer toute espèce d'intermédiaire entre elle et l'individu. En Allemagne, l'indépendance des villes subsista plus longtemps qu'en France, grâce à l'impuissance du pouvoir impérial et des souverains locaux toujours en lutte avec lui, grâce aussi, dans une certaine mesure, aux ligues et aux confédérations formées par les villes non moins pour leur sécurité personnelle que dans l'intérêt de leur commerce. C'est seulement au milieu du xvᵉ siècle, avec la soumission de Cologne et de Berlin en 1442, que commença la reprise des villes par l'État, reprise souvent violente à l'origine, facilitée pourtant par les dissensions entre patriciens et bourgeois qui désolaient alors les administrations municipales. L'État s'assura d'abord des ressources, — il n'en avait guère d'autres que ses revenus domaniaux, — en imposant l'accise aux communes. En 1515, l'électeur Joachim rend une première ordonnance générale de police, étendant à tout le territoire le régime auquel était soumise la ville de Berlin; la police est retirée en majeure partie des mains des municipalités, comme la justice, qui reste provisoirement au *Rath* à titre de délégation. Les organes de l'administration, qui demeurent les mêmes en apparence, subissent des modifications

profondes : les places du *Rath* et du *Magistrat*,
que l'aristocratie urbaine se plaisait à regarder
comme lui revenant de droit, sont dorénavant
concédées par le pouvoir central à sa discrétion ;
le *Rath* lui-même est peu à peu dépouillé de la
plupart de ses attributions importantes au profit
des commissions extraordinaires royales, et surtout du *Steuerrath*, la commission des finances.
Enfin, sous Frédéric-Guillaume Ier, les biens des
villes sont déclarés biens de l'État.

On voit que, si l'on met de côté un petit nombre
de villes, comme Brunswick, Leipzig, Hambourg
et quelques « villes libres » qui ont toujours
conservé leur indépendance avec leur prospérité,
il ne restait guère dans l'Allemagne du Nord, à la
fin de l'ancien régime, plus de traces de libertés
municipales qu'on n'en pouvait trouver en France
à la même époque. Aucun de ces pays n'a pu passer de la féodalité à l'organisation constitutionnelle sans traverser l'ère de l'absolutisme, ni fonder l'État moderne sans détruire pour un temps
toute liberté locale. Toutefois un point important
est à signaler dans l'histoire municipale de la
Prusse au XVIIIe siècle : le pouvoir royal, qui a
absorbé toute l'administration des villes, s'efforce
de reconstituer la vie locale et de l'épurer. Le
régime patricien, égoïste et oppressif, est à la fin
du siècle presque complètement détruit dans les
villes de l'Allemagne du Nord ; en matière financière, la corruption et le gaspillage se font plus
rares ; on commence à initier aux affaires les
bourgeois, — non plus les *Gelehrten*, les juristes,

mais les commerçants et les personnes notables,
— à titre de *Rathleute* [1] ; les classes pauvres
sont soutenues et protégées. Bref, par une sorte
de rénovation progressive de l'organisation sociale
dans les villes, on prépare la voie à l'introduction
du *selfgovernment* moderne en Prusse.

Ceci devait être l'œuvre de Stein, le *Städte-
gründer*, le fondateur des villes, comme on l'a
appelé en Allemagne, qui, au lendemain d'Iéna,
voulut ranimer et relever par la liberté la Prusse
déchue et paralysée par la défaite. En vertu de
l'ordonnance du 19 novembre 1808, l'administration municipale tout entière, à l'exception de la
police et de la justice, est restituée aux villes, qui
reçoivent le droit de choisir leurs magistrats. La
Selbstverwaltung est fondée, et la constitution des
villes se modèle sur celle du royaume.

Ainsi, sans heurt, sans rupture brutale avec le
passé, en suivant à la fois l'ordre logique des idées
et la tradition naturelle des choses, en modelant
peu à peu les lois sur le progrès des mœurs et
le développement des conceptions juridiques, la
Prusse a fondé ses institutions locales. Nées
spontanément de la coutume, elles se sont développées selon les tendances sociales prépondérantes de la race ; elles renferment virtuellement
en elles-mêmes tout le caractère et tout le passé
de la nation. Aujourd'hui, malgré les distinctions
qui subsistent encore dans les lois et dans les
formes d'organisation [2], toute différence de principe

---

[1] Bornak, *Geschichte des preussischen Verwaltungsrechts*, II, 145.
[2] Pour les villes des provinces de l'Est, loi du 30 mai 1853 ;

a disparu entre les institutions locales des villes et
celles des campagnes : communes urbaines et
communes rurales sont créées d'en haut et de par
le pouvoir souverain de l'État ; les unes et les
autres sont légalement reconnues non seulement
comme personnes morales, mais aussi comme
personnes publiques, et possèdent, en même temps
que les attributs et les droits des autorités d'ordre
public, les droits et les attributions des associations
d'ordre privé. Elles ont un pouvoir exécutif non
point personnel et unitaire, mais collectif[1]. Elles
vivent sous un régime représentatif qui rappelle
celui de la Prusse elle-même : le corps électoral
censitaire y est divisé en trois collèges qui représentent chacun un tiers des impositions payées et
nomment un tiers des membres du conseil déli-
bérant ; seules, les communes rurales où le nombre
des électeurs est inférieur à trente sont administrées directement par l'assemblée générale des
habitants[2]. Un tel système assure autant que pos-

pour celles de la Province rhénane, ordonnance du 15 mai 1856, et
celles de la Westphalie, ordonnance du 19 mars de la même
année. — Pour les communes rurales des provinces de l'Est, loi
du 3 juillet 1891 ; pour celles de la Province rhénane, ordonnance
du 23 juillet 1845, et celles de la Westphalie, ordonnance du
19 mars 1856.

[1] Dans les villes, un comité appelé « Magistrat », composé de
un à trois bourgmestres, plus un nombre variable d'échevins ou
adjoints. Dans les communes rurales, un *Vorsteher* assisté de
deux échevins.

[2] Il y a pourtant quelques différences entre le mode d'élection
du Landtag et celui des conseils communaux. D'abord aucune
condition de cens n'est exigée des électeurs au Landtag pour l'ad-
mission à la troisième catégorie, alors que les électeurs municipaux de la même catégorie doivent payer au moins 6 marks de

sible à chaque contribuable une part de pouvoirs proportionnelle à la part d'impôts qu'il paie ; c'est à peu de chose près le régime des droits réciproques dont jouissent entre eux les membres d'un syndicat privé.

Par nature et par son passé, la ville jouit en Prusse de plus de liberté, d'initiative et d'activité que la commune rurale. Née de bonne heure à la vie publique, demeurée au moyen âge plus longtemps qu'en France sous le régime de l'indépendance de fait, asservie par les premiers rois, mais en même temps formée et disciplinée par eux, elle était, dès le commencement du siècle, mieux préparée à l'autonomie qu'en aucun pays européen, même qu'en Angleterre ; elle est aujourd'hui bien placée pour tirer tous les fruits du régime très libéral sous lequel elle vit.

Si l'état actuel de l'administration locale des campagnes est, dans l'ouest de la Prusse, assez analogue à celui qu'on trouve en France, il est, au contraire, fort arriéré dans la Prusse orientale par rapport à celui de tous les autres grands pays continentaux. La commune rurale des provinces de l'Est vient en effet seulement de s'ouvrir à l'existence. Nominalement séparée, en 1811, du domaine seigneurial, elle était restée sous la dépendance absolue de son ancien maître qui était seul encore chargé de pourvoir à tous les intérêts locaux ; voilà

contributions directes dans les communes rurales, et dans les villes un minimum d'impôt fixé par le gouvernement En second lieu, l'élection du Landtag se fait au second degré, tandis que celle des conseils communaux se fait au scrutin direct.

qu'en 1872 elle est tout d'un coup constituée autorité publique, déclarée indépendante et omnipotente, investie et rendue responsable de toute l'administration locale. Devant ce rôle qu'on ne l'a pas habituée à jouer, en présence de ces fonctions nouvelles qui n'ont jamais appartenu qu'au seigneur, elle demeure, elle doit nécessairement demeurer impuissante. A peine a-t-elle la force de vivre d'une vie propre, lorsqu'on lui demande de vivre libre. Elle n'a personne sur qui s'appuyer au moins provisoirement. Elle est petite, et sa petitesse accroît sa faiblesse ; sur 37.000 communes, dans le royaume, on en compte 6.322 ayant moins de cent habitants [1] ; l'émigration contraint le gouvernement de tenter, par une nouvelle colonisation, de reconstituer la propriété indépendante dans les campagnes. — Cette extrême précarité de l'organisation locale élémentaire explique et nécessite la survivance des associations traditionnelles qui, à la fin du dernier siècle, remplissaient déjà avec succès certaines attributions spéciales, et dont l'importance n'a fait que s'accroître depuis lors : unions d'assistance ou de vicinalité, lesquelles sont des associations de communes ; districts scolaires, qui forment des circonscriptions spéciales ; syndicats agricoles d'amélioration où la majorité des intéressés est investie d'un droit de contrainte à l'égard de la minorité : toutes associations qui sont reconnues autorités publiques par la loi et exercent tous les droits de pareilles

[1] Rudolf Gneist, *Die preussische Finanzreform durch Regulirung der Gemeindesteuern*, p. 275.

autorités. Elles dépensent pour le soutien des
pauvres et l'instruction des enfants le triple de ce
que dépensent pour les mêmes objets les communes
rurales et les *Gutsbezirke* [1]. L'influence seigneuriale
sera sans doute bien plus difficile à déraciner de ces
associations, si nombreuses et si puissantes, que des
communes elles-mêmes, et l'on peut croire que, si
la Prusse a réussi à éviter jusqu'à un certain point
dans son organisation locale l'éparpillement des
pouvoirs qui s'est produit en Angleterre, l'abus de la
spécialisation des fonctions communales n'en est
pas moins en ce pays un mal et presque un danger.
C'est aussi ce qui frappe dans le fait de la persistance prolongée des anciens domaines patrimo-
niaux en Prusse, des *Gutsbezirke*, qui forment
aujourd'hui des unités administratives absolument
séparées et indépendantes des communes rurales
dont ils ont été détachés en 1811. Chacun d'eux
constitue à lui seul une véritable commune ayant
pour chef, ou plutôt pour maître, le propriétaire
du domaine, lequel a perdu en 1872 ses pouvoirs
politiques d'administrateur-né des territoires placés autrefois sous sa dépendance seigneuriale,
mais remplit encore obligatoirement et à titre personnel, sur son domaine restreint, tous les services
dont une commune est chargée à titre collectif.
La suppression brutale de ces domaines féodaux
avait déjà été décrétée en 1850 ; leur absorption
progressive par les communes, à laquelle résiste
encore un gouvernement qui s'est longtemps

---

[1] G. Cavaignac, *La Féodalité en Prusse* (*Revue de Paris*,
1er mars 1894).

appuyé sur le parti agrarien, ne peut plus être
maintenant qu'une question de temps et de pa-
tience[1].

On vante aujourd'hui volontiers, en Prusse, la
survivance traditionnelle de l'État « patrimonial »
dans les campagnes orientales du royaume, et on
se félicite complaisamment d'avoir échappé, grâce
à lui, au régime de la centralisation bureaucratique dont on plaint la France d'être affligée à
l'heure actuelle. Pour bien des gens en Allemagne,
l'État patrimonial, c'est-à-dire le gouvernement
local aux mains des seigneurs, c'est en effet déjà
la *Selbstverwaltung*, l'administration par les intéressés ; cela tient à ce que l'on attribue suivant
les cas à ce mot, de l'autre côté du Rhin, deux
acceptions tout à fait différentes. D'après Gneist,
que suivent en ce sens Bornhak, Meier, etc., la
Selbstverwaltung est la gestion, gratuite pour l'État,
des intérêts locaux par un corps ou par des individus qui jouissent, en fait, d'une situation indépendante du gouvernement central ; les campagnes
brandebourgeoises ou saxonnes présentent encore

---

[1] Les *Gutsbezirke* ne sont pas, à proprement parler, une spécialité de l'organisation rurale de la Prusse ; ils se rencontrent aussi
dans la Pologne autrichienne, en Galicie, en Bukovine, sous leur
ancien nom de *Gutsherrschaften*. En Prusse, leur caractère public
a été sanctionné pour la première fois par la loi sur l'assistance
du 31 décembre 1842, et ils sont actuellement régis par les lois
du 13 décembre 1872 et du 3 juillet 1891. Les provinces orientales
de la Prusse comptent 15.829 *Gutsbezirke* contre 24.590 communes
rurales ; la population comprise dans ces *Gutsbezirke* représente
un peu plus de deux millions d'habitants sur une population
rurale de dix millions (*Beiträge zur Finanzstatistik der Gemeinden in Preussen*, p. 246, 261).

actuellement cette forme d'administration que les
comtés anglais ont perdue il y a une dizaine d'années déjà ; c'est la conception empirique et aristocratique, que Gneist a trouvée appliquée en Grande-
Bretagne. Stein et après lui Gierke, Schœffle, etc.,
au contraire, y voient le droit naturel appartenant
aux corporations territoriales de s'administrer
elles-mêmes par l'intermédiaire de représentants
qu'elles choisissent librement ; c'est l'idée démocratique, juridique et française. Ici, comme en tant
d'autres points de la science sociale, se heurtent
une doctrine réaliste ou historique et une doctrine libérale ou idéaliste. On conçoit donc en
Allemagne deux espèces de *Selbstverwaltung*, l'une
ancienne, l'autre moderne, et la Prusse orientale
passe précisément aujourd'hui de l'une à l'autre, de
l'État patrimonial à un régime plus ou moins démocratique. — Que cette transformation soit simple,
c'est ce qu'on soutient [1], c'est aussi ce dont l'extrême
débilité de la commune rurale actuelle permet de
douter. De la servitude à l'indépendance, de l'absolutisme à l'autonomie, l'évolution est longue,
et d'autant plus pénible que les éléments plus
faibles, plus longtemps tenus dans l'infériorité,
plus étroitement soumis jadis au joug d'un maître,
ont moins de traditions, moins de ressort, et moins
de réserves vitales pour supporter la crise par
laquelle les sociétés, comme les individus, sont un
jour appelées au régime de la liberté et de la responsabilité. A vrai dire, l'Angleterre nous a récem-

---

[1] Par exemple, Bornhak, *Geschichte des preussischen Verwaltungsrechts*, III, p. 303.

ment offert, dans les unités supérieures de son administration locale, le spectacle d'une transformation analogue à celle que nous voyons se dessiner dans la Prusse orientale. Aussi bien, elle paie ce progrès au prix d'une centralisation croissante. D'ailleurs, le développement organique des communes silésiennes ou poméraniennes n'est rien moins que comparable à celui des comtés anglais, et si la noblesse allemande avait toujours compris son rôle et rempli ses devoirs à l'exemple de la gentry de Grande-Bretagne, la décentralisation aurait pu représenter dans l'Est de la Prusse autre chose que « gratuité pour l'État, et, pour les localités, impuissance ». Les communes de Prusse n'ont encore trouvé dans la *Selbstverwaltung* nouvelle que la *Vermögensverwaltung*[1], le droit de gérer leurs biens ; elles ne savent exercer aucun de leurs droits, pas plus celui-là, le premier de tous, que les autres, plus compliqués; elles ne peuvent remplir dans l'état actuel aucune de leurs fonctions. Il leur faut aujourd'hui de toute nécessité une aide matérielle et morale ; elles ont déjà commencé à réclamer au pouvoir central des subsides, et, comme les autorités locales anglaises, comme les communes rurales françaises, elles devront fatalement demander un appui administratif à l'État, c'est-à-dire à la centralisation même qu'elles condamnaient jadis.

[1] Blodig, *Die Selbstverwaltung als Rechtsbegriff*.

II

Les différences fondamentales, l'opposition presque constante qui séparent en Allemagne l'évolution organique des communes rurales de celle des villes, se retrouvent avec des caractères analogues dans l'histoire de notre pays, mais moins profondes et sensiblement atténuées.

Il y a eu, en France, plus tôt même qu'en Allemagne, dès l'origine des temps modernes, des communautés de paysans établies par l'usage ou la convention, remontant suivant les cas aux époques franques, romaines ou celtiques [1], mazades dans le Midi, communautés colongères en Alsace, jouissant parfois, comme en Picardie, en Flandre, de droits politiques, mais bornées le plus souvent à la gestion d'intérêts collectifs d'ordre privé. La féodalité, qui pénétra en France moins profondément qu'en Allemagne dans les racines du pays, qui devait disparaître deux siècles plus tôt de l'organisation politique et laisser des vestiges sociaux beaucoup moins durables, ne détruisit pas d'abord, comme elle fit de l'autre côté du Rhin, ces com-

---

[1] Glasson, *Communaux et communautés dans l'ancien droit français* (1891), et *Histoire du droit et des institutions de la France*, tome V.

munautés familiales. Celles-ci ne portaient pas ombrage à l'autorité seigneuriale, qui les favorisa souvent sous la forme traditionnelle des communautés taisibles. Le nombre de ces cellules originaires de la société diminua rapidement à la fin du régime féodal ; au xvie siècle, leur survivance n'est plus qu'exceptionnelle dans le pays. Par contre, dès le xiie et le xiiie siècle, beaucoup de villages avaient déjà obtenu de leur seigneur une charte à l'exemple de celles des villes ; une large pénétration des organisations urbaines dans les localités rurales parvint alors à empêcher qu'il ne s'établît en France, comme en Allemagne, une séparation trop profonde entre le régime des villes et celui des campagnes, et c'est, à vrai dire, ce fait spécial qui devait rendre possible un jour l'œuvre d'unification accomplie par l'Assemblée Constituante. Les localités qui n'avaient pas reçu de charte restèrent dans un état d'infériorité marquée vis-à-vis des autres. Administrées directement par le seigneur, avec l'état civil à l'Église, l'instruction et l'assistance aux mains du curé ou d'établissements ecclésiastiques, elles n'eurent pendant longtemps pas même le privilège de l'existence collective à titre privé. Pourtant les paysans réussirent presque partout à faire reconnaître un jour à la réunion des habitants de chaque paroisse ou village une sorte de personnalité morale, et à constituer dans les campagnes, pour satisfaire aux besoins collectifs, des ententes communes sous la direction d'un procureur dont les fonctions restèrent d'abord spéciales et limitées. Ainsi, au

3

xviii° siècle, nous voyons en France comme en Allemagne la communauté primitive et familiale remplacée par une association non pas contractuelle à proprement parler, mais naturelle, spontanée et en quelque sorte instinctive, née de l'identité et du rapprochement des nécessités matérielles de la vie locale, et conservant toujours un caractère d'ordre privé. A la fin de l'ancien régime, les paroisses ont, dans la plupart des provinces de France, une assemblée générale des habitants qui se réunit le plus souvent en dehors de toute intervention du seigneur, et un syndic permanent, dénué de tout pouvoir politique ou judiciaire, mais qui lève seul l'impôt, organise les corvées et pourvoit aux intérêts communs des habitants. Ce sont ces associations locales et privées qu'à la veille de la Révolution un édit essaie de constituer en autorités publiques, d'organiser selon un système représentatif, et de pourvoir d'un conseil élu, auxquels s'adjoignent de droit le seigneur et le curé. Ce sont elles dont la transformation en communes modernes, égalitaires, uniformes et démocratiques, est opérée par l'Assemblée Constituante.

Pour distinguer légalement la ville de la communauté rurale, il faut des privilèges spéciaux conférés par le seigneur : ces privilèges, ces « libertés de communes », qui font pour la première fois d'une simple agglomération d'habitants une association d'ordre public, par délégation du pouvoir souverain, on les trouve en France, à partir des dernières années du xi° siècle, beaucoup plus largement et plus libéralement accordées qu'en

Allemagne et surtout qu'en Angleterre. Toutes les villes eurent leur charte tôt ou tard, et plus ou moins d'indépendance avec elle ; nous avons vu qu'on en donna aussi à un grand nombre de villages ; et ceux-ci se trouvaient-ils trop petits par eux-mêmes, on les réunissait à d'autres pour former des communes collectives. Il est probable que l'existence d'une association plus ou moins reconnue, ayant ou non la personnalité morale, gilde marchande ou commune jurée, précéda dans la plupart des cas la création de la commune féodale. A Saint-Omer, la charte conférée en 1127 transforma simplement en commune l'ancienne gilde et ne fit que sanctionner un état de choses préexistant[1]. Quant à l'influence du droit romain, que l'on a crue pendant longtemps prépondérante, elle ne paraît aujourd'hui pouvoir être admise que pour certaines villes très anciennes du Midi. — Il faut dire d'ailleurs qu'en France, pas plus qu'en Allemagne, on ne saurait assigner d'origine uniforme à la constitution légale des villes. Dans le Nord de la France et dans les Flandres, la commune, qui n'est obtenue le plus souvent qu'au prix de luttes sanglantes contre les seigneurs, entre elle-même dans l'organisation féodale. La charte en fait une seigneurie en nom collectif ; vassale, elle doit l'hommage, l'aide et le service militaire à son suzerain; elle a souvent ses vassaux propres ; elle exerce sur ses membres le pouvoir réglementaire, le pouvoir judiciaire et le pouvoir de taxation ; c'est un orga-

[1] Glasson, *Histoire du droit et des institutions de la France*, V, 10.

nisme politique en même temps qu'une autorité
publique. — L'organisation des villes du Centre,
villes prévôtales ou villes privilégiées, présente un
aspect tout différent; ici pas de commune à proprement parler, mais une série de privilèges et
d'exemptions concédés pacifiquement par des
chartes spéciales, et formant le point de départ
d'une administration locale douée d'une assez
large indépendance. La ville est un corps public,
mais non politique; elle n'a pas de juridiction
propre: Paris est le type d'une ville royale privi-
légiée. —Dans le Midi enfin, les chartes des villes
consulaires sont fortement imitées de celles des
cités italiennes, auxquelles on prend l'institution
du Consulat. Grâce à une liberté intérieure très
étendue, ces villes se développent rapidement sous
la forme de corporations commerçantes; rien en
elles ne témoigne de cet esprit anti-féodal qui caractérise au plus haut degré les chartes municipales des autres pays. — Ainsi la constitution des
villes en autorités publiques prit de bonne heure
en France, bien plus qu'en Allemagne, le caractère d'un régime normal et légal, qui, pour n'avoir
pas été partout uniforme dans les procédés appli-
qués, n'en pénétra pas moins, dès l'origine, plus
profondément que de l'autre côté du Rhin, dans les
institutions mêmes du pays. Les villes du Nord
seules firent parade d'une certaine autonomie
politique, d'une souveraineté quasi-indépendante,
qui tendait à rappeler, mais de loin, la condition
des villes allemandes, et qui ne dura pas; les
autres demeurèrent, ce qu'il est rare de trouver

dans les autres pays à cette époque, des administrations locales libres sous la souveraineté d'un seigneur ou d'un roi.

Né de la féodalité, — ou contre la féodalité, — le mouvement communal ne devait pas lui survivre, et la royauté, qui n'avait favorisé celui-ci que pour désarmer celle-là, rassembla tous ses efforts, ceci fait, pour ramener des villes sous sa domination. Dès 1256, avec les deux premières ordonnances municipales, rendues par saint Louis, les communes françaises commencent, deux siècles avant les villes allemandes, à se soumettre au joug du pouvoir central. Dès lors, les ordonnances se succèdent, élargissant chaque fois la part faite aux officiers royaux dans l'administration municipale, réglementant et restreignant la police, la justice, la milice. Puis avec le xvi° siècle vient le régime des ordonnances générales d'unification ; les juridictions diverses qui appartenaient aux villes passent aux fonctionnaires royaux [ordonnance d'Orléans (1551), de Moulins (1566), de Blois (1579)]. Sous Louis XIV, plus de trace de liberté municipale ; partout le pouvoir électif est tombé aux mains d'agents directs ou indirects de l'autorité, tandis que les corps de ville sont réduits à une petite oligarchie turbulente et tyrannique de magistrats héréditaires en fait. De 1692 à la Révolution, le droit d'élection est huit fois retiré aux villes, qui le rachètent à prix d'or ; la royauté exploite jusqu'à ces vestiges effacés d'une glorieuse indépendance, décors de parade qu'elle manœuvre derrière le rideau. En 1789, l'esprit municipal était mort en France depuis un siècle, et l'œuvre centralisatrice entreprise par l'État souverain, avec le concours de la monarchie absolue, était presque achevée.

Cette œuvre, la Révolution la reprit, et la mena à terme en lui ajoutant un trait : l'uniformité. Villes et campagnes ont désormais leur condition liée[1]; les unes comme les autres sont administrées d'en haut par l'État leur maître ; il n'y a plus de sociétés locales, vivantes et agissantes, il n'y a que des cellules sociales inanimées, sans autre lien qui les unisse que leur égale dépendance et leur déchéance commune ; il n'y a plus qu'une société unique, divisée à l'infini et débilitée par l'excès de sa souveraineté. — Depuis un demi-siècle, cette société supérieure et unique a essayé de rendre la vie aux sociétés locales qu'elle-même avait anéanties en les absorbant. Elle a voulu les reconstruire en leur donnant pour base le pouvoir de tous les hommes et l'égalité de tous les droits. La résurrection était difficile, et il est arrivé que, livrées à la démocratie, ces sociétés locales qu'on avait voulu détacher de la société centrale retombèrent sous son joug, parce qu'elles n'avaient pas la force de vivre seules, ou parce que la démocratie les pervertissait. Voilà les faits et le mouvement auxquels nous assistons en France depuis un demi-siècle. — Aujourd'hui, avec des lois incontestablement libérales, la pratique de l'administration locale est encore très éloignée, en France, de ce

---

[1] Exception faite pour la période de l'an III à l'an VIII, qui a vu fonctionner les municipalités de canton dans les campagnes.

qu'elle peut et doit y être un jour. Dans les villes,
une représentation qui offre presque partout un
caractère politique, des partis violents et intéressés,
un pouvoir tyrannique et enclin au favoritisme,
un contrôle impuissant ; dans les campagnes, une
administration locale qui tient tout entière dans
les mains des agents de l'État. Toutes bâties sur
le même plan, dépourvues du personnel capable,
manquant des traditions et de la pratique de la
liberté, les communes de France ont besoin d'acquérir les mœurs publiques, l'esprit collectif, le sentiment de la responsabilité et de la solidarité sociale,
l'habitude de la gestion des affaires communes ;
il faut que l'apprentissage du gouvernement démocratique se fasse dans la société locale comme
dans l'État.

III

Les institutions locales de la Belgique[1] portent
la double empreinte de leur origine à la foi germanique et latine. Elles ont témoigné, dans tout

[1] De Fooz, *Droit administratif belge*, 1866. — Giron, *Le Droit
administratif de la Belgique*, 1881. — Le même, *Essai sur le
droit communal en Belgique*, 1868. — Cobden club essays, *Local
Government and taxation*, 1875. — O. Pyfferoen, *Les Réformes
communales*, 1895. — Wauters, *Les Libertés communales*.

le cours de leur histoire, d'une lutte constante
entre l'esprit d'autonomie venu de l'Est et les tendances centralisatrices importées du Midi. Leur
évolution a suivi presque pas à pas celle des communes françaises, et pourtant villes et localités
rurales ont toujours joui en Belgique d'une liberté
beaucoup plus grande qu'en France ; aujourd'hui
encore, avec des formes administratives presque
identiques, le régime municipal de la Belgique est
notablement plus empreint que le nôtre d'un véritable esprit de *selfgovernment*. De l'influence latine,
les institutions communales de la Belgique ont
gardé deux caractères, la simplicité et l'uniformité ; au voisinage germanique, elles ont pris
l'amour et le respect de la vie locale traditionnelle.

Si l'on compare l'histoire des communes rurales
belges avec celle des communes françaises, on
voit qu'en Flandre les communautés primitives,
loin de disparaître à la fin de la féodalité, se transforment dès l'époque en véritables corporations
publiques, reconnues par le souverain, et dotées
d'une assez large indépendance administrative. Ces
communes rurales, déjà façonnées à la moderne,
ont à leur tête un bourgmestre et des échevins ;
un receveur, nommé par le gouverneur général,
perçoit les impôts locaux avec les aides et les subsides, et la justice locale est rendue par les magistrats municipaux assistés d'un représentant du
prince[1]. C'est cette organisation, plus libre qu'en

---

[1] Giron, *Essai sur le droit communal*, p. 54, 55.

aucun autre pays à la même époque, sauf peut-
être en Angleterre, qui subsista dans les campagnes jusqu'à l'annexion française en l'an IV.

L'origine constitutionnelle des villes en Flandre
est, dans la plupart des cas, semblable à celle des
villes du Nord de la France. Partout, c'est la commune jurée ou la gilde marchande qui arrache
au seigneur, le plus souvent par la violence,
la concession d'une charte, faisant ainsi pénétrer la ville dans l'organisation féodale ; cette
charte devait survivre au régime qui lui avait
donné naissance, et rester la loi de chaque ville
jusqu'à la période française de l'histoire belge.,
Longtemps aristocratique comme en Allemagne,
l'administration des villes passa, par l'effet des
sanglantes révolutions des xiii° et xiv° siècles, aux
mains des représentants des corps de métier.
Ceux-ci luttèrent avec la dernière énergie contre
les tentatives centralisatrices de Charles-Quint,
et, abandonnant les anciens privilèges politiques
des villes, surent du moins faire respecter, jusqu'à
la Révolution française, les droits imprescrip-
tibles d'autonomie administrative dont seules, au
xviii° siècle, les cités flamandes étaient encore
investies en Europe.

Le 9 vendémiaire an IV, les communes de
Flandre passent sous la législation française, tom-
bant en un jour du *selfgovernment* le plus large au
régime de la centralisation la plus rigoureuse. Dès
1814, les antiques libertés locales se voient plei-
nement restaurées par la loi fondamentale du
royaume des Pays-Bas, laquelle reconstitue l'état

de choses ancien, et, peu de temps après la formation du royaume de Belgique, une loi du
3 mai 1836 posa les bases définitives de l'organisation locale actuelle [1].

Le régime communal de la Belgique a longtemps
passé pour le plus libéral du continent européen ;
aujourd'hui encore, il est au premier rang à cet
égard. Dans un long passé d'autonomie, la commune flamande puise des traditions et une habitude de l'administration libre qui ont toujours
été respectées par le pouvoir central, et dont nul
autre pays ne saurait faire preuve au même degré.
Villes et communes rurales, — toute distinction de
principe a disparu entre les municipalités urbaines
et celles des campagnes [2], — vivent sous un régime
représentatif censitaire, mais libéral ; leur conseil
jouit des pouvoirs les plus étendus dans l'administration locale, ayant seul, par exemple, le droit
de faire des ordonnances de police, de nommer les
instituteurs, d'établir la gratuité de l'enseignement
primaire dans les limites de la circonscription ;
elles groupent largement autour d'elles les initiatives de bonne volonté dans un grand nombre
d'institutions locales qui empruntent le concours
libre et spontané des habitants. Peut-être regret-
tera-t-on à juste titre que la représentation locale
soit trop peu nombreuse, que la législation n'ait

[1] Depuis lors, loi du 13 juin 1842, diverses lois de l'année 1848,
lois du 12 juin 1871 et du 31 mars 1874.
[2] Une légère différence subsiste seule dans l'organisation et
les formes d'administration des villes de plus de 5.000 âmes et
des villes de moins de 5.000 âmes.

pas développé ou facilité l'association des autorités
locales pour la satisfaction des besoins communs.
D'un autre côté, il faut signaler que l'organisation
municipale de la Belgique est basée sur des circonscriptions communales beaucoup plus étendues
et plus peuplées que les nôtres. La commune
belge a une population moyenne de 2.153 habitants,
plus du double de celle de la commune française,
et cette différence n'est certainement pas compensée, tant s'en faut, par la densité supérieure de
la population ; c'est là une condition éminemment
favorable à la bonne gestion des intérêts locaux.

IV

Les bases de l'organisation politique de l'Angleterre [1], dit Gneist, ont été, pendant les six premiers
siècles du moyen âge, purement et simplement

[1] P. Leroy-Beaulieu, *L'Administration locale en France et en
Angleterre*, 1876. — Gneist, *Geschichte und heutige Gestaltung der
englischen Kommunalverwaltung und des selfgovernment*, 1863. —
Le même, *Das englische Verwaltungsrecht der Gegenwart*, 1863-84.
— Fisco et Van der Straeten, *Institutions et Taxes locales du
royaume de Grande-Bretagne et d'Irlande*, 1863. — E. Boutmy,
Le Gouvernement local et la Tutelle de l'État en Angleterre
(*Annales de l'École des Sciences politiques*, 1889). — Cobden club
essays, *Local Government and Taxation in the United Kingdom*,
1882. — Glasson, *Histoire du droit et des institutions de l'Angle-
terre*, 1882-83. — Albert Shaw, *Municipal Government in Great
Britain*, 1895.

germaniques. Avant comme après l'invasion nor-
mande, on trouve en effet, en Grande-Bretagne,
des unités territoriales élémentaires, *townships*
ou plus spécialement *hundreds*, analogues aux
Dorfschaften allemands, au-dessus desquels sont
les comtés, circonscriptions militaires, judiciaires et de police, administrés par un *sheriff*
ou *vicomte*. Ces *hundreds* primitifs paraissent
former non seulement des communautés locales
d'intérêt privé comme en Allemagne, mais de
véritables corporations de droit public ; c'est
ainsi que chacun d'eux envoie des représentants
à la cour de comté, est rendu responsable des
crimes commis par ses membres, et possède un
tribunal spécial, *hundred court* ou *court leet*. Les
villes, qui n'ont point encore d'organisation particulière, jouissent en fait d'une assez large indépendance, qu'elles conservent en grande partie
sous la féodalité qui fait d'elles des fiefs de la
couronne. A la fin de l'époque des Edouards,
tandis que dans les comtés le *sheriff* a fait place
au « juge de paix » créé par Édouard III en 1360,
l'organisation locale élémentaire s'est fondue peu
à peu dans le régime féodal, les *hundreds* dans les
manors, et les villes ou « bourgs » se sont vu
accorder par le pouvoir royal, au xvᵉ siècle, leurs
« chartes d'incorporation » en même temps que
leur droit de représentation au Parlement.

Avec les Tudors, une nouvelle unité locale prend
dans les campagnes la place laissée vacante par
les *hundreds* disparus, c'est la paroisse religieuse,
qui devient alors « paroisse civile ». En 1510, elle

est chargée de l'assistance des pauvres ; elle y
consacre un tiers de ses dîmes, et lève en outre
une taxe foncière spéciale dite *poor rate*. En 1554,
la voirie locale lui est également confiée, et pour y
subvenir elle établit des prestations personnelles.
Bientôt Élisabeth développe largement le service
de l'assistance pour combattre l'extrême misère
causée dans tout le territoire par une crise intense
de l'agriculture. Mais jusqu'à la fin du xvııı° siècle,
alors que les pouvoirs judiciaires et administratifs des « juges de paix » s'étendent notablement dans les comtés, l'assistance et la voirie
demeurent les deux seuls services normaux des
paroisses, et ces paroisses, administrées par une
vestry où le droit de vote est proportionné au
montant des *rates*, restent d'ailleurs ce qu'elles
étaient à l'origine, c'est-à-dire des corporations
d'ordre exclusivement privé, « civiles » selon la
terminologie anglaise. Quant aux bourgs, leur
autonomie ancienne a fait place, dès le xvıı° siècle,
à un gouvernement de partis étroitement dépendant du pouvoir central; les intérêts municipaux
sont négligés, les finances dilapidées ; l'autorité
réelle est passée aux mains des créatures du roi ;
les institutions urbaines sont en pleine décadence.

En Angleterre, comme sur le continent, ce sont
les villes qui subissent les premières, en ce siècle,
les transformations administratives et politiques
que devait entraîner l'avènement de la démocratie.
Trois ans après le célèbre acte de réforme de 1832,
une première grande loi municipale, qui rappelle
d'une manière curieuse et par plus d'un point

l'ordonnance prussienne de 1807, l'œuvre de Stein,
rétablit et organise l'élection des magistrats
urbains, et constitue sur des bases durables le
selfgovernment moderne dans les bourgs. De 1835
jusqu'à la refonte générale de la législation en 1882,
on ne compte, en Grande-Bretagne, pas moins
de sept lois municipales successives, qui viennent
peu à peu élargir le droit de suffrage dans les
villes, étendre le domaine propre de l'administration locale, et conférer à un plus grand nombre
d'agglomérations urbaines les privilèges spéciaux
des bourgs incorporés. Enfin un dernier acte de
1888, établissant plusieurs classes entre les bourgs,
sépare complètement des comtés les villes les plus
importantes, celles qui ont plus de 50.000 habitants, et relâche plus ou moins, selon le cas, le
lien qui tient encore les autres sous la tutelle du
comté. — Aujourd'hui le bourg anglais, organe essentiellement démocratique, reposant sur un corps
électoral très étendu, avec son conseil municipal
élu par les habitants, son maire et ses *aldermen*
choisis par le conseil municipal, constitue un foyer
de vie locale singulièrement actif, et jouit d'une
autonomie administrative très large. Ses représentants sont, peut-être à un plus haut degré que
ceux des municipalités de tout autre pays, impré-
gnés d'un véritable esprit public, c'est-à-dire d'un
sentiment prépondérant de la solidarité sociale et
de la responsabilité individuelle. Ses attributions,
toutes de droit spécial, strictement limitées par les
lois de concession, sont jusqu'à présent restées
assez indemnes de toute intervention du gouver-

nement central, en dépit d'un contrôle très sévère
de l'administration sur le régime financier.

Ce fut, somme toute, chose assez facile pour
l'Angleterre que la transformation de ses institutions municipales en ce siècle; ce devait être une
tâche autrement ardue que d'adapter l'organisation
rurale du territoire aux exigences du régime moderne, c'est-à-dire de l'uniformiser et de la démocratiser.

Tout d'abord, il fallait pourvoir aux besoins nouveaux que le xix° siècle avait fait apparaître pour
le bien-être matériel et moral de la population.
Or les institutions paroissiales, qui dataient du
xvi° siècle, étaient restées spéciales, en ce sens
que, dans une même paroisse, des autorités différentes et une législation distincte présidaient à la
marche des trois services locaux, le culte, l'assistance et la voirie; de plus, la circonscription
paroissiale était très irrégulière et très petite; bon
nombre de ces paroisses renfermaient moins de
cinquante personnes, et la majorité n'atteignait
pas une population de mille habitants[1]. On sentit
donc dès le principe que la paroisse était trop
faible pour servir d'unité à l'administration rurale,
et de 1834 jusqu'en 1888, en même temps qu'on la
dépouillait peu à peu de la plus grande partie de
ses attributions civiles, on créa, pour subvenir à
chacun des besoins nouveaux qui se faisaient jour,
comme si chacun d'eux avait représenté un besoin
isolé et indépendant de la société locale, une cir-

---

[1] Enquête faite en 1877 par le *local government board*.

conscription particulière, une autorité distincte, et
des taxes spéciales. — En 1834, le service de l'assistance, retiré à la paroisse, est confié, dans l'union
de paroisses, à un *board of guardians* composé
des juges de paix de la circonscription et de représentants élus par chaque unité paroissiale ; la
paroisse ne fait plus que payer les mandats que le
board of guardians tire sur sa caisse. La grande
loi de salubrité publique de 1848 crée, à titre facultatif, les premiers bureaux électifs d'hygiène locale
dans des districts sanitaires ; le contrôle et l'intervention du gouvernement, représenté par le
bureau central d'hygiène, prennent place pour la
première fois dans la législation locale anglaise. En
1862 et en 1864, ce sont des districts de voirie qu'on
donne aux juges de paix, réunis en sessions trimes-
trielles, le pouvoir de créer, au cas où la paroisse est
impuissante à entretenir seule ses chemins. Puis le
régime de l'instruction primaire est fixé dans les
actes de 1870 et de 1876 ; l'administration centrale est
chargée de surveiller le service dans les campagnes
comme dans les bourgs, et peut réunir en districts
scolaires les paroisses trop pauvres pour subvenir
isolément à l'instruction de leurs enfants. Enfin, en
1875, après bien des tâtonnements, une grande loi,
codifiant et fusionnant toutes les dispositions anté-
rieures relatives à la salubrité locale, remanie les
circonscriptions d'hygiène ; elle forme de chaque
union de paroisses un district sanitaire rural, et
un district sanitaire urbain de chaque bourg ou de
chaque agglomération urbaine non élevée au rang
de bourg ; elle institue des *boards* locaux, auto-

rités sanitaires, et étend sur eux le contrôle toujours croissant du gouvernement. Cependant la
paroisse a complètement perdu son caractère
traditionnel d'association privée, pour devenir une
simple unité administrative d'ordre public, unité
fiscale élémentaire, chargée du recouvrement de
l'impôt local unique, — la *poor rate*, — dans lequel
se sont fondues les diverses taxes perçues autrefois par chacune des autorités spéciales.

Si nous jetons un coup d'œil sur l'organisation rurale de l'Angleterre vers l'année 1888, nous
voyons qu'à l'ancien réseau de circonscriptions
primitives, comtés et paroisses, s'est superposé un
réseau nouveau de circonscriptions intermédiaires,
destiné à subvenir aux exigences modernes de la
vie locale dans les campagnes. Avec ses juges de
paix inamovibles, qui remplissent presque sans
contrôle les doubles fonctions judiciaires et administratives, le comté n'a pas cessé d'être un organe aristocratique et indépendant, dominé par la
grande propriété foncière unioniste et conservatrice, et qui forme assez exactement le type de la
Selbstverwaltung, telle que l'entendait Gneist en
Allemagne. Au-dessous du comté, la paroisse,
privée de presque toutes ses attributions anciennes, énervée et languissante, est tombée peu à
peu sous l'influence et le patronage du *Squire* et
du *Rector*. Entre la paroisse et le comté s'est
constitué au fur et à mesure des besoins, empiriquement et sans ordre, un réseau secondaire et
enchevêtré de circonscriptions multiples, découpées comme au hasard dans le territoire, et ayant

à leur tête des « bureaux » élus dont les juges de
paix sont membres de droit. Sur cette zone intermédiaire du *local government* anglais, l'autorité
centrale s'est ménagée dès l'origine un droit de
contrôle et d'intervention, qui a grandi rapidement jusqu'à transformer ces autorités nominalement indépendantes en une vaste administration
bureaucratique et parfaitement centralisée sous la
direction du *local government board*. Comme il n'y
a jamais eu de refonte de l'organisation locale
dans les campagnes, l'accumulation des circonscriptions, des autorités et des taxes nouvelles
auprès des anciennes a été ininterrompue, et l'en-
chevêtrement des taxes, des autorités et des circonscriptions est aujourd'hui devenu inextricable.
Telle ferme de 200 acres dans le Gloucestershire
est située sur douze paroisses différentes et
sujette à cinquante taxes[1]. M. Goschen reçoit
quatre-vingt-sept feuilles d'imposition pour un
total à payer de 1.100 livres, et, dans une même
paroisse, huit feuilles pour un total à payer de
12 shillings 4 pences[2]. — C'est ce chaos qu'en 1888
l'Angleterre a commencé de vouloir organiser,
c'est ce régime confus et complexe qu'elle cherche
aujourd'hui à simplifier, à uniformiser et à démocratiser, et cette œuvre-là, nous en suivons aujourd'hui les progrès pas à pas dans la législation
et dans la vie rurale d'outre-Manche.

La réforme n'était rien moins que simple. Une

---

[1] Enquête du *local government board* en 1877.
[2] E. Boutmy, *Le Gouvernement local et la Tutelle de l'État en Angleterre*, 1886.

première difficulté était de savoir quelle unité
territoriale serait prise pour base de la nouvelle
administration locale dans les campagnes. M. Goschen et le parti libéral soutenaient la cause de la
paroisse, l'organe traditionnel des intérêts locaux
en Angleterre, l'antique autorité qu'il fallait ranimer pour lui rendre son indépendance et sa
vigueur passée. Ils durent renoncer à leur préten-
tion devant l'exiguïté, la faiblesse et l'inégalité
de cette circonscription élémentaire, qui ne saurait
aujourd'hui satisfaire d'une façon convenable aux
trois principaux besoins des campagnes, la voirie,
l'instruction et l'assistance des indigents. D'autre
part, on proposa l'union de paroisses, mieux
placée que la paroisse elle-même pour remplir
avec efficacité l'ensemble des fonctions communales ; mais l'union ne forme pas dans les localités un centre naturel de vie collective comme le
font, par exemple, le comté et la paroisse, et de
plus ses limites ne cadrent que rarement avec
celles du comté. Enfin une troisième circonscription paraissait réunir quelque faveur, c'est le
district sanitaire, de création récente, mais bien
découpé, bien constitué, bien approprié aux intérêts locaux.

Les deux grandes lois de 1888 et de 1894 tran-
chèrent la question en donnant raison à tout le
monde, aux dépens de la simplicité à laquelle les
Anglais semblent ne jamais pouvoir se résoudre
en matière législative. Elles organisèrent démocratiquement le comté d'abord, puis la paroisse, le
district sanitaire, et même dans une certaine

mesure l'union des paroisses. Par la loi de 1888 d'abord, le comté anglais est doté d'un conseil élu qui reçoit toutes les attributions administratives et financières des juges de paix, à l'exception de la police que l'on confie à un comité mixte ; les juges de paix ne gardent plus que leurs anciennes fonctions judiciaires. D'après la loi de 1894, l'œuvre dernière de M. Gladstone, l'antique *vestry* où chaque habitant jouissait d'un droit de vote proportionnel au montant de ses taxes, est remplacée dans la paroisse par une assemblée générale où chaque électeur ne dispose plus que d'une voix ; toute paroisse ayant plus de trois cents habitants reçoit en outre un conseil de paroisse, élu annuellement par l'assemblée générale ; la *vestry* subsiste, mais en tant qu'autorité ecclésiastique seulement. Selon cette même loi, il est établi dans chaque district sanitaire un conseil nommé par les électeurs paroissiaux, dont le président est de droit constitué juge de paix ; le conseil de district, où les juges de paix n'ont plus le droit d'entrée personnel comme ils l'avaient dans les bureaux sanitaires, centralise, avec les fonctions de ces anciens bureaux, toutes les attributions relatives à la voirie. L'union de paroisses voit, d'autre part, son organisation modifiée, et son bureau comprend à l'avenir les conseillers de districts plus un certain nombre de *guardians* élus par les bourgs. Enfin un premier pas est fait vers l'unification du régime urbain et du régime rural dans l'organisation administrative: les conseils municipaux des bourgs et les conseils des districts urbains peuvent être investis par le

gouvernement de tout ou partie des attributions
des conseils paroissiaux.

Sans doute il est trop tôt pour apprécier aujour-
d'hui les résultats généraux d'une réforme complexe et grave, par laquelle l'Angleterre a essayé
de façonner ses institutions rurales aux conditions
de la vie publique moderne ; on peut penser d'ailleurs que le dernier mot du législateur n'est pas
encore dit sur la question. Le travail de l'unification du gouvernement local n'est qu'amorcé en
Grande-Bretagne, et moins que partout ailleurs il
ne sera terminé en un jour ou en une année. La
démocratie, l'égalité des droits politiques, a pris
pied dans la société locale comme elle l'avait fait
dans l'État. L'admin.'stration rurale s'est sécula-
risée, et la paroisse civile, née de la paroisse religieuse, a fini par exproprier celle-ci. Le *landlord*,
dépouillé d'une grande partie de ses fonctions privilégiées, a vu l'ouvrier agricole s'affranchir de son
autorité ; le règne du nombre s'est ouvert dans les
campagnes. Mais quel degré d'indépendance pourront montrer les assemblées locales, nées d'hier,
vis-à-vis des *landlords* qui ont gardé, du moins
jusqu'à présent, une influence morale prépondérante, ou vis-à-vis du gouvernement qui les menace,
comme autrefois les bureaux locaux, de sa centralisation réglementaire, voilà ce que l'avenir seul
se chargera de dire.

En résumé, l'histoire des bourgs anglais n'est
pas radicalement différente de celle des villes germaniques, flamandes ou françaises. Sortis, comme
les cités du continent, des anciennes gildes mar-

chandes, mais « incorporés » plus tardivement, en très petit nombre et toujours par des lois spéciales, ils n'ont jamais connu au moyen âge une autonomie politique dont les villes des autres pays européens ne jouirent qu'à la faveur du régime féodal. Ils tombèrent de bonne heure sous la domination de la royauté. Libérés en 1835, ils ont vu depuis lors leur nombre augmenter dans une proportion notable, et jouissent aujourd'hui d'un régime de liberté très large ; leur organisation administrative est d'ailleurs demeurée particulariste, et n'a point encore été complètement séparée de celle des campagnes auxquelles ils restent liés sous quelques rapports.

Au contraire, l'évolution des institutions rurales présente en Grande-Bretagne des caractères absolument opposés à ceux que nous offre l'évolution du régime administratif des campagnes sur le continent. Seul en Europe, le peuple anglais a réussi à fonder son unité nationale et à constituer l'État moderne sans détruire l'autonomie rurale dans son territoire. Au moment même où l'organisation primitive des *hundreds* allait être définitivement absorbée par la féodalité mourante, on vit en effet une nouvelle unité, la paroisse religieuse devenue paroisse civile, se substituer à l'ancienne, et c'est cette autorité, plus jeune et plus forte, qui réussit à fonder en Angleterre l'indépendance administrative des campagnes, tandis que, dans le comté, s'organisait le gouvernement aristocratique des juges de paix. Si fortement s'implanta dans le pays ce régime d'autonomie rurale, qu'après avoir tra-

versé sans atteinte toute la période de la royauté
absolue, laquelle devait provoquer sur tout le continent la disparition graduelle des libertés locales,
il s'est prolongé dans son intégrité bien avant
dans le XIXᵉ siècle. C'est alors seulement que,
vieilli, affaibli, ne répondant plus aux nécessités
anciennes et ne sachant satisfaire aux besoins nouveaux de la vie rurale, il s'est vu superposer de
nouveaux cadres d'administration. C'est alors aussi
que s'est produit, au lieu d'une concentration
comme en France, un éparpillement progressif des
autorités, un fractionnement dispersif du pouvoir
communal, lequel devait former à l'avènement de
la démocratie un obstacle difficile à surmonter.
Aussi, alors qu'en France la législation récente
s'est constamment appliquée à décentraliser le
régime administratif des communes rurales, l'Angleterre s'est vue obligée, en ce siècle, de resserrer
sans cesse le lien qui rattache le *local government*
à l'État, pour fournir un point d'appui aux autorités
rurales débilitées par leur spécialisation. Aujour-
d'hui on a commencé en Grande-Bretagne à con-
solider et à unifier les institutions locales ; mais
on n'a pu fonder la démocratie communale sans
passer par la centralisation.

V

Si c'est, de tous les pays européens, l'Angleterre
qui a vu se réaliser le plus tôt sur son sol ce

qu'un de ses grands penseurs a appelé l'intégration
politique de la société, c'est sans doute en Italie [1]
que ce phénomène nécessaire s'est montré en même
temps le plus tardif. C'est en Italie que le mouvement communal a pris d'abord naissance, et c'est
là aussi que ce qu'on peut nommer la période
locale de l'existence politique d'un peuple s'est
prolongée le plus avant dans l'histoire moderne.
Plus longtemps que partout ailleurs, les unités
sociales y sont restées propondérantes sur la collectivité, les cellules absorbant toute la vie de
l'agrégat, et mettant sans cesse obstacle à la concentration de l'esprit public et du pouvoir. C'est dans
ce pays qu'on a vu se constituer le plus tardivement
non seulement l'unité nationale, fait géographique
et ethnique, mais l'État moderne, l'organisme politique proprement dit, forme différente, être distinct des formes et des êtres qui le composent, et
supérieur à eux.

Dès le commencement du xie siècle, les villes du
Nord de l'Italie avaient réussi à se rendre autonomes
et à s'organiser en républiques patriciennes et aris-
tocratiques. Soutenues par les Papes, victorieuses
dans leurs longues luttes avec l'Empire, elles font
reconnaître leurs droits politiques d'États souverains par Barberousse à la paix de Constance :
c'est alors la période féodale de leur histoire. Elles
ont des immunités qui les rendent indépendantes,

---

[1] Persico, *Principii del Diritto amministrativo*, 1889. — Gritta,
Della Riforma della legge comunale et provinciale, 1882. — Manfrin, *Il Comune e l'Individuo in Italia*, 1880. — Ceresa, *I Comuni
et le Tasse locali*, 1877.

et, dans leurs murs, on voit la noblesse briguer les
privilèges des bourgeois. Quelques-unes, comme
Gênes et Pise, avaient déjà introduit dans leur
administration intérieure des formes commerçantes ; mais le caractère politique ne cessait pourtant d'y prédominer. A la faveur des luttes
engagées contre le gouvernement oligarchique par
les métiers et les corporations spéciales ou *comu-
nanze* formées par eux, l'asservissement à des
princes héréditaires se consomma au xv° siècle dans
presque toutes les villes du Nord ; voici, après la
féodalité, le temps de l'absolutisme local, avec
celui de la grande prospérité intellectuelle et artistique des cités italiennes. Puis vint l'ère des domi-
nations étrangères, où les villes, perdant la souveraineté, jouirent parfois de plus de liberté civile
qu'elles n'en avaient goûté durant toute leur
indépendance. Enfin l'État naquit, morcelé. Sous
Napoléon, les communes rurales, qui n'avaient
jamais vu reconnaître leurs droits à l'existence,
furent, comme les villes, soumises à la législation
française, dont l'influence devait rester prédomi-
nante en Italie. Dans le Piémont, les Patentes
royales du 27 octobre 1847 fondèrent dans les communes le régime représentatif, et, au fur et à mesure
de l'agrandissement du royaume, les institutions
locales établies par cette ordonnance et refondues
par des lois successives furent étendues aux provinces nouvelles, jusqu'à ce qu'une loi récente (loi
du 10 février 1889) vint coordonner et unifier
l'organisation communale dans tout le royaume.

Avec un système représentatif basé à la fois sur

le cens et sur les capacités, avec un pouvoir exécutif collectif dans lequel le maire ou syndic agit rarement seul et à titre personnel, mais le plus souvent sous le contrôle d'une « junte » permanente, la commune italienne d'aujourd'hui vit sous un régime assez libéral. Son organisation est la même dans les campagnes et dans les villes. Bien qu'elle paraisse, en population et en étendue, sensiblement plus puissante que la commune française (la moyenne de sa population était, en 1881, de 3.446 habitants), elle est de fait généralement pauvre, et, peu habituée à se gouverner elle-même, elle ne semble pas avoir, dans les campagnes surtout, beaucoup moins à se plaindre que la nôtre du régime centralisé et bureaucratique que son insuffisance devant les problèmes de l'administration moderne lui impose encore aujourd'hui.

VI

Lorsqu'on observe ainsi cette longue et lente évolution de la société communale dans quelques-uns des grands États européens, on découvre aisément, sous les différences nécessaires et souvent passagères, des traits communs, des caractères analogues, une ligne générale de marche à peu près parallèle. L'histoire des institutions se res-

semble plus qu'on ne pense d'un pays à un autre :
seulement elle est plus ou moins avancée selon les
régions ; elle est, en tel lieu et en tel autre, à des
périodes différentes de son cours ; elle a marché
plus vite ici que là, et là qu'ailleurs. — Aux premiers temps de l'ère moderne, la ville ne se distingue pas légalement du village ou de la localité
rurale, si ce n'est par ce fait que la propriété de
la terre y est individuelle dès l'origine. Les paysans des campagnes vivent groupés dans un état
de communauté passive, traditionnelle et familiale ; c'est là une forme d'organisation qui ne se
base que rarement sur des droits et des devoirs
d'ordre politique, mais semble viser en général
un objet purement matériel, la culture du sol. —
Plus ou moins tardivement selon les pays, cette
communauté agraire, premier élément de la commune d'aujourd'hui, disparaît, tandis que les seigneurs féodaux s'approprient le domaine du sol
qu'ils protègent et s'asservissent les paysans qu'ils
rassemblent autour de leurs châteaux : la société
locale se meurt. D'ailleurs, la féodalité, qui détruit
très vite la vie commune dans les campagnes,
développe, au contraire, l'existence collective dans
les villes. Dérivées des gildes, des corporations
marchandes ou des traditions romaines, les municipalités font reconnaître leurs privilèges dans des
chartes arrachées aux seigneurs, et pénètrent
elles-mêmes dans le régime féodal pour former des
suzerainetés plus ou moins indépendantes, parfois
de véritables États souverains. La même force qui
a tué le village élève ainsi la ville. — Bientôt, sur

les ruines de la féodalité divisée contre elle-même,
grandit l'État, divisé d'abord et débile, qui se for-
tifie lentement, se centralise et tend à se faire
absolu. Nécessairement, son premier soin, pour sa
sécurité propre, est de détruire dans son territoire
tout pouvoir public autre que le sien. L'indépendance des villes ne peut donc durer ; comme l'autorité féodale, l'autorité municipale est absorbée
par le pouvoir central, et la ville tombe tôt ou
tard au rang de simple circonscription de l'État.
Au contraire, dans les campagnes, les *serfs*
deviennent plus libres en devenant *sujets* ; moins
entravés qu'autrefois par la tyrannie seigneuriale,
n'excitant pas encore comme les bourgeois des
villes la jalousie de l'État, ils peuvent s'organiser
en associations privées, instinctives et pourtant
conscientes, syndicats d'utilité commune qui pourvoient aux intérêts privés et collectifs de la vie
rurale. À la fin de l'ancien régime, la situation
réciproque des villes et des localités de campagne
est ainsi à peu près l'opposé de ce qu'elle était à
la fin de la féodalité. — Enfin, de l'État absolu, empirique, reposant sur la force, naît l'État moderne,
juridique et organisé, lequel tend à devenir démocratique ; les *sujets* se font *citoyens*. Surchargé de
devoirs et de fonctions, l'État central essaie de
rendre l'existence à la société communale ; les
affaires locales se séparent des affaires politiques,
on commence à décentraliser. Villes et communes rurales, déclarées autorités publiques,
reçoivent des mains de l'État leur constitution, et,
comme celle de l'État, leur organisation se fait de

plus en plus démocratique ; la vie locale renaît plus ou moins péniblement après une longue léthargie, et tâche de s'adapter aux conditions nouvelles et spéciales.

Voilà, tracées à grands traits, les lignes générales de l'évolution suivie par les institutions communales des grands pays de l'Europe occidentale depuis les premiers temps de l'ère moderne. Toutes ces étapes, les sociétés locales de ces pays les ont effectivement parcourues, mais plus ou moins vite, en s'attardant ou en se hâtant plus ou moins au cours de l'une ou de l'autre d'entre elles. Très longue en Allemagne, la phase féodale de la société communale a été plus courte en France ; pareillement la période de l'État absolu a été moins durable en Angleterre que chez nous. Mais dans l'histoire locale de tous ces pays, chacune de ces formes d'évolution peut se retrouver, comme des formes de transition dans l'échelle des espèces naturelles, avec les différences commandées par les conditions particulières et les caractères permanents qui font la personnalité propre de chaque race.

CHAPITRE II

DÉPENSES COMMUNALES

LES FONCTIONS COMMUNALES. — DÉPENSES D'ÉTAT A LA CHARGE
DES COMMUNES. — CULTE. — POLICE. — VOIRIE. — INSTRUC-
TION. — ASSISTANCE. — SERVICES RELATIFS A L'AMÉLIORATION
DES CONDITIONS DE L'EXISTENCE DANS LES VILLES. — TRAVAUX
D'INTÉRÊT AGRICOLE DANS LES CAMPAGNES. — THÉORIE DES
FONCTIONS COMMUNALES. — CARACTÈRE INTRINSÈQUE DES SER-
VICES COMMUNAUX. — IMPOSITION DE SERVICES ÉTRANGERS OU
EXCESSIFS. — ACCROISSEMENT DES DÉPENSES COMMUNALES ;
SOCIALISME ET COMMUNISME LOCAL. — DANGERS DE CET AC-
CROISSEMENT POUR LES FINANCES DES COMMUNES.

La science sociale n'est ni une science exacte,
ni une science abstraite et spéculative. Elle est
plus historique que philosophique. Son objet est
la critique des faits, des états et des institutions ;
son rôle, d'en dégager les lois ; elle part des phé-
nomènes pour arriver aux idées. De même qu'il
n'y a point de droit naturel et préexistant, mais
seulement un droit rationnel dont le droit positif,
c'est-à-dire la force, brutale ou réglementée, tend
lentement à se rapprocher, de même il n'y a pas
de principe naturel et absolu qui légitime ou nécessite telle ou telle forme sociale, telle ou telle
organisation politique, il n'y a qu'un état idéal

dont les sociétés essaient de reproduire de plus
en plus près les traits généraux sans espérer le
réaliser jamais. La science sociale ne doit rien
affirmer ni juger *a priori ;* elle recherche et observe, et elle tire de ses observations et de ses
recherches des conclusions et des lois.

Il faut donc se garder de vouloir donner une
définition théorique des fonctions naturelles ou
essentielles de la commune, de chercher à établir,
pour la détermination scientifique des services
communaux, un principe logique ou un critérium
définitif [1]. Sans doute on trouve dans les organisations communales de tous les pays et de toutes
les époques certains services primordiaux qui résultent immédiatement et nécessairement du fait
de la proximité matérielle de la propriété, du voisinage forcé de l'habitation, c'est-à-dire de ce qui
constitue l'essence même de la société locale. Mais,
partout et toujours, cette société locale adjoint à
son objet originaire et inévitable un objet nouveau,
accessoire et supplémentaire, plus ou moins étendu
et varié, parfois même, au dire de beaucoup, abusif et exorbitant ; c'est ce qui fait que, dans l'histoire, et suivant l'espèce de commune envisagée,
ville ou commune rurale, les services locaux ont
varié à l'infini en nombre et en nature, dans leur
forme et dans leur but. Les justices municipales
relèvent aujourd'hui du passé, les milices locales

---

[1] C'est pourtant ce qu'a essayé de faire la science moderne en
Allemagne. Voir Von Reitzenstein, *Kommunales Finanzwesen. —
Die Communalsteuerfrage,* 10 *Gutachten und Berichte veröffen-
llicht vom Verein für Socialpolitik,* 1877.

ont disparu, tout ce qui restait dans les villes de l'ancienne autonomie féodale est effacé à l'heure actuelle; en revanche la vie moderne a produit ses besoins correspondants, le soin de l'instruction élémentaire ou technique, le développement des moyens de communication, la protection de l'hygiène publique. Aujourd'hui il n'y a plus entre les services communaux des différents pays européens grande diversité de nature, mais c'est dans le caractère et la constitution de ces services, dans l'étendue de leurs charges fiscales, que des distinctions profondes apparaissent d'État à État.

Ces distinctions seraient peut-être moins tranchées, si les communes de chaque pays, autorités indépendantes, libres dans leurs attributions et maîtresses de leurs biens, pouvaient remplir exactement les fonctions qui leur sont naturelles, et ne remplir jamais que celles-là, si elles n'avaient pas au-dessus d'elles un maître et un tuteur qui dirige leurs mouvements et règle leurs actes, non pas en vue de leur plus grand bien, mais le plus souvent dans son intérêt propre et personnel. Les communes modernes ne sont pas des autorités souveraines ; chacune d'elles vit dans un État, lequel possède et exerce seul sur son territoire les droits supérieurs de la souveraineté, et qui, absolu ou décentralisé, libéral ou socialiste, n'abandonnera jamais le pouvoir de contrainte illimité et irresponsable dont il se croit investi à l'égard des sociétés locales comme à l'égard des associations privées ou des individus. Il fut un temps où une commune était une personne naturelle, saine et bien constituée, vivant en bonne intelligence avec l'État, qu'elle avait vu naître et grandir, et qui lui avait d'abord donné sa protection. Aujourd'hui une commune est un être artificiel créé par l'État, ou tout au moins reconnu par lui, ne vivant que par sa grâce et selon sa loi, ayant envers lui tous les devoirs, tenant de lui tous ses droits, lesquels peuvent être restreints ou abolis d'un mot et sans recours. L'État donne à la commune la naissance légale, délimitant son territoire, divisant ou réunissant les circonscriptions ; il organise dans son sein l'autorité représentative et l'autorité exécutive ; il fixe ses pouvoirs et le mode d'exercice de ses pouvoirs. La commune est dans l'État comme un sujet dans un empire.

Cette commune n'a plus, en particulier, de pouvoir propre de dépense ; ici comme ailleurs sa situation est subordonnée et ses droits restreints. Elle ne détermine ni ses attributions ni leurs limites, les unes et les autres sont déterminées d'office par l'autorité supérieure. Elle a des fonctions qui lui sont imposées, elle en a d'autres qui lui sont interdites, et entre le cercle des dépenses obligatoires et celui des opérations prohibées, fort étroit est le cercle des services facultatifs, de ceux qui sont librement entrepris, organisés et dirigés par elle.

Dans tous les grands pays européens nous trouvons aujourd'hui la trace de ce pouvoir de réglementation et de contrôle exercé par l'État sur la nature et l'étendue des attributions communales. En Angleterre, toute autorité locale est

créée par la loi dans le but exclusif de satisfaire
à certains services limitativement énumérés ; si
le gouvernement n'a point le droit d'obliger un
bureau ou conseil à exécuter telle ou telle dépense,
l'influence du *local government board* sur l'exercice des fonctions locales n'en est pas moins prépondérante par l'effet de ses règlements ou *bye-*
laws, et grâce aux subventions dont il dispose.
Aux États-Unis, les villes sont « incorporées »
par la loi générale ou charte spéciale avec des
attributions strictement définies ; dans leur
domaine d'action ainsi limité, les municipalités
sont encore soumises à de nombreux règlements
d'ordre général provenant des constitutions et
des lois d'État. Dans les deux grands pays anglo-
saxons, les autorités locales sont, de plus, responsables devant les tribunaux envers leurs administrés des dommages résultant de toute négligence
de leurs services. — En France, en Belgique et en
Italie, la législation impose d'une manière générale
aux communes de subvenir à certaines dépenses
qui intéressent l'ordre public, ou que l'État veut
mettre à la charge des localités, et qui sont déclarées « obligatoires », les communes restant-libres
en principe dans l'exécution des dépenses facultatives. L'administration chargée du contrôle peut
contraindre les municipalités à satisfaire convena-
blement aux services dits obligatoires, tout en les
empêchant, d'autre part, de s'emparer de certaines
attributions qu'elles ne jugeraient pas devoir
rentrer dans le domaine des fonctions communales
même facultatives. — La Prusse enfin a adopté un

régime analogue, seulement les ordonnances n'y emploient pas les expressions précises de dépenses facultatives et dépenses obligatoires.

On voit qu'un double but, mais un but semblable et également précis, a été poursuivi par chacune des législations que nous venons d'envisager. D'abord, on a voulu assurer l'exécution des services communaux essentiels et d'ordre public, ou des services imposés par l'État aux localités, à bon droit ou non, et que celles-ci refuseraient de remplir si elles n'y étaient pas matériellement contraintes. Les États européens du continent ont chargé de ce soin l'autorité administrative, qu'ils ont armée de textes législatifs, qu'ils ont dotée d'un pouvoir de coercition et de juridiction, et contre laquelle il n'est point de recours ; les Anglo-Saxons, au contraire, s'en remettent aux tribunaux pour punir, comme ils feraient de simples particuliers, les autorités locales qui léseraient les droits d'autrui par le fait de la négligence de leurs propres devoirs, pensant que les magistrats du pays doivent la justice à tous, fût-ce contre une commune, fût-ce contre l'État. — En second lieu, on a voulu prévenir les empiètements du pouvoir communal sur le domaine d'activité appartenant à l'autorité centrale ou à l'initiative privée ; l'Angleterre et les États-Unis ont, dans ce but, limité d'avance et d'office les attributions propres des localités, tandis que sur le continent on a confié à l'autorité administrative sur toutes les opérations des communes un droit de contrôle répressif accompagné d'une large

liberté d'appréciation. — Jamais peut-être deux
méthodes, basées sur des principes plus différents,
ne se sont opposées d'une façon plus tranchée, en
caractérisant avec plus de netteté les qualités particulières de races diverses et les mœurs publiques
de nations voisines. D'une part, un contrôle préventif établi par les lois et sanctionné par les tribunaux ; de l'autre, un contrôle répressif laissé au
bon vouloir de l'autorité administrative : voilà les
deux termes de l'opposition qui distingue, dans la
constitution intime de leur administration locale,
les États de forme judiciaire comme la Grande-
Bretagne ou les Etats-Unis, et les États de forme
administrative, comme les États continentaux. Ici,
une commune est une personne morale à qui
l'État a confié une fois pour toutes des droits limités
et imposé des obligations précises, et qui vit
ensuite libre devant les lois et la justice de son
pays ; là c'est un pouvoir perpétuellement en tutelle,
sur qui l'autorité administrative a constamment
les yeux fixés, toujours prête à l'empêcher d'agir
ou à agir à sa place. Le régime fondé sur la liberté
et la confiance a pour exacte antithèse le régime
basé sur la défiance et l'autorité.

Obligatoires ou facultatives, les attributions
remplies par les communes modernes se caractérisent par une extrême diversité, suivant que l'on
considère, dans un même pays ou dans des pays
différents, les communes rurales, les bourgs, les
villes moyennes ou les grandes villes. Dans les
unes et dans les autres, les besoins collectifs des
habitants diffèrent en nature comme en importance,

et les services confiés aux municipalités varient
en nombre comme en complication. Il faut rattacher ces fonctions multiples et diverses à un petit
nombre de grands chefs de dépenses, pour examiner
et préciser par quelques considérations d'ordre
général les grandes ' directions de l'activité communale aux temps actuels.

Dépenses d'État à la charge des communes. —
On sait que, pendant deux siècles en France,
pendant près de quatre siècles en Allemagne,
pendant plus longtemps encore en Italie et en
Belgique, un grand nombre de villes ont joui, au
moyen âge ou à partir du moyen âge, d'une autonomie plus ou moins étendue, et constitué comme
de petites souverainetés locales, pratiquement
indépendantes ou quasi-indépendantes. En tant
qu'organismes politiques, ces villes possédaient
une milice et une justice propres, réglementées
par elles et payées sur leurs ressources particulières, impôts généraux ou droits spéciaux.
Plus tard, l'État reprit pour son compte cette
portion abandonnée des pouvoirs judiciaires et
militaires, pratiquement d'abord, en se saisissant
de la direction effective des services, en nommant
lui-même aux fonctions autrefois municipales, puis
légalement en retirant aux villes, par son pouvoir
souverain, toute espèce d'attributions de cet ordre.
Seulement il arriva qu'en perdant leurs droits les
municipalités ne se virent pas alors libérées en
même temps de toute participation aux dépenses,
et, dans un grand nombre de pays, l'État leur

impose encore aujourd'hui des contributions à certaines charges qui constituent des services nationaux au premier chef. En France et en Belgique, les communes subviennent aux dépenses d'entretien des casernes, aux frais du matériel des justices de paix et des prisons du premier degré ; les communes belges ont à leur charge la garde civique ; en Italie, les municipalités paient des indemnités de logement aux juges de paix et doivent entretenir des chambres de dépôt ou prisons provisoires. — Ces charges ne constituent évidemment plus aujourd'hui des services municipaux proprement dits ; elles représentent la part contributive des localités à des services de l'État, sortes de subventions ou subsides qui, par leur nature, sont doublement limitées : d'abord quant aux dépenses sur lesquelles elles s'exercent, car elles ne s'appliquent qu'à des services de matériel que distingue un certain rapport de solidarité physique avec le territoire même et les propriétés des communes; en second lieu, quant aux municipalités auxquelles elles sont imposables, car elles ne concernent que les chefs-lieux de canton, c'est-à-dire les bourgs ou les villes. Bien que les dépenses ainsi défrayées par les localités pour le compte de l'État ne soient pas en général très considérables, on doit regretter une interversion d'attributions qui crée entre l'autorité centrale et les autorités communales une pareille confusion de pouvoirs, et le principe de l'imposition des communes par l'État ne peut qu'être critiqué, alors même que certaines applications s'en pourraient légitimer en fait par des motifs spéciaux, historiques ou pratiques. Plus que jamais aux temps actuels, quand la société communale commence à faire l'apprentissage de l'administration démocratique, il est indispensable de libérer les pouvoirs locaux de toute intervention abusive de l'État, et les finances locales de toute mainmise étrangère : ce sont là des conditions essentielles du *selfgovernment* que la plupart des législations européennes n'ont pas encore su respecter.

Culte. — La commune administrative a toujours été, et presque partout, quelque chose de distinct de la paroisse ecclésiastique. Il n'y a guère qu'en Angleterre qu'on ait pu trouver, pendant près de quatre siècles, l'unité élémentaire du gouvernement local unie à la paroisse religieuse, et encore doit-on voir dans ce phénomène une association fortuite entre deux autorités plutôt qu'une fusion matérielle de deux pouvoirs. D'ailleurs, la paroisse anglaise a été, depuis cinquante ans, dépouillée de la plupart de ses anciennes attributions administratives, et, en 1893, une scission complète y a été consommée entre l'autorité civile et l'autorité religieuse. Partout ailleurs l'administration communale a toujours été séparée de l'administration ecclésiastique, bien que, sous l'ancien régime par exemple, l'instruction élémentaire et l'assistance des pauvres fussent en grande partie abandonnées au clergé. — Cette sécularisation traditionnelle n'a pas empêché, et n'empêche pas encore aujourd'hui, que les communes de certains pays, ou

parfois des associations locales de même ordre, ne
vinssent apporter leur concours financier à l'autorité religieuse dans certaines circonstances. En
France et en Belgique, le pouvoir civil a contracté
envers l'Église certains engagements généraux
auxquels les communes sont appelées à prendre
part; elles doivent fournir aux ministres du culte
le logement ou l'indemnité représentative, et aux
fabriques, en cas d'insuffisance de revenus, des
secours généraux ou des subventions pour répa-
ration des édifices affectés au culte. La loi du
10 février 1889 a astreint les municipalités italiennes à des obligations analogues, et, jusqu'à ce
qu'une loi d'ensemble vienne régler en Italie les
dépenses générales du culte, les communes doivent
y compléter la *congrua* au curé et payer les frais
d'entretien des édifices ecclésiastiques. — Tout
différent est l'état de choses existant en Prusse
et en Autriche. Ici la responsabilité financière de
la commune proprement dite en matière de culte
est tout à fait exceptionnelle, et ne s'exerce qu'au
cas où une ville ou un *Gutsbezirk* jouirait du droit
de nommer aux bénéfices. Seulement, dans ces
deux pays, la paroisse protestante ou catholique,
qui n'est composée que des membres de l'une ou
de l'autre religion, constitue, comme la municipalité de droit commun, une association publique.
Elle a à sa tête un conseil élu, dont le ministre
du culte fait partie de droit; elle lève des taxes
spéciales et obligatoires, ce que ne fait même
plus la paroisse religieuse anglaise aujourd'hui;
elle est placée sous la tutelle de l'État. Comme

la commune elle-même, elle peut s'unir à d'autres paroisses pour former des syndicats (*Kirchenverbände*).

Ainsi, dans les États latins, la paroisse reste indépendante de l'administration civile, et la commune vient seulement lui prêter son concours financier pour certaines dépenses. En Angleterre, la paroisse a été longtemps associée à l'administration locale, puis son droit de contrainte est tombé avec l'abolition de la *church rate*, et elle s'est trouvée de nos jours définitivement séparée du pouvoir civil. Enfin, dans les pays germaniques, elle n'a cessé de coexister, indépendante et spéciale, auprès de la commune civile, à qui elle est assimilée, et elle affecte, avec un pouvoir propre de contrainte, la forme et les droits d'une autorité publique.

Police. — Le service de la police communale est l'un de ceux dont le lien avec l'intérêt public est le plus manifeste et le plus étroit; c'est aussi l'un de ceux dont le caractère constitutif, fort variable d'État à État, fournit le meilleur critérium du véritable *selfgovernment* dans les institutions locales. On sait que ce service s'est constitué tardivement dans les campagnes, et de très bonne heure dans les villes, à titre de service communal. Tant que les communes rurales sont demeurées en servage, la police y appartenait de plein droit au seigneur ou à son représentant, et en France c'est la Constituante qui a fondé la première, à proprement parler, les pouvoirs de police de la

commune rurale, en attribuant au maire le droit
de réglementation en cette matière. Au contraire,
dans les villes, la police municipale apparaît comme
l'un des premiers signes caractéristiques de l'indépendance féodale, et c'est contre le droit de police
du seigneur que sont dirigés les premiers soulè-
vements avant-coureurs de ce qu'on a appelé la
révolution communale. Au XIIᵉ siècle, les villes privilégiées ou consulaires, beaucoup de villages
même, ont, comme les communes jurées du Nord,
leur police propre, exercée par les échevins. En
Allemagne, le pouvoir et la juridiction de police
passent, au XIIᵉ et au XIIIᵉ siècles, des mains du
fonctionnaire seigneurial à celles du *Rath ;* au XVIᵉ,
le souverain fait reconnaître son droit parallèle de
réglementation, et dès le commencement du XVIIIᵉ
le service est confié en entier, aux lieu et place du
Rath, à des maîtres de police ou des commissaires
spéciaux nommés par le roi. Dans les villes françaises, les échevins gardent un peu plus longtemps leurs pouvoirs propres de police, mais ils
perdent par les grandes ordonnances du XVIᵉ siècle
le droit de juridiction correspondant. En Angleterre, le service appartient d'abord au juge de paix
de comté pour l'ensemble du territoire ; puis les
bourgs obtiennent peu à peu une police séparée.

Il paraît impossible de définir la police locale
et de séparer, au point de vue théorique, son
domaine de celui de la police générale ou d'État ;
en fait, le cercle des attributions renfermées sous
le titre de la police locale varie extraordinairement
selon les pays. En Prusse, où l'on confond volon-

tiers sous le nom de police toute l'administration, le champ d'action de la police locale est excessivement large; il comprend, d'après la loi du 11 mars 1850, « la protection de la personne et de la propriété, l'ordre, la sécurité et la facilité des communications, etc., et toute autre mesure qui pourrait être nécessitée dans l'intérêt de la commune ou de ses habitants » : un texte ne saurait être plus compréhensif que celui-là. L'Angleterre ne distingue pas dans ses lois la police générale de la police locale. L'étendue du service s'est d'ailleurs partout élargie dans de notables proportions depuis un demi-siècle; le public demande aujourd'hui davantage à l'autorité, et l'autorité elle-même impose aux habitants plus de précautions quant à la sécurité et à la santé publiques. Dans chaque pays, le caractère et le domaine de la police locale se modèlent sur le tempérament, la race, les traditions et les mœurs. Aussi est-ce seulement par voie d'énumération que les législations ont cru pouvoir déterminer les objets qui rentrent dans la police municipale.

En Prusse, en Bavière, en Wurtemberg et en Russie, il est de principe que la police locale constitue un service d'État [1], et l'on peut dire, en empruntant à la langue allemande son expression caractéristique, qu'il y a dans ces pays une *Ortspolizei* (police locale), mais non pas de *Kommunalpolizei* (police communale). Si nous envisageons en particulier la Prusse, nous voyons que

[1] En Russie, le service de protection contre les incendies peut seul être considéré comme proprement communal.

le chef de l'État y possède seul le commandement de toutes les forces de la police ; il délègue la direction de la police locale dans chaque bailliage à l'*Amtsvorsteher*, nommé par le gouvernement, qui l'exerce en son nom et sous la tutelle de l'administration supérieure de la province ; dans les villes, la police locale est confiée au bourg-mestre, représentant le gouvernement, ou le plus souvent à des fonctionnaires spéciaux nommés par le roi. Tous les frais de la police locale, à l'exception des traitements des fonctionnaires spéciaux dans les villes, restent d'ailleurs à la charge des communes, qui les paient à titre de contribution à un service d'État.

Il est peu aisé, en l'absence d'une loi générale sur la matière, de déterminer le caractère exact du service de la police en Italie. Si la police sanitaire constitue évidemment dans ce pays une charge communale, il semble bien que la police de l'ordre et de la sécurité y soit plutôt une institution d'État. Les agents supérieurs du service sont en effet rétribués sur le budget général, et seuls les gardes urbains ou champêtres sont payés par les communes, pour lesquelles ce traitement constitue une dépense obligatoire.

L'Autriche, la Belgique et la Grande-Bretagne font sans conteste de la police locale un service propre des autorités communales. En Autriche, le gouvernement peut seulement réserver à des agents nommés par lui certains objets de la police locale en raison de motifs spéciaux ; d'ailleurs, toutes les dépenses du service sont à la charge des muni-

cipalités. En Belgique, le service est encore
réglementé aujourd'hui par la loi française des
16-24 août 1790. Les ordonnances de police sont
rendues par le conseil communal, et deviennent
exécutoires par elles-mêmes sans l'approbation
préalable d'une autorité supérieure ; le bourgmestre assure l'application de ces ordonnances.
Le contrôle du gouvernement s'exerce par le droit
de nomination des gardes champêtres et, dans les
grandes villes, des commissaires de police. Sont
obligatoires pour les communes les frais de la
police de sûreté *in globo*, et en particulier les traitements des commissaires et agents, ceux des
gardes champêtres et forestiers. En Angleterre,
le service est dirigé dans le comté par un comité
mixte, composé de conseillers de comté et de
juges de paix en nombre égal, et, dans les bourgs
incorporés possédant plus de dix mille habitants,
par le conseil municipal et une commission spéciale de sûreté. Les frais en sont payés sur la taxe
de police, laquelle ne peut dépasser un taux maximum de 3,3 0/0 du revenu imposable, et, pour
le surplus, sur le produit des subventions de
l'Échiquier, dont le comté doit verser une partie
aux bourgs à cet effet. Les autorités locales ont
peu de règlements à édicter, et le pouvoir de faire
des *bye laws* ne leur est pas acquis de plein droit ;
il faut dire que les dispositions de détail fort
étendues dans lesquelles entrent les lois votées par
le Parlement rendraient le plus souvent des ordonnances locales inutiles. D'ailleurs, le gouvernement
fait des ordonnances d'ensemble ; il ratifie la no-

mination de tous les agents supérieurs ; il surveille
et fait inspecter la marche générale du service dans
les localités, et peut condamner à l'amende les autorités qui négligeraient de remplir convenable-
ment leurs obligations.

Regardons maintenant en France. Le principe
qui y a inspiré l'organisation de la police locale
est aujourd'hui effacé ; le régime actuel est empirique et hybride. Le maire est chef de la police
locale ; il est en même temps chargé, comme le
bourgmestre belge, de l'application des règlements
de la police générale. Ce n'est point au conseil
municipal, mais à son agent d'exécution, au maire
encore, qu'appartient en principe le droit de faire
des règlements de police ; il est vrai que le préfet
peut suspendre ces arrêtés, ou, en cas de négligence,
et après une simple mise en demeure, prendre
lui-même les mesures nécessaires ou jugées telles.
Le gouvernement nomme tous les commissaires de
police, qui sont payés par les localités, et règle l'organisation du service dans les villes de plus de qua-
rante mille âmes ; or, sauf Paris et Lyon, toutes
les communes sont néanmoins responsables, pécu-
niairement, des dommages causés dans leur territoire aux personnes ou aux propriétés en cas de
troubles. Impossible de dire si la police locale est
véritablement à l'heure actuelle, en France, un
service communal ; elle a peut-être été telle à
l'origine ; quant à présent, les lois ont tellement
accentué l'intervention de l'État dans toutes les
parties du service, que la distinction d'une police
locale et d'une police générale n'est guère plus

qu'un mot, — exception faite pour les charges financières, lesquelles étaient communales à l'origine et sont encore communales aujourd'hui.

En présence des solutions très diverses données par les législations européennes au problème de la constitution de la police locale, on est fondé à se demander si ce service rentre à bon droit dans les fonctions des autorités communales. La doctrine allemande, qui trouve de nombreux adeptes en Belgique, — chez le peuple qui, avec l'Angleterre, possède le régime le plus libéral de l'Europe en cette matière, — nous dit que la police est un pouvoir d'ordre public, qui, comme la justice, n'a pu appartenir aux localités qu'à une époque où l'État n'était pas encore arrivé à l'âge adulte. Théorie étrange à entendre en un pays comme l'Allemagne où l'on confond la police, non pas avec la justice, mais bien avec l'administration, et où la plus grosse partie des dépenses du service pèse directement sur les municipalités. C'est dans les faits qu'il faut chercher les éléments d'une solution pratique de la question. On a dit depuis longtemps que le cumul de deux pouvoirs de police de natures différentes dans les mains du maire français ou du bourgmestre belge constituait une contradiction flagrante, et aboutissait, en France, à la confusion pratique de la police locale dans la police générale, celle-ci l'emportant nécessairement sur celle-là : cela équivaut à réclamer, d'une manière générale, la séparation des deux ordres de fonctions qui sont aujourd'hui réunis arbitrairement dans les mains

du maire. On a dit aussi qu'il était nécessaire de
soustraire le service de la police locale à des
influences électorales ou politiques dangereuses,
et la ligne de conduite suivie depuis quelques
années par certaines municipalités françaises et
étrangères est venue donner un argument à l'appui
de cette manière de voir. Il est certain que l'expérience faite dans la plupart des villes américaines,
par exemple, ou chez nous dans certaines régions
animées d'un esprit de désorganisation méthodique
ou violente, a fait changer bien des idées reçues
couramment naguère sur l'efficacité du *selfgovernment* en matière de police. L'Angleterre, la
France, se sont applaudies d'avoir armé le gouvernement d'un droit matériel ou moral de contrainte envers les pouvoirs locaux négligents ou
hostiles ; le droit de nomination ou de contrôle
sur la nomination du personnel supérieur, le droit
de surveillance sur l'organisation pratique du service, sont apparus comme représentant une nécessité nouvelle. — Entre deux excès contraires dans
lesquels il faut se garder de tomber, on peut,
croyons-nous, se fier à un principe pratique : c'est
que, lorsqu'une autorité quelconque, ou publique,
ou privée, a la charge financière d'un service, on
doit autant que possible lui en laisser la libre
direction et la gestion indépendante, quitte à établir, s'il y a lieu, un contrôle indirect sur l'organisation et la marche de ce service. Réduisons
donc en France, si l'on veut, le domaine propre
de la police locale au profit de celui de la police
générale ; transférons de l'un à l'autre, du maire

au préfet, si nécessité il y a, tout ce qui constitue la police de sûreté par opposition à la police administrative proprement dite. Mais, dans le cercle restreint et ainsi défini de la police locale, laissons aux communes une large liberté d'action et de décision, qui seule légitimera le poids des charges financières correspondantes supportées par les municipalités, et qui sortira enfin nos pouvoirs locaux de cet automatisme administratif dans lequel ils vivent depuis le commencement du siècle. Que cette police locale, ainsi limitée, soit un service communal, et non pas seulement un service d'État localisé.

Voirie. — Le service de la voirie locale est peut-être, à l'opposé du service de la police locale, celui dont on peut le moins révoquer en doute le caractère proprement et essentiellement communal. A toute époque, il a été à la charge des municipalités, tant dans les villes que dans les campagnes, et même dans l'ancienne Prusse, où la commune rurale est restée si longtemps paralysée sous l'autorité féodale, le seigneur étant d'habitude fort négligent des chemins de la localité, c'est la communauté des paysans qui avait pris à ses frais le soin de la voirie, comme le faisaient aussi en France, sous la direction d'un syndic, les habitants d'un même village ou d'une même paroisse. En Angleterre, le service de la voirie fut, avec l'assistance, le premier des services publics confiés à la paroisse au xvie siècle, et à la fin du xviiie la Grande-Bretagne avait le

6

réseau vicinal le plus perfectionné de toute l'Europe. — C'est, à vrai dire, de ce siècle seulement, et surtout de la seconde moitié de ce siècle, que date l'extraordinaire développement des moyens locaux de communication. Les besoins nouveaux de l'industrie et du commerce, la création des chemins de fer dont la voirie locale devenait le complément et le débouché naturel, les nécessités d'une culture plus intensive, ont contribué à donner un essor prodigieux à l'extension de la voirie vicinale, tandis que la concentration de la population dans les villes et les exigences croissantes de la vie urbaine conduisaient, par une transformation progressive de la voirie municipale, à la constitution en villes modernes des agglomérations de l'ancien temps. Aujourd'hui la voirie locale représente dans la vie économique de la nation un intérêt général de premier ordre, et c'est ce qui explique la participation financière que la plupart des États ont prise, à des degrés divers, dans la charge de la construction des chemins vicinaux. En même temps, c'est l'un des services qui apportent aux membres de la société locale les bénéfices matériels les plus directs et tangibles, abaissant les frais généraux de l'agriculture, élevant la valeur de la propriété foncière dans les campagnes comme dans les villes, attirant l'industrie aux lieux les plus favorables, développant les échanges et facilitant les rapports commerciaux. Le lien de l'intérêt public et de l'intérêt privé dans l'exécution du service apparaît aussi étroit qu'en matière de police, par exemple ; mais ici l'objet et

le résultat du service sont directs et positifs, tandis
que là ils sont surtout virtuels et contingents.

Le service de la voirie urbaine rentre partout
dans le cercle des dépenses facultatives des villes[1].
Les municipalités en ont, dans tous les pays, la
direction exclusive, la charge complète et la responsabilité absolue; l'État ne leur alloue pas de
subventions, mais ne les soumet pas non plus à
son contrôle. C'est d'ailleurs, depuis une cinquan-
taine d'années, l'une des plus grosses charges des
budgets municipaux que les dépenses de la voirie
dans les villes, dépenses sans cesse croissantes,
parce que les exigences du public en matière de
circulation sont de plus en plus grandes, et parce
que, pour l'ouverture des rues nouvelles, les
frais d'expropriation augmentent en même temps
que la valeur moyenne des immeubles. Un certain nombre de municipalités, en Belgique, aux
États-Unis, en Allemagne, ont trouvé moyen de
réduire les frais de construction des voies nouvelles, en faisant contribuer à la dépense les
propriétaires riverains, dont les immeubles bénéficient d'une plus-value plus ou moins considérable. Il y a là une mesure de bonne administration qui peut donner lieu à une application
assez large et dégrever dans une certaine mesure
les charges supportées par les villes. Il en a été fait
une fois usage à Paris même; on y renonça par la
suite en raison des lenteurs de la procédure[2].

---

[1] En Italie, l'entretien des chemins communaux classés est
obligatoire aussi bien dans les villes que dans les campagnes.

[2] Lors du percement de la rue Rambuteau, en 1843. Les déci-

Une autre méthode, plus avantageuse peut-être, a été mise à l'essai à l'étranger : la municipalité suscite la formation d'un syndicat des propriétaires intéressés, qu'elle charge de l'exécution des travaux moyennant un prix fixé ; le résultat est le même que dans le système précédent, mais la valeur des immeubles expropriés et celle des plus-values des immeubles riverains ont chance d'être plus équitablement appréciées. Le pavage et l'entretien des rues, la construction des trottoirs font également, dans certaines villes, l'objet de taxes de compensation dont le produit reste d'ailleurs assez faible par rapport au coût du service.

A la différence du service de la voirie urbaine, le service de la voirie vicinale est le plus souvent obligatoire, en fait ou en droit, pour les communes [1]. Dans tous les pays, depuis quelques dizaines d'années, l'État a poussé de toutes ses forces au développement des voies de communication dans les campagnes, et presque partout on doit reconnaître qu'il obéissait en cela à des influences politiques en même temps qu'au légitime désir de favoriser les intérêts agricoles. Il a constamment obligé les autorités locales à ouvrir des chemins nouveaux ; il les a incitées à la dépense en leur promettant son aide, en leur facilitant le recours au crédit ; le résultat, en France par

sions rendues par la Commission de fixation des indemnités ne furent définitives que dix ans après.

[1] En France, cette obligation comporte une limite arbitraire, fixée au montant du produit de 3 centimes additionnels aux contributions directes et de trois journées de prestations.

exemple, c'est que le nouveau réseau de la voirie
vicinale a été fait trop vite et trop cher, et qu'en
bien des lieux sa construction a anticipé les besoins locaux. D'ailleurs, il faut reconnaître que
les communes ont été largement aidées dans ce
travail du développement de leurs voies de communication. Presque partout elles ont reçu des
subventions plus ou moins considérables de l'État
et des provinces pour ce service. C'est en France
que cette intervention financière des autorités
supérieures dans les charges de la voirie rurale
s'est montrée la plus large ; en Belgique, on a
laissé plus à faire aux pouvoirs locaux, qui dépensent à l'heure actuelle, pour la construction
de leurs chemins, des sommes beaucoup plus considérables que chez nous, bien que le réseau vicinal y soit presque aussi développé ; en Italie et
en Prusse, le concours de l'État a été très faible
jusqu'à présent. Un autre allégement des charges
communales résulte aussi, dans les campagnes
comme dans les villes, de la participation des
intéressés aux dépenses de la voirie au moyen des
contributions particulières. On trouve les « prestations vicinales » dans presque tous les pays,
sauf en Grande-Bretagne où une loi de Georges III
les a transformées en taxes pécuniaires ; il n'y a
d'ailleurs qu'en Belgique et en France que cet
impôt soit vraiment productif ; quant aux
« péages » qui existent encore en Italie, en Autriche, en Prusse, leur importance fiscale est très
minime.

Le domaine propre de la voirie vicinale com-

porte une division qui résulte de la nature des
choses. Il comprend, d'une part, les chemins d'intérêt exclusivement communal, qui sont dits chemins vicinaux en Prusse, chemins communaux en
Italie, chemins vicinaux ordinaires en Belgique et
en France ; et, d'autre part, les voies d'intérêt intercommunal, chemins d'intérêt commun ou de
grande communication[1] en France, chemins d'union
communale en Bavière et en Prusse. Le nombre
des voies qui n'intéressent qu'une commune individuellement est assez limité, surtout dans les
pays où, comme en France, en Allemagne, en Angleterre, l'unité élémentaire de l'administration
locale, commune ou paroisse, est très petite. Plus
important est le nombre des voies d'intérêt intercommunal, dont le régime administratif et financier fait l'objet, dans les différentes législations, de
divergences notables. Qui aura la direction du
service de cette voirie « mixte », et qui en paiera
les frais ? Il est évidemment nécessaire de répartir
les dépenses entre les communes proportionnellement à leur intérêt, et de réserver à chacune
d'elles dans la direction et la responsabilité des
affaires une part proportionnelle, à sa part dans
les charges. D'un autre côté, il faut assurer l'unité
du service et son organisation d'après une idée
d'ensemble. — Ces conditions paraissent être assez
bien remplies en Italie, en Prusse et en Autriche,
par la constitution de syndicats de communes

---

[1] Nos chemins de grande communication seraient sans doute
classés comme routes provinciales dans la plupart des législations
étrangères.

(*consorzi, wegeverbände*), à la tête desquels se
trouve un conseil composé des représentants de
toutes les communes intéressées ; ce conseil, qui
choisit dans son sein un syndic ou *Obmann*, est
chargé d'assurer l'exécution des travaux et l'entretien des voies ; il répartit les frais entre les
communes d'après des bases équitables, c'est-à-
dire d'après l'intérêt respectif des localités ; il ne
jouit d'ailleurs que des pouvoirs qui lui sont formellement délégués par les communes syndiquées.
En Angleterre, le service entier de la voirie locale
a été retiré dès 1862 à la plupart des paroisses,
trop faibles pour y satisfaire, et confié à des bureaux de district spéciaux, organisés par les juges
de paix ; il vient d'être transporté aux districts
sanitaires. En France, c'est du département que
relèvent les chemins de grande communication et
d'intérêt commun ; le conseil général dirige l'ensemble du service, paie une partie des dépenses
sur le budget départemental et répartit le reste
assez arbitrairement entre les communes ; celles-
ci ne font que payer, comme contribution à un
service départemental, la quote-part qui leur est
assignée. Il semble qu'il y ait beaucoup de bien-
fondé dans la proposition qui a été plusieurs fois
faite de « départementaliser » en France les chemins de grande communication ; de plus, il paraîtrait sans doute avantageux de confier ensuite le
service des chemins d'intérêt commun à des syndicats de communes analogues à ceux dont nous
avons remarqué l'existence en Italie ou en Prusse,
et dont l'organisation a déjà été prévue chez

nous par une loi récente ; ce serait le seul moyen
d'assurer aux intéressés, qui paient les dépenses,
leur juste part de responsabilité et d'initiative.

Instruction. — On sait que, en tant que service communal, l'instruction primaire est chose
presque moderne. Sous l'ancien régime, ce service
se trouvait presque entièrement aux mains du
pouvoir ecclésiastique, et, dans les villes même,
où souvent il était défrayé par des fondations de
bienfaisance ou des établissements charitables,
l'école proprement communale n'était qu'une
exception. Ceci n'est pas vrai seulement de la
France, mais de tous les grands États jusqu'au
commencement du siècle présent. En Angleterre,
les écoles de paroisses et de *workhouses* étaient
rares [1]; en Prusse, le roi Frédéric-Guillaume Ier
essaya, en 1736, d'organiser une instruction communale, mais il ne paraît pas que ç'ait été avec
grand succès, et c'est seulement le Code général
du royaume qui, pour la première fois en 1794,
mit l'entretien des écoles communes à la charge
des pères de famille réunis de chaque district
scolaire [2]. En France, l'obligation d'avoir une
école publique fut imposée à chaque commune en
1833, l'année même où l'Angleterre commençait
à faire intervenir l'autorité centrale dans le
régime de l'enseignement au moyen des subventions. Une fois né, le service se développa dans

[1] Leroy-Beaulieu, *L'Administration locale en France et en Angleterre*, p. 193.
[2] Von Reitzenstein, *Kommunales Finanzwesen*, p. 663.

tous les grands pays européens avec une rapidité
extrême, dont témoignent l'accroissement de la
scolarité et la multiplication du nombre et des
espèces d'écoles ; depuis un demi-siècle, l'intérêt
public prédominant peu à peu sur l'intérêt privé,
la plupart des législations furent bientôt amenées
à appliquer, en droit ou en fait, le double principe
de l'obligation et de la gratuité. La France, l'Italie, la Suisse et la Prusse ont aujourd'hui rendu
l'enseignement primaire légalement obligatoire ;
il l'est aussi pratiquement en Belgique et en
Grande-Bretagne. L'instruction du premier degré
est, d'autre part, gratuite en France, en Italie et en
Suisse ; en Angleterre et en Prusse, la taxe scolaire disparaît peu à peu devant les subventions
de plus en plus importantes payées par l'État aux
autorités locales ; en Belgique enfin, par égard
pour l'autonomie communale, l'État s'est désinté-
ressé de la question, autorisant simplement les
conseils municipaux à supprimer les droits de
scolarité, sans leur promettre à cet effet son
concours financier. Malgré les subventions considérables que les communes reçoivent presque partout pour le service de l'instruction, l'accroissement des charges locales de ce service s'est montré
extraordinairement rapide en ce siècle. Emprunts
et dépenses annuelles se sont partout multipliés
dans une mesure excessive et dangereuse. En
France, notamment, on reconnaîtra que l'État n'a
cessé de pousser les communes vers une prodigalité regrettable ; il leur a imposé, pour la construction des écoles par exemple, des dépenses qui

étaient souvent hors de proportion avec leurs possibilités financières et avec les nécessités présentes du service ; il les a attirées dans la voie des emprunts exagérés en leur offrant son concours pour le paiement des annuités de remboursement ; il a établi d'office la gratuité de l'enseignement. Plus encore qu'en matière de voirie, l'influence de l'État s'est fait sentir ici, en France et à l'étranger, comme une excitation à la dépense, un stimulant de la prodigalité.

En Belgique, en Italie, en Autriche, en Angleterre et aux États-Unis, le service de l'instruction primaire est resté jusqu'à présent un service communal. Sans doute, l'ingérence de l'État dans le régime de l'enseignement du premier degré s'est exercée plus ou moins profondément dans tous ces pays ; partout l'État a posé lui-même les bases de la constitution du service, imposé la surveillance de ses agents, ordonné ou favorisé l'obligation ou la gratuité, alloué plus ou moins généreusement des subventions. Mais la direction même du service reste toujours aux mains des autorités locales, avec une certaine marge d'initiative pour son organisation pratique. Les instituteurs sont choisis par les pouvoirs locaux : en Belgique par les conseils municipaux, en Angleterre et aux États-Unis par les *school boards*. Les subventions conservent le caractère d'un subside extraordinaire pour les communes pauvres, comme en Italie et en Belgique, d'une dotation de faveur, comme aux États-Unis, ou d'une récompense pour l'observation des règlements généraux, comme en Angleterre. L'école, bien que réglementée et soutenue par les pouvoirs supérieurs, est bien celle de la commune.

Tout différent est depuis quelques années le caractère du service en Prusse et en France. La constitution prussienne de 1850, qui a proclamé pour la première fois en Europe le double principe de l'obligation et de la gratuité, a déclaré en même temps que l'enseignement primaire était un service d'État. La plus grosse partie des dépenses est longtemps restée aux localités, communes ou *Schulgemeinde*, mais en 1888 et 1889 l'État a pris à sa charge, par voie de subventions, la majorité des frais de personnel de l'instruction élémentaire, traitements et pensions. Le service est réglé par l'État, et c'est l'autorité administrative du district qui choisit l'instituteur. En France, les lois de 1881, 1882 et 1889 ont aussi modifié profondément la nature du service, sans cependant assimiler tout à fait ce dernier à un service d'État comme l'a fait la constitution prussienne de 1850. L'instituteur est nommé par le préfet. Les détails du service sont fixés par un corps administratif, le conseil départemental de l'enseignement primaire. Au lieu d'allouer des subventions aux communes, l'État prend à son compte toutes les dépenses du personnel (sauf l'indemnité de résidence), les localités restant débitrices des frais de matériel. Dans ces conditions, en France comme en Prusse, la commune n'est évidemment plus maîtresse à l'école. Il y a, entre l'État et les localités, sinon interversion absolue, du moins division et partage d'attributions ; le service n'est plus à proprement parler un service communal, il n'est pas pratiquement un véritable service d'État ; c'est un service mixte.

Ce mouvement très prononcé de demi-centralisation, affectant un service important entre tous, est curieux à relever en un temps où, de l'un et de l'autre côté du Rhin, il est si fort question de décentralisation et de *Selbstverwaltung*. Les motifs n'en doivent pas être cherchés dans le domaine financier, qui ne rend compte que des conséquences matérielles de la transformation opérée ; ils se trouvent assez aisément dans certaines doctrines sociales prépondérantes en Allemagne, et, pour la France, dans certaines questions de politique générale. On a pu dire avec quelque justesse que, de tous les services communaux, l'instruction est, avec l'assistance, le seul qui n'ait pas directement pour but l'intérêt matériel, pour ainsi dire physique, des habitants ou du territoire de la commune ; personne ne verra là une raison suffisante pour faire de l'assistance et de l'instruction des services d'État. Tout service public, localisé par nature et par nécessité, et qui n'est pas réfractaire, comme le serait la justice, par exemple, à une certaine diversité d'organisation d'ailleurs compatible avec l'unité nationale, doit rester service communal, à moins que l'État ne soit évidemment à même de le remplir mieux et à meilleur marché que les localités. Ce qui est vrai, c'est que l'État a été pratiquement amené à la demi-centralisation que nous avons signalée en matière

d'enseignement primaire par l'abus de la réglementation. Il ne s'est pas contenté de poser les
bases générales de l'organisation et de la marche
du service, et d'aider les communes pauvres par
des subventions plus ou moins bien calculées. Il
a voulu hâter à toute force un développement
anormal de ce service, forcer la progression, coûte
que coûte, dans la direction qu'il indiquait, en
s'appuyant sur le principe qui lui est familier, la
raison d'État, et en imposant aux localités des
charges sous lesquelles leur budget s'effondrait.
Il s'est défié du sentiment personnel des autorités
municipales dans l'application, pourtant sans
cesse contrôlée, du régime qu'il avait prescrit, et
a voulu que tout le personnel de l'enseignement
fût à lui ; la surveillance ne lui suffisant plus, il a
exigé la direction effective du service. Voici donc
un service communal par nature, qui, dans deux
grands pays européens, est passé tout entier, au
point de vue administratif, et au point de vue financier pour une grande partie, des mains des communes à celles de l'État.

Quelque développées que soient ses formes et
ses applications, l'enseignement primaire ne constitue pas l'objet unique des dépenses des communes en matière d'instruction ; il faut joindre à
ces charges fondamentales tous les frais relatifs à
l'enseignement secondaire, à l'enseignement technique, aux diverses institutions de l'ordre intel-
lectuel, artistique et industriel, telles que musées,
bibliothèques, fondations de chaires, de prix, de
bourses, etc. Ce nouvel ordre de dépenses est évi-

demurent réservé aux villes, pour partie même aux grandes villes. En France et en Belgique, beaucoup de collèges et d'écoles moyennes sont entretenus par les municipalités qui contribuent aussi pour une part dans les dépenses des lycées fondés par l'État ; en Italie et en Prusse, il est de règle que tous les établissements d'enseignement secondaire sont à la charge du pouvoir central ; on sait enfin qu'en Angleterre les autorités locales n'ont en aucun cas la charge de ces institutions aux-quelles pourvoit entièrement l'initiative des parti-culiers. L'enseignement industriel et artistique a pris de nos jours une extension considérable dans la plupart des pays ; il est le plus souvent muni-cipal au premier degré, ou tout au moins subven-tionné par les villes. Des musées et des biblio-thèques municipales se rencontrent, en France comme à l'étranger, dans toutes les villes d'une certaine importance. Ce qui caractérise nettement cet ensemble de services si étendus et si variés, c'est que les municipalités n'y participent qu'à titre accessoire, concurremment avec l'initiative privée. C'est une des nécessités du régime écono-mique qui prévaut aujourd'hui dans les grands États européens, que de mettre à la portée de tous l'*instruction spéciale* pour accroître les capacités individuelles et mobiliser le travail. Il y a là un champ presque sans limite ouvert aux initiatives de bonne volonté ; il y a là une voie nouvelle d'activité philanthropique et sociale dans laquelle il est plus que jamais nécessaire de marcher à l'heure présente. Mais la fonction de la puissance collective n'est ici qu'accessoire et comme complémentaire, tandis que le rôle principal appartient aux particuliers, dont la générosité se voit sollicitée par bien peu d'œuvres d'une utilité plus immédiate. Fort bien placées pour provoquer et encourager l'initiative privée, les autorités municipales le sont fort mal pour organiser ou diriger des établissements d'enseignement artistique, par exemple, ou des écoles industrielles et techniques. Le devoir des municipalités ne peut être que de stimuler l'initiative particulière par l'exemple et les subsides.

Assistance. — L'origine historique du service de l'assistance des indigents est due non point à une pensée de solidarité sociale et de philanthropie, mais à un sentiment utilitaire de protection matérielle fort analogue à celui qui a donné naissance au service de la police. Jusqu'à la fin du siècle dernier, la fonction positive de l'assistance était remplie par le pouvoir ecclésiastique, par les communautés religieuses ou les établissements particuliers; l'autorité publique, nationale ou locale, ignorait les pauvres. Seule, l'Angleterre jouissait depuis trois siècles d'une organisation exceptionnellement développée du service de l'assistance, dont la cause doit être rapportée aux crises si terribles qui avaient frappé la population de ses campagnes au XVIe siècle; depuis Henri VII, la paroisse était chargée de secourir les indigents, et, depuis Élisabeth, l'indigent était investi d'un droit au secours sans obligation corrélative de sa part. Sur le continent,

c'est seulement à partir de la Révolution française
que la société parut prendre conscience du devoir
supérieur de l'assistance, et, une fois né, ce service
grandit avec une rapidité extrême. Il s'accrut dans
son chiffre d'affaires d'abord, puis il se développa
dans la forme de ses opérations, et au soulage-
ment de l'indigence proprement dite s'ajoutèrent
peu à peu le traitement des malades et des aliénés, l'entretien des vieillards et des infirmes,
les secours médicaux, la protection de l'enfance.
Partout on vit l'État favoriser avec complai-
sance le développement du service ; partout aussi
l'assistance resta en principe un service local :
la France en a tenté une fois la centralisation, et
l'essai n'a été ni long ni satisfaisant. Mais avec le
développement des formes de l'assistance et l'accroissement des charges qui en résultaient, les
autorités locales ne purent longtemps se passer du
secours matériel de l'État, et une tendance très
générale porta partout les gouvernements à soulager les budgets locaux en confiant certaines parties du service à des autorités ayant des moyens
plus puissants et une circonscription territoriale
plus large. Enfin, pour arriver à une répartition
plus équitable des dépenses de l'assistance entre
les diverses autorités locales, on dut chercher
aussi à obtenir une détermination de plus en plus
précise du domicile de secours.

En Allemagne, en Autriche et aux États-Unis,
la charge de l'assistance publique incombe en
principe à l'autorité locale de droit commun, à la
commune ; le service est un service communal

proprement dit. En Angleterre, la paroisse, l'union
de paroisses et le comté, qui sont ou ont été
les organes directs des *poor laws*, constituent
pareillement des autorités normales de l'administration. Au contraire, l'Italie, la Belgique et la
France ont confié l'assistance locale à des établissements particuliers, plus ou moins indépendants, et dans ces États les communes ne
concourent aux dépenses du soutien des pauvres
que d'une façon indirecte et médiate ; le service
est ici autonome, spécial. C'est par des raisons
historiques qu'il faut expliquer, dans les pays
latins, cette spécialisation du service de l'assistance et sa constitution en organes d'administration distincts (établissements de bienfaisance,
opere pie, congregazioni di carita). On sait que
l'assistance y est en effet longtemps restée aux
mains d'institutions spéciales, ecclésiastiques ou
entretenues par des fondations particulières, lesquelles subsistèrent lors de la sécularisation du
service et de la suppression de la mainmorte, et
dont l'organisation et l'administration intérieure
furent seules modifiées par la suite. — Le caractère
de ces établissements spéciaux et l'étendue des
obligations subsidiaires de l'autorité communale
sont d'ailleurs sujets à varier grandement de l'un
à l'autre de ces pays. En Belgique, les hospices,
hôpitaux et bureaux de bienfaisance sont des dé-
pendances immédiates de l'autorité communale,
des établissements annexes, pour ainsi dire, dont
l'objet essentiel paraît être d'assurer la spécialité
des dons et legs faits aux pauvres. Tous leurs admi-

7

nistrateurs sont élus par le conseil municipal, et comme ils font partie du domaine communal, l'obligation de la commune subsiste toujours derrière celle de l'établissement, et le budget municipal répond légalement de tout déficit du budget hospitalier. En France, au contraire, la séparation est beaucoup plus profonde entre l'autorité communale et les établissements de bienfaisance, qui sont plus indépendants, et dont l'existence même semble dégager la commune de toutes les charges du service de l'assistance, sauf en ce qui concerne les aliénés et les enfants assistés. — Comparée au système belge, la législation française, comme la législation italienne, semble assez arriérée et insuffisante. Les Etats latins, qui ne reconnaissent pas à l'indigent un droit légal au secours, semblent oublier qu'il n'en existe pas moins pour la société locale un devoir moral d'assistance. Or ce n'est pas pour les communes un moyen de se libérer de toute obligation, que de confier purement et simplement le service à des établissements spéciaux, qui sont en petit nombre [1] et n'ont le plus souvent que des moyens matériels insuffisants. Derrière ces établissements, il y a les communes, dont ils ne sont que les mandataires, qui ne sauraient se désintéresser du service, et qui devraient être légalement contraintes, comme elles le sont en Belgique, de fournir aux établissements de bienfaisance les subsides nécessaires, alors que leur obligation est limitée en France

[1] Il en manque dans vingt mille communes en France.

au paiement de leur part contributive dans les charges des aliénés et des enfants assistés.

Toutes les législations ont dû prendre des mesures en vue d'arriver à une détermination aussi exacte que possible des charges de chaque commune en matière d'assistance, et à une répartition équitable des frais généraux du service entre les localités intéressées. La base de toutes les méthodes employées, c'est la localisation de la bienfaisance, c'est l'établissement du « domicile de secours ». Les règles concernant l'acquisition du domicile de secours sont plus exigeantes en Belgique qu'en Prusse, et surtout qu'en Angleterre, tout en étant remarquables par leur précision dans ces trois pays ; en France nous n'avons à cet égard qu'un court article de la loi de l'an V, et encore ce texte n'est-il applicable qu'à l'assistance à domicile et au traitement des aliénés. Les codes anglais, belge et prussien contiennent des dispositions spéciales à l'égard du *casual poor*, c'est-à-dire de l'indigent absent momentanément de son domicile naturel, qui peut demander et obtenir un secours dans toute localité où il se trouve, sauf à celle-ci à se faire rembourser par l'autorité responsable. Chez nous, ce cas n'est prévu qu'en ce qui concerne l'assistance par les bureaux de bienfaisance. On voit qu'à la différence des trois législations que nous avons signalées, la législation française, ici encore insuffisante, ne prend aucune des précautions nécessaires pour faire retomber sur chaque localité la charge exacte et exclusive des indigents

qui lui appartiennent : il en résulte une confusion
inextricable dans la répartition des dépenses du
service entre les différentes communes du territoire.

Devant l'extension considérable que n'a cessé
d'éprouver en ce siècle le service de l'assistance,
on a dû, dans tous les pays, chercher les moyens
d'aider les autorités locales dans les charges qui
leur incombent de ce chef. Depuis longtemps, en
France et en Angleterre, l'État verse des subventions aux budgets locaux pour contribuer aux frais
du service ; mais cet expédient ne laisse pas d'être
dangereux, parce qu'il est sans limite fixe, ou
insuffisant, parce que les subsides, trop divisés,
sont individuellement minimes. La difficulté vient
en grande partie de ce que l'unité administrative
de l'assistance est, dans beaucoup de pays, trop
petite et trop faible. Il paraîtrait donc avantageux
d'organiser le service sur des bases plus larges,
de confier l'assistance locale à des autorités ayant
une circonscription territoriale plus étendue et en
conséquence des moyens plus puissants. C'est ce
qu'a fait l'Angleterre dès 1834, lors de la grande
réforme opérée par elle en matière d'assistance.
En même temps qu'elle imposait aux indigents
valides le travail dans les *workhouses* comme condition première du droit au secours, le service
fut transféré de la paroisse, qui resta légalement
débitrice du secours et continua de former l'unité
territoriale de droit commun au point de vue du domicile d'assistance, à l'union des paroisses, laquelle
fut chargée de l'organisation matérielle et de la

direction effective du service. On sait que cette
union est administrée par une assemblée dont la
composition a été réglée par la loi de 1894 sur
les conseils de paroisses, et qui comprend aujour-
d'hui les conseillers de districts, représentant les
paroisses rurales, plus un certain nombre de gar-
diens élus par les bourgs compris dans l'union. Les
charges de service sont réparties chaque année
par ces assemblées entre les paroisses conformé-
ment aux règles du domicile de secours, et payées
dans chacune d'elles sur la *poor rate*. Un régime
analogue a été introduit aux États-Unis, où les
comtés ont reçu, de préférence aux *townships*, la
charge du service de l'assistance dans les États du
Sud et de l'Ouest. En France, nous aurions grand
avantage à nous inspirer de l'idée fondamentale
de la réforme opérée par l'Angleterre, en favorisant
l'union en syndicats des communes rurales trop
exiguës et trop pauvres pour créer à elles seules
un bureau de bienfaisance, un hospice et un hôpital,
et qui trouveraient tout intérêt à s'associer aux
communes voisines pour l'organisation et l'entretien en commun de ces établissements.

D'autre part, nous rencontrons dans tous les
grands pays européens les traces d'une tendance
très marquée qui porte les législations à confier
aux provinces, ou à de vastes associations de communes, certaines formes de l'assistance plus rares,
un peu spéciales, et dont l'organisation matérielle
peut avantageusement être centralisée par région :
il s'agit de l'entretien et de l'éducation des enfants
assistés, du traitement des aliénés, aveugles, sourds-

muets, etc., ajoutons du soutien des indigents
n'ayant, pas de domicile de secours. En Prusse,
toute cette partie du service est remplie par les
Landarmenverbände, associations de communes
s'étendant sur une circonscription très large, et
composées elles-mêmes d'associations plus petites
dites *Ortsarmenverbände* qui concourent à la dépense. L'Italie a chargé les provinces du traitement des aliénés ; l'Angleterre en a remis le soin
aux comtés, qui se font rembourser la majeure
partie des dépenses par les unions de paroisses
dont relèvent les aliénés indigents. Le fonds commun d'assistance en Belgique répond également au
même besoin ; formé, par province, des contributions obligatoires des établissements de bienfaisance de la région, ce fonds sert à rembourser aux
communes, qui ont dû en faire l'avance, les trois
quarts des frais de traitement des aliénés, aveugles
et sourds-muets, et des frais d'assistance des indigents privés de domicile de secours. — En France,
le cas de défaut de domicile d'assistance n'a pas
été prévu par la législation. Le service des enfants
assistés et celui des aliénés sont à la charge du
département, sauf contribution des communes ;
cette contribution, fort arbitrairement réglée par
le conseil général, peut varier du tiers au sixième
de la dépense des aliénés, et comporte, pour les
enfants assistés, un simple maximum du cinquième des dépenses dites « extérieures ». Les
règles du domicile de secours ne sont observées
que pour la répartition des frais relatifs aux aliénés, et, quant aux dépenses afférentes aux enfants

assistés, la répartition en est faite proportionnellement aux ressources et à la population de chaque
commune. Il ne paraît pas y avoir à regretter, en
France, que le service des aliénés et celui des
enfants assistés soient confiés au département,
avec ou sans la participation des communes. Les
complications d'organisation et de comptabilité,
provenant en Prusse de la coexistence des *Ortsarmenverbände* et des *Landarmenverbände* au-dessus
des autorités communales, lesquelles continuent
à former l'unité normale de l'assistance, ne plaident
guère en faveur de la création de syndicats régio-
naux d'assistance trop étendus. Mais si les communes sont appelées à concourir financièrement
au service fait par le département, ce qui est le
cas en France, encore faut-il que cette contribution annuelle soit calculée sur des bases équitables, c'est-à-dire d'après des règles améliorées
du domicile de secours, et que la répartition des
charges ne soit pas abandonnée, en dernier ressort,
à l'arbitraire d'une assemblée nécessairement
indifférente ou partiale.

*Services relatifs à l'amélioration des conditions
de l'existence dans les villes.* — Entre toutes les
communes d'un pays, depuis le plus petit hameau
de campagne jusqu'à la capitale de trois ou quatre
millions d'habitants, la ville a une catégorie de
charges spéciales qui n'appartient qu'à elle. Elle
remplit tout un ordre de services que des caractères communs de contingence, de diversité et de
variabilité distinguent assez nettement de tous

les autres services municipaux : établissements et aménagements relatifs à l'hygiène publique, canalisations d'eau, systèmes d'égouts, digues, promenades, cimetières, etc., ou facilitant la vie commune : fournitures d'éclairage, abattoirs et marchés, poids et mesures publics, moyens de communication urbains et suburbains, etc., toutes dépenses que les Américains embrassent sous le nom générique de *quasi-public works* et les Allemands sous celui de *Wohlfahrtsinteressen*. Le type de ces services a existé de tout temps ; leur plein exercice ne date, à vrai dire, que de ce siècle. Ils représentent la conséquence naturelle et forcée de l'agglomération de la population dans les centres urbains ; ils sont le prix de la formation des villes modernes : leur croissance a suivi, reflété et mesuré celle des villes. Bien qu'ils n'intéressent l'ordre public que d'une manière indirecte, par ce qui touche à la préservation de la santé publique, leur développement s'est, dans tous les pays, montré nécessaire autant que légitime ; c'est aujourd'hui pour les municipalités une obligation de droit strict que d'assurer aux habitants des villes les garanties d'une hygiène générale bien-entendue, et de les faire bénéficier des avantages ou commodités qui tendent à faciliter partout la vie collective. Ces conditions sont plus difficiles à remplir dans les vieilles cités d'autrefois qui se transforment péniblement en villes modernes, qu' dans les centres récemment créés des pays neufs ou des régions enrichies par les industries récentes ; elles sont surtout plus coûteuses, de

même que la transformation d'un outillage suranné est parfois moins aisée que la création de
toutes pièces d'un matériel neuf. Ainsi, pendant
que les campagnes, se dépeuplant, ne peuvent plus
subvenir aux charges de leurs intérêts collectifs,
les villes « surpeuplées » ont peine à suffire aux
besoins nouveaux que leur impose la centralisation
de la vie moderne. Dans tous les pays pourtant,
petites villes et grandes villes sont résolument
entrées dans la voie de l'amélioration des conditions de l'existence urbaine, et nul chapitre du
budget des municipalités n'a autant grandi que
celui-là depuis un demi-siècle.

Un caractère particulier de cette catégorie de
services, c'est qu'ils prennent partout l'aspect
d'entreprises industrielles, et qu'ils affectent souvent la forme de monopoles. Avec les fournitures
d'eau, de gaz et de lumière électrique, l'établissement de tramways et de chemins de fer, la
construction de marchés et d'entrepôts, les villes
se sont peu à peu créé sur leur territoire un véritable domaine industriel, que tantôt elles exploitent
directement, et tantôt elles concèdent à des Com-
pagnies ou à des particuliers moyennant un engagement temporaire d'exploitation. Les municipalités
d'aujourd'hui ne se contentent plus de remplir leur
rôle d'autorités publiques, chargées des intérêts
en quelque sorte moraux de leurs administrés ;
elles se font, par nécessité, entrepreneurs de services ou de travaux, sortes de gérants d'affaires au
bénéfice des individus. C'est là une tendance d'autant plus grave que le domaine propre de l'autorité

commerciale est ici, à proprement parler, comme
en matière d'assistance, sans limite matérielle.
Quelle est l'étendue du champ d'attributions qui
peut appartenir légitimement aux municipalités,
quel est avec exactitude le point théorique où
celles-ci commencent d'empiéter abusivement sur
l'initiative privée, cela est impossible à déterminer d'une façon générale. Il suffit, pour s'en
convaincre, d'examiner les divergences qui se
produisent à ce sujet dans les législations et dans
les jurisprudences des divers pays. — En France,
l'exploitation directe du service des eaux paraît
seule être permise aux communes par les arrêts
du Conseil d'État, qui leur interdit même la
concession de tous les monopoles autres que ceux
du service du gaz, des marchés, des abattoirs
et des eaux. — En Allemagne, le même service des
eaux est presque toujours aux mains des municipalités, et il en est de même, bien que dans une
proportion moindre, de celui du gaz [1]. Sur les
quarante-quatre villes principales de l'Empire que
comprend la statistique, vingt-neuf exploitent
directement le service du gaz ; sur trente-quatre de
ces villes, trente-deux exploitent directement celui
des eaux ; d'ailleurs un grand nombre d'entreprises
commerciales ou financières, caisses d'épargne,
monts-de-piété, etc., sont gérées par les autorités
locales. — En Grande-Bretagne, la plupart des
villes fabriquent le gaz et fournissent l'eau directement aux habitants ; beaucoup d'entre elles sont

---

[1] *Statistiches Jahrbuch deutscher Städte*, 1890.

propriétaires de tramways ; des bains publics, des lavoirs et des bains payants sont établis dans toutes les villes par les conseils municipaux agissant comme autorités sanitaires. — Les villes italiennes exploitent le plus souvent par elles-mêmes le service des eaux [exception faite pour Bologne, Gênes, Catane, Rome (acqua Pia)], et concèdent en général celui du gaz ; les municipalités de Gênes et de Florence sont entrepreneurs de lumière électrique ; le service des tramways n'est presque jamais entre les mains des villes. — Aux États-Unis enfin, nous voyons très fréquemment les *waterworks* aux soins des autorités locales ; cinq villes seulement exploitent directement leurs usines à gaz (Philadelphie, Richmond, Danville, Wheeling, Alexandria, 1887) [1].

On voit que la solution pratique du problème varie suivant chaque pays avec le tempérament national, le milieu économique et les tendances sociales prépondérantes. Les municipalités osent davantage, et font plus par elles-mêmes, en Allemagne et en Angleterre, qu'en France ou en Italie, ou même qu'aux États-Unis. Partout, il est vrai, elles ont compris qu'il était devenu nécessaire de protéger et de faciliter la vie commune dans les grands centres, et les lois leur ont à cet effet permis de s'engager dans un ordre d'attributions tout nouveau ; mais partout aussi on a reconnu que, s'il y a un usage qui est légitime, il y a, tout près de là, un abus qui est excessif,

---

[1] *Relation of modern municipalities to quasi-public works, american economic Association*, 1888.

et, les gouvernements ont été obligés de limiter en fait le champ de leurs opérations, en même temps que d'en régler le mode d'exercice. — Cette limite, à vrai dire, ne peut être déterminée théoriquement. Ce qui est possible, ce qui peut être avantageux avec une administration disciplinée comme elle l'est en Prusse, ou avec un *local government* prudent et pratique comme on le trouve en Angleterre, présentera de graves inconvénients dans un pays où le personnel de l'administration locale serait trop sensible aux fluctuations politiques, trop attaché aux anciennes méthodes ou au contraire trop désireux de tout renouveler par principe. Une ville qui a peu de dettes et des impôts légers peut se permettre certains luxes qui seraient interdits à d'autres. On peut approuver l'organisation, par les municipalités des grands centres, d'établissements gratuits d'hygiène générale, tels que bains publics, dispensaires pharmaceutiques, qui représentent une nécessité trop évidente dans les conditions modernes de la vie municipale, et dont le développement actuel en France est loin de répondre à ce qu'on serait en droit d'attendre. Au contraire, laisser les villes empiéter sur le domaine propre de l'initiative privée, et les conseils municipaux venir fausser le libre jeu de la concurrence dans le commerce général, serait une faute au point de vue social, et un danger au point de vue financier. Tenons-nous-en à cette règle pratique que la commune doit s'abstenir partout où l'initiative privée est capable ; c'est la limite que nous

voudrions voir imposer d'une main ferme, en
France, à l'ambition toujours croissante de certaines assemblées délibérantes dans nos grandes
villes.

Travaux d'intérêt agricole dans les campagnes.
— On peut ranger dans cette dernière catégorie
de dépenses les travaux divers exécutés dans les
campagnes pour la protection et l'assainissement
de la propriété foncière et pour l'amélioration
des terres par l'assèchement, la canalisation ou
l'irrigation. Dans tous les pays, on a pu constater
en ce siècle un accroissement considérable de ces
services. Partout aussi, l'action individuelle s'est
ici montrée insuffisante, et comme les travaux
envisagés présentent toujours un intérêt collectif
pour un groupe de propriétés soumises à des conditions géologiques et d'exploitation semblables, il
faut qu'à l'initiative isolée se substitue l'action en
commun. Au moyen âge, et tant que la commune
rurale est restée sous la dépendance de l'autorité
seigneuriale, ces services formaient, avec la voirie
locale, l'objet essentiel de l'initiative des communautés villageoises ou agricoles. En Angleterre
et en Prusse, un grand nombre de ces travaux
sont encore aujourd'hui exécutés directement par
les pouvoirs administratifs locaux. D'après la loi
prussienne du 14 mars 1850, l'autorité municipale
« prescrit et ordonne les mesures nécessaires pour
la protection des champs, prés, pâturages, forêts,
vignes ». En Grande-Bretagne, ce sont les autorités
sanitaires rurales qui exécutent les travaux de
drainage, auxquels subvient la *general district*

rale ; les travaux d'asséchement et de défense contre les inondations sont confiés au *drainage, embankment and conservancy boards,* créés en 1861, et qui existent aujourd'hui dans 227 districts. Aux États-Unis, les communes se chargent le plus souvent elles-mêmes du drainage. Dans les autres pays, les travaux agricoles d'intérêt commun ne rentrent pas habituellement dans le cadre des services communaux proprement dits. On reconnaît seulement, pour ceux d'entre eux qui présentent un caractère de nécessité commune incontestable, que l'initiative privée a besoin d'être soutenue par l'administration ; alors on facilite ou on force l'entente entre les propriétaires, et on garantit les syndicats ainsi formés contre le mauvais vouloir des opposants. De fait, le meilleur système paraît être celui qui réserve le pouvoir d'action, comme la responsabilité et les frais des travaux, à ceux qui seuls doivent bénéficier matériellement du service fait ; l'intervention des communes elles-mêmes ne semble devoir se justifier que pour les travaux qui intéresseraient l'ensemble des propriétés, ou qui seraient nécessités par un intérêt d'ordre général, tel que l'hygiène publique ou la protection contre un fléau commun.

THÉORIE DES FONCTIONS COMMUNALES

Tel est, dans ses grands traits, le cadre des services essentiels remplis par les communes et des dépenses communales à l'heure actuelle De toutes les opérations exécutées par la société sociale, beaucoup sont modernes; d'autres, que l'on voyait figurer à titre normal dans les budgets municipaux il y a quatre ou cinq siècles, ont disparu; toutes ont plus ou moins changé d'aspect au cours de leur carrière. Rien n'a plus varié dans l'histoire que le domaine propre de l'activité communale et ses rapports avec le domaine réservé à l'Etat; loin de rester constants, les deux cercles d'attributions n'ont cessé de modifier leur rayon, se sont rapprochés ou éloignés, pénétrés ou séparés. Parfois l'un a recouvert et absorbé l'autre, comme sous la Révolution, où l'Etat avait supprimé à son profit les autorités locales, ou bien au moyen âge, quand les villes de Flandre ou d'Italie faisaient fonction d'États. Jamais il n'y a eu de ligne de démarcation fixe entre la chose publique et ce qui représente simplement le besoin matériel commun, entre l'intérêt local et l'intérêt national; le même service s'est relevé tantôt de l'un, tantôt de l'autre principe; la victoire de l'État sur la commune, la soumission de la société locale à l'autorité politique n'ont pas partout mis fin à cette lutte d'influence. Jamais non plus il n'y a eu de limite bien nette entre le cercle d'attributions des municipalités et le domaine réservé à l'initiative particulière, entre l'intérêt communal et l'intérêt privé, et, depuis un siècle par exemple, l'un n'a cessé d'empiéter sur l'autre. On ne saurait donc déterminer *a priori* le domaine d'attributions propres de l'association communale, parce que c'est chose essentiellement contingente et relative.

A la fin de la féodalité, tenue dans un servage de moins en moins rigoureux, la communauté villageoise ou agricole des campagnes, jusque-là inactive et inerte, essaie de satisfaire tant bien que mal aux deux services auxquels le seigneur ne subvient pas ou pas assez, la voirie et les travaux de protection ou d'amélioration des terres, qui sont exécutés par un syndic pour le compte des intéressés. La police est au seigneur, l'enseigne-ment et l'assistance restent au curé ; en Angleterre, par exception, la paroisse civile soutient aussi les pauvres et donne parfois l'instruction. Somme toute, la localité rurale paie l'impôt au seigneur, à l'église, à la province et au roi, sans rien exé-cuter par elle-même, si ce n'est ce qui lui est matériellement indispensable, les chemins com-muns ou les travaux collectifs d'intérêt agricole. Autour de ce noyau originaire et essentiel des fonctions communales, viennent peu à peu s'ad-joindre, à partir des dernières années du siècle dernier, la police d'abord, puis, directement ou par l'intermédiaire d'établissements spéciaux, l'as-sistance, et en dernier lieu l'instruction. Dans la Prusse orientale, il faut attendre jusqu'au milieu du siècle présent pour voir s'opérer cette transfor-mation, plus malaisée qu'ailleurs. Partout en ce siècle s'accroissent dans une mesure considérable les exigences de cette *triplex necessitas* de la société locale, la voirie perfectionnée, l'instruction assurée, l'assistance développée, et les budgets plient sous la charge qu'ils assument ou qu'on leur impose : la commune rurale paie cher sa part de la puissance publique.

Tout différent fut le rôle des villes, qui, dès le moyen âge, revendiquèrent dans l'activité sociale de chaque pays une place prépondérante : tantôt pouvoirs politiques indépendants, possédant armée, diplomatie, justice et police propre, tantôt pouvoirs administratifs plus ou moins autonomes dans l'État naissant, pouvoirs publics toujours. De bonne heure, en France et en Angleterre, plus tardivement en Flandre et en Allemagne, les fonctions de l'ordre politique firent retour à l'État, en même temps que l'indépendance ou l'autonomie des villes s'affaiblissait ou disparaissait. Durant tout l'ancien régime, l'assistance et l'instruction ne formèrent qu'exceptionnellement des services municipaux ; par contre, la voirie et les autres travaux urbains acquirent rapidement et partout un développement proportionnel à l'importance des villes. En ce siècle, avec l'accumulation de la population dans les grands centres, avec la rapide croissance des villes, les dépenses s'enflent démesurément dans les budgets municipaux. La voirie, l'hygiène publique, le soin des intérêts matériels et moraux de la population ouvrent à l'édilité urbaine un vaste champ libre dans lequel elle s'engage parfois sans mesure ; l'instruction et l'assistance se développent dans leurs formes et dans leurs applications, imposant aux autorités locales des charges de plus en plus lourdes ; par-

8

tout le régime démocratique se montre coûteux, parfois ruineux.

On voit que la répartition des fonctions locales entre l'État et la commune, comme entre la commune et les particuliers, n'a cessé de varier dans le cours de l'évolution historique de la société communale. Villes et communes rurales ont toujours tendu à accroître leurs attributions aux dépens de l'initiative privée, depuis leur renaissance à l'origine des temps modernes jusqu'à l'ère actuelle du socialisme municipal. De plus, depuis un demi-siècle, c'est le pouvoir central, c'est l'État lui-même qui semble vouloir dépouiller les communes à son profit d'une part de ces mêmes attributions. — Ce qu'il adviendra de ce partage des pouvoirs entre la société locale d'une part, et d'autre part l'État et les particuliers, il est difficile de le prévoir. En certains lieux, l'initiative municipale semble devoir prendre une part d'influence croissante, comme en Angleterre, où tant de grands travaux d'utilité collective, canaux, ports, bassins, sont constamment entrepris et défrayés par le *local government*. D'autre part, nous citerons deux services primordiaux, la police locale et l'instruction primaire, qui, en France et en Prusse, se centralisent actuellement aux mains de l'État, sauf le concours financier des communes, et l'on pourrait donner nombre d'exemples d'un mouvement analogue dans d'autres pays. Centrifuge chez les Anglo-Saxons, l'activité administrative paraît être centripète dans les pays germaniques ou latins ; la répartition pratique des

services semble devoir favoriser l'État sur le
continent, et en Grande-Bretagne les autorités
locales. Ainsi la lutte persistante entre l'étatisme
et le particularisme ne donne pas partout des
résultats identiques. Même au cour de ce siècle,
l'évolution des fonctions commun n'a été ni
régulière, ni universelle ; dans chaque pays elle
s'est modelée d'après le caractère national, les
mœurs publiques et les tendances sociales ; aujour-
d'hui elle est, ici et là, à des phases diverses de
son progrès.

Que dire, après cela, de la doctrine qui, voyant
dans l'association communale un syndicat purement privé, veut restreindre ses attributions à la
gestion des intérêts matériels et nécessairement
collectifs qui naissent dans chaque localité de la
proximité immédiate de l'habitation ou de la
propriété ? La communauté locale est-elle limitée
par essence aux objets indivis et indivisibles dont
la jouissance est forcément commune, et auxquels
personne n'a le droit de se soustraire, parce que
ce serait condamner son voisin à un dommage que
l'on peut accepter pour soi, mais non imposer à
autrui ? Tout service, autre que celui de la voirie
locale ou celui de l'hygiène publique, est-il par
nature en dehors des fonctions propres, naturelles
et légitimes de la société locale, et, si cette société
locale entreprend d'y satisfaire, est-ce par abus,
dépassement de droits et usurpation sur les pouvoirs d'autorités ou de sociétés différentes ? La
commune n'est-elle en elle-même qu'un groupe-

ment économique d'intérêts privés, opposable à
l'État, seule association d'ordre public?

C'est, à notre sens, chose un peu arbitraire et
illusoire que de vouloir limiter ainsi, en règle
absolue et par un raisonnement abstrait, le champ
d'action de la société locale, lequel n'est, en aucun
temps, librement fixé par le législateur, mais se
détermine naturellement et nécessairement à toute
époque, d'après les conditions sociales existantes
et les besoins actuels de la communauté. Les
services auxquels on veut restreindre le rôle et la
fonction de l'association communale, — services
matériels nés de la solidarité physique qui unit
les habitants de la ville ou du village, — sont, à
vrai dire, les services essentiels et inévitables de
la société locale, lui appartenant par nature, et
qui ne peuvent être remplis que par elle. Elle y
satisfait à toute époque, tant bien que mal, lors
même qu'elle n'est pas légalement organisée,
comme ce fut le cas de la communauté rurale
sous l'ancien régime. Ils constituent l'origine
historique et la raison d'être primitive de la commune actuelle. Mais, auprès de ces besoins phy-
siques et primordiaux, il y a dans la société
locale d'autres intérêts communs, moins immédiats, moins directement matériels et qui se
développent plus tardivement; qui, bien que loca-
lisés par nature, pourraient être pratiquement
confiés soit à l'État, soit à la commune, soit à des
associations privées; dont la commune revendique
la charge, parce qu'elle croit pouvoir y satisfaire

mieux et à meilleur compte que personne, ou qu'elle sent que c'est pour elle un devoir de conscience d'y satisfaire. L'association locale a partout ajouté à sa fonction essentielle, nécessaire et permanente des attributions accessoires, contingentes et variables ; c'est aussi ce qu'a toujours fait l'État, qui joint lui-même à son rôle originaire de protection intérieure et extérieure une somme de pouvoirs supplémentaires égale à la somme des droits individuels que ses membres ont trouvé avantage à abandonner à la communauté. Ce développement de fonctions est naturel et fatal dans les sociétés avancées dont les besoins s'accroissent et se compliquent sans cesse ; il est légitime, dans la limite pratique des services nécessaires que la commune peut remplir avec de meilleurs résultats et de moindres frais que des particuliers isolés ou associés d'une part, et de l'autre que l'État lui-même.

Est-il vrai que la nature des services communaux soit essentiellement distincte et différente de celle des services de l'État, ceux-ci représentant des services publics, ceux-là constituant de simples services privés d'intérêt commun ?

Examinons de près les diverses espèces de services rendus aujourd'hui par les autorités communales au public et le caractère propre de chacun d'eux [1]. Nous en distinguons immédiatement de

[1] Nous laissons ici de côté les services qui n'appartiennent aux communes de certains pays que par accident et à titre spécial, tels que les dépenses de justice, de culte, de service militaire, etc.

plusieurs sortes. D'abord, dans tous les pays, les autorités locales ont une police, font l'assistance, et donnent l'instruction. Ces services, répondant à une nécessité générale, et collective, formant la condition de l'existence et du progrès de la société locale dans les temps modernes, obligatoires par là même pour l'autorité qui les remplit, relèvent de l'ordre public, et présentent pour tout le monde un intérêt identique [1], virtuel, impossible à évaluer ou à mesurer matériellement. En second lieu, l'une des plus lourdes charges de la commune urbaine ou rurale, c'est le soin et l'aménagement de la voirie, avec ses annexes, nettoyage et éclairage, égouts, canalisations, et tout ce qui concerne la propreté des emplacements publics et la facilité de la circulation. Personne ne niera que l'intérêt public ne soit ici aussi visible et aussi puissant que dans le premier cas. Seulement, en pratique, il se trouve que ces services procurent indirectement et par surcroît un bénéfice ou un profit spécial, matériel et mesurable, à certaines propriétés ou à certaines catégories de propriétés particulières. Une rue ouverte donne une plus-value certaine aux immeubles en bordure, et les loyers des immeubles urbains sont directement influencés par les conditions de salubrité et commodité des voies et du quartier ; dans les campagnes, la construction et le bon entretien des chemins vicinaux facilitent la culture, réduisent ses frais généraux, et augmentent ainsi la valeur de la propriété fon-

---

[1] En principe, mais non matériellement égal; il paraît évident que le pauvre y gagne plus que le riche.

cière. L'utilité privée s'ajoute donc ici, dans une mesure variable, mais toujours appréciable, à l'intérêt public. Enfin il est une troisième catégorie de fonctions communales où cet intérêt public n'existe plus, où l'on ne se trouve en présence que de services de nature privée, d'ordre économique, rendus nominativement et moyennant rétribution aux particuliers qui en réclament le bénéfice. Tels, dans les localités rurales, les travaux d'intérêt agricole, ou, en matière urbaine, l'ensemble de ces institutions ou exploitations dans lesquelles les villes modernes se sont toutes plus ou moins engagées, abattoirs, marchés, fournitures d'eau, poids et mesures, théâtres, entreprises d'éclairage en Allemagne ou en Angleterre, transports urbains dans quelques pays, caisses communales d'épargne en Prusse, etc., opérations diverses qu'on jugera parfois abusivement classées parmi les services communaux, mais qu'on voit néanmoins exécutées aujourd'hui par un nombre considérable de municipalités.

Ainsi il est conforme à la nature des choses de diviser les différentes espèces de fonctions remplies par les communes en trois catégories, dont l'une vise l'ordre public, l'autre concerne exclusivement l'utilité privée, et la dernière, participant à la fois des deux autres, relève de l'intérêt public tout en affectant d'une manière indirecte et par surcroît certains intérêts particuliers. — Entre ces trois catégories d'attributions, un classement rigoureux est difficile à déterminer d'une manière absolue. L'affectation spéciale d'un service ou d'un autre

peut varier suivant les pays, c'est ce qui a lieu
pour l'instruction primaire par exemple ; mais le
cadre général des opérations reste toujours identique. D'autre part, le rapport entre chaque ordre
de fonctions n'est pas fixe. Il s'est largement modifié au cours des temps ; en ce siècle, dans tous
les pays, l'intérêt général a eu tendance à prédominer plus ou moins sur l'intérêt particulier, tandis
que l'avènement de la démocratie transformait un
plus ou moins grand nombre de besoins communs
et privés en nécessités publiques et collectives. —
D'ailleurs, comme les autorités locales, l'État a, lui
aussi, des services publics et des services privés à
remplir. Police générale ou police locale, instruction moyenne ou instruction primaire, voirie nationale ou voirie communale, ce sont là des services
de même caractère, d'objet semblable, en un mot
d'ordre public les uns et les autres ; on remarquera
seulement que quelques-uns des services de l'État,
l'armée, la diplomatie, la justice, la police centrale
même, sont en outre ce que ne sont pas les services communaux, des services politiques, rentrant
dans les attributions nécessaires d'une nation pour
qu'elle subsiste en tant que nation. L'État a aussi
ses fonctions d'ordre privé ; il suffira de citer la
poste ou le télégraphe, pour ne prendre que des
exemples généraux ; souvent il se fait, à tort ou à
raison, assureur, entrepreneur de transports, banquier, etc. — Ainsi la nature intrinsèque des services communaux n'est pas, à notre sens, essentiellement distincte de celle des services de l'État, les
services purement politiques étant d'ailleurs mis

à part. La différence des uns aux autres réside
d'abord dans une localisation plus ou moins étroite
de l'objet matériel des opérations. D'autre part, le
rapport existant entre les services publics et les
services privés est tout différent en matière communale de ce qu'il est au budget de l'État ; dans le
domaine des fonctions locales, les avantages ou les
bénéfices d'ordre économique ou matériel tirés
par les particuliers des services privés, ou même
de certains services publics, l'emportent sur l'intérêt public, identique pour tous, né de l'exécution
des services généraux de la commune ; pour l'État,
c'est, de toute évidence, le contraire qui est vrai.

L'un des faits essentiels qui se dégagent de
l'étude des dépenses communales, c'est qu'une part
considérable de ces dépenses, et une part croissante, au lieu d'être librement consentie, réglée
et votée par les autorités locales, leur est aujour-
d'hui imposée d'en haut, arbitrairement et sans recours. Tantôt ce sont des services étrangers et
extérieurs pour lesquels on met la commune à
contribution ; tantôt c'est un de ses propres services qu'on organise d'office et sur des bases nouvelles, doublant ou décuplant ses frais. Le pouvoir
local n'est pas consulté sur l'utilité ou l'opportu-
nité de la dépense, ni admis à la direction de
l'opération ; il reçoit un ordre, ou une simple facture, et doit payer là-dessus. La commune n'est
plus une personne morale, vivante et agissante,
maîtresse d'elle-même, de ses ressources et de son
budget, mais un mineur dont on gaspille la fortune

au lieu de la faire valoir, un interdit dont les biens
sont livrés à un tyran, l'État, et à des intrus, les
départements.

Dans presque tous les grands pays européens,
les communes sont légalement obligées de concourir
aux dépenses de certains services généraux qui, par
leur nature, relèvent exclusivement de l'État : justice, organisation militaire, instruction supérieure,
ou qui, d'après les statuts, appartiennent de droit à
l'autorité centrale, police et instruction primaire
en Prusse. Ainsi il suffit qu'un service de l'État soit
localisé dans son objet — et ils le sont tous plus
ou moins — pour que l'État, abusant de sa situation supérieure et de son pouvoir souverain, puisse
exiger des localités un subside pour une affaire qui
ne la regarde ni ne l'intéresse, qui reste en dehors
de son cercle d'attributions et de son droit de direction. D'autre part, voici en France deux services
proprement communaux, la voirie locale et l'instruction primaire, pour lesquels l'État, se fondant
sur l'intérêt public, a imposé aux municipalités
des dépenses évidemment exagérées ou mal réglées,
prématurées ou hâtives, et hors de proportion avec
les possibilités financières des pouvoirs locaux.
Tuteur des communes, l'État les excite à la prodigalité, accapare le gros de leurs ressources et les
oblige à se surcharger d'impôts ou à emprunter.
Son droit légal de contrôle a fait place à un pouvoir tyrannique de contrainte. C'est là un abus contre
lequel on ne saurait s'élever avec trop d'énergie. Il
faut protester contre cette intervention du pouvoir
central sur un domaine qui n'est pas le sien, contre

cette ingérence illégale dans des attributions qu'il a confiées à d'autres. Il faut dénoncer cet excès de pouvoir exercé par une autorité publique sur d'autres autorités publiques. Les ressources communales doivent être réservées à des services communaux, et, au lieu d'une pénétration croissante, c'est une séparation progressive qu'on doit réclamer entre l'État et les pouvoirs locaux dans leurs services de dépenses, c'est l'affranchissement des deniers communaux qu'il faut arracher à l'absolutisme de l'État.

Après l'État, voici les départements qui viennent à leur tour mettre à la charge des localités une série de dépenses, qui correspondent, à la vérité, à des services de nature communale, mais à des services dont les municipalités n'ont ni la direction, ni le contrôle, ni la responsabilité. Ici encore, c'est en France surtout que nous avons à prendre nos exemples. En matière de voirie et d'assistance, divers services d'ordre intercommunal ou mixte sont gérés par les conseils généraux qui répartissent tout ou partie des dépenses sur les communes du territoire, sans règle équitable, c'est-à-dire sans égard à l'intérêt des diverses localités. Les communes paient leurs contributions sans contrôle et sans garantie pour des services qui les touchent directement, mais à l'exécution desquels elles ne participent pas. Encore une fois, les localités n'ont pas ici la libre disposition de leurs ressources. Or de ce que les autorités locales d'une région donnée ont à l'exécution d'un chemin, à

l'entretien d'un hospice, un intérêt commun, mais
en même temps un intérêt variable, on conclura
sans doute qu'il est essentiel de leur attribuer
dans la direction du service et dans la charge des
dépenses une part proportionnelle à cet intérêt.
La plupart des pays étrangers ont obtenu ce résultat par le moyen des unions des communes, seules
capables d'assurer la gestion collective de ces services d'ordre intercommunal. Dans ce système, en
effet, les sommes payées par les localités ne sont
plus des subventions arbitrairement fixées, mais de
véritables dettes communales, liquides, avérées et
contractées pour des services organisés et dirigés
par les communes proportionnellement à leur part
respective d'intérêt. En France, il serait d'autant
plus nécessaire de favoriser le développement de
ces syndicats, déjà prévus par une loi récente, mais
qui ne paraissent guère être entrés dans le domaine
de l'application, que nos communes sont plus
petites que partout ailleurs sur le continent, sauf en
Prusse. Nous avons aujourd'hui 17.000 communes
ayant moins de 500 âmes, 4.328 qui n'ont pas
200 habitants, 653 de moins de 100 et deux qui n'en
ont que 24. Ces petites communes ne peuvent évidemment s'acquitter qu'à grand'peine de toutes les
charges qui leur incombent, et trouveraient dans
l'association avec les communes voisines le moyen
de satisfaire à leurs besoins communs en diminuant
les frais généraux de chaque service. Quels que
soient, d'ailleurs, les procédés employés, le résultat
qu'il est indispensable d'obtenir, c'est d'assurer à

chaque localité, dans chacun des services inter-
communaux, une part dans le pouvoir de direction
proportionnelle à sa part dans les charges; ici
encore, il faut réserver les deniers communaux
aux dépenses proprement communales, rendre les
autorités locales maîtresses de leurs ressources,
et faire des budgets locaux des budgets véritablement indépendants.

Le trait prédominant qui ressort de l'examen
des dépenses locales au siècle présent, c'est leur
accroissement énorme et universel. En France,
de 1836 à 1877, seules dates extrêmes pour lesquelles les statistiques donnent quelques renseignements détaillés, le montant total des dépenses
de toutes les communes, Paris excepté, s'est élevé
de 117.793.130 francs à 713.630.063 francs, aug-
mentant ainsi de six fois et demie environ en qua-
rante années. Dans ce même espace de temps, les
dépenses spéciales de la voirie se sont accrues dans
les budgets communaux de cinq fois et demie, celle
de la voirie de cinq fois, celles de la police de dix
fois, celles de l'Assistance de deux fois, celles du service des emprunts de trente fois environ. Comme
le chiffre des dépenses, le chiffre des recettes a
augmenté pendant la même période d'environ six
fois et demie, passant de 125.310.063 francs à
921.952.873 francs. D'après la statistique plus
récente, mais moins détaillée, de l'année 1891, on
voit que, de 1836 à 1891, soit en cinquante ans,
les dépenses ordinaires des communes (Paris
excepté) se sont élevées de 83.830.926 francs à

376.927.942 francs, soit d'environ quatre fois et demie [1].

Hors de France, dans les autres États européens, on observe des faits analogues, mais l'insuffisance des documents statistiques nous force à rapprocher nos points de comparaison. En Angleterre [2], les dépenses locales payées sur les ressources ordinaires se sont accrues d'un cinquième dans le court espace de temps compris entre les années 1885 et 1891, et celles qu'ont couvertes les emprunts et les ressources extraordinaires ont monté d'un huitième dans la même période ; de 1880 à 1890, les recettes provenant des *Rates* ont augmenté d'un quart et le produit des subventions ou dotations a triplé. Si l'on considère l'Italie [3], on voit qu'en vingt ans, de 1871 à 1891, les dépenses ordinaires, extraordinaires et facultatives des communes s'y sont élevées de plus des deux tiers, passant du chiffre de 325.326.313 francs à celui de 529.713.430 francs, pendant que le montant des impôts communaux passait du chiffre de 177.510.493 francs à celui de 330.882.391 francs. En Prusse [4] enfin, où toute statistique de la progression des dépenses locales fait défaut, on trouve

---

[1] Voir pour la France : le *Rapport à l'Empereur sur la situation financière des communes en 1862*, la *Situation financière et matérielle des communes en 1877*, et la *Situation financière des communes de France et d'Algérie* (publication annuelle).

[2] *Local Taxation returns*, 1889-1890, 1891-1892.

[3] *Bilanci comunali e provinciali*, 1891, pp. XVI, XXXIX, XLI, XLIII.

[4] *Beiträge zur Finanzstatistik der Gemeinden*, 1883-1884, pp. 271 272 et suiv.

que les produits des impôts communaux a monté,
de 1876 à 1883, de la somme de 139.258.243 marks
à celle de 171.714.985 marks, soit d'environ 22 0/0.

Voilà donc les faits : partout en ce siècle les
fonctions communales se sont accrues sans mesure,
et avec elles les dépenses payées et les ressources
perçues par les communes. Partout l'activité communale a augmenté, et en tout sens, dans chacune
des directions de la vie collective, soit spontanément, soit sous la pression de l'autorité supérieure.
Services publics et services industriels ont grandi
parallèlement et en concurrence ; en quelques
dizaines d'années, le chiffre des budgets locaux a
quintuplé. A ce phénomène il y a plusieurs causes ;
les faits sociaux les plus simples sont toujours le
produit de causes multiples, et ces causes sont
nécessairement plus complexes que les faits qui
les résument en les réalisant. — Tout d'abord, il
y a une cause immédiate et évidente, c'est le
développement naturel des sociétés, en particulier
de la société locale. Depuis cent ans, dans la
société locale, comme dans cette société plus
large qui est l'État, la marche des choses et des
idées s'est précipitée, et, en un siècle, la transformation a été mille fois plus sensible qu'au cours
des trois siècles qui ont précédé. La vie s'est
compliquée, j'entends la vie publique ou collective,
comme la vie individuelle et privée. Favorisés par
les progrès de la science, par ceux de l'industrie
et de la richesse générale, les besoins se sont
multipliés, se poussant les uns les autres, excités
par la concurrence, grandis par le succès. Ce

minimum variable du bien-être, qu'on appelle le
« nécessaire », a élargi ses exigences, reculé ses
limites, dans le domaine de l'utilité particulière,
en matière de voies de communication ou d'hygiène
générale, par exemple, aussi bien qu'en matière
de nourriture, de vêtement ou d'habitation. Non
moins exigeants que les intérêts matériels, les
intérêts moraux ou intellectuels des individus se
sont à leur tour développés en raison progressive.
Enfin une lente révolution économique a changé
la répartition des habitants à la surface du pays,
et la concentration croissante de la population dans
les villes a créé, avec des conditions nouvelles
de vie locale, tout un ordre nouveau de besoins
communs, un champ d'activité sans limite ouvert
à l'initiative individuelle ou associée. — Cette
initiative, comme les besoins mêmes des individus ou des sociétés, a largement progressé en ce
siècle, mais elle a progressé moins vite que ces
besoins qui demandaient satisfaction, elle n'a pu
suivre la marche des intérêts sans cesse grandis-
sants et multipliés. Dans tous les pays, en présence
de ce développement précipité des besoins collectifs, on s'est habitué à demander proportionnellement de plus en plus à l'autorité publique, et de
moins en moins à l'initiative privée : l'autorité
locale, la commune, comme l'autorité centrale,
l'État, chacune en son domaine, a absorbé et con-
centré en elle-même une quantité toujours croissante de droits et d'intérêts, de pouvoirs et de
devoirs. Non pas que l'initiative privée se soit sensiblement affaiblie, que l'énergie individuelle se soit

émoussée, que l'esprit d'entreprise ait molli ; on
en trouve l'éloquent témoignage dans tant de
grandes et belles œuvres dues à l'initiative des
particuliers, sur tous les domaines de l'activité
sociale qui, par nature, échappent à la mainmise
de l'autorité publique. Mais celle-ci, par une politique de méfiance et d'obstruction, par une méthode
de réglementation décourageante et par une
tendance constante au monopole, n'a cessé d'op-
primer l'initiative privée, d'entraver son progrès,
d'énerver les ressorts de son activité. Comme
l'État dans le cercle des intérêts généraux, la commune, dans le cercle des intérêts locaux, s'est
faite la providence universelle : voilà une seconde
cause qui a dû concourir à l'extraordinaire développement des fonctions et des dépenses communales
en ce siècle. — Il y en a une dernière, c'est l'avènement effectif ou progressif de la démocratie dans
l'État d'abord, puis dans la société locale. Le
régime démocratique donne à tous les membres
de la communauté une égale part de la puissance
publique, c'est-à-dire du pouvoir de contrainte et
du pouvoir d'imposition ; or, dans chaque société,
le plus grand nombre, qui jouit de cette part qu'on
lui attribue sans en subir la contre-partie, la charge
financière, et exerce la toute-puissance qu'on lui
confie sans en sentir la responsabilité, doit fatalement tendre à développer, avec ses droits et ses
privilèges, les devoirs et les obligations de la
puissance publique. Dégageant toujours l'intérêt
général des intérêts privés qui l'enveloppent,
transformant partout les besoins privés et communs

9

en besoins publics et collectifs, le régime démocratique multiplie sans limite et sans raison les
services rendus par la collectivité à l'individu,
c'est-à-dire par tous à quelques-uns ; il se traduit
nécessairement par un développement des fonctions
des dépenses et des impôts de la communauté.
Prodigue par nature, il est exigeant et d'humeur
difficile, il né connaît pas de mesure et ne comprend
pas de transition ; il ne sait ni compter ni administrer ; il dilapide nécessairement. Un frein matériel
lui est indispensable, et, la plupart du temps, ce
frein lui fait défaut. Voyez en France, en Suisse
et aux États-Unis, dans les pays qui se sont faits
les promoteurs du régime, où la démocratie a
trouvé son premier berceau : c'est là aussi que le
développement des services locaux a été le plus
rapide.

De cet accroissement des fonctions communales, il faut faire deux parts. Tantôt la commune
a pourvu à des services nécessaires que ne
pouvait remplir l'initiative privée, tantôt elle a
donné satisfaction à des besoins qui ne répondaient
pas à cette condition. On entend par socialisme
municipal la tendance [1] qui porte les autorités
communales à prendre à leur charge certains services qui ne présentent pas un caractère évident de
nécessité, ou certains services que l'initiative pri-

---

[1] Le mot de socialisme, vague comme tant d'expressions de
notre vocabulaire économique, ne représente guère que des tendances ; chacun peut être à la fois le « socialiste » de quelqu'un
et le « libéral » de quelque autre ; il faut se garder en cette matière des définitions théoriques et de l'abus des mots.

vée pourrait remplir elle-même aussi bien. Dans
tous les grands pays, les municipalités sont toutes
plus ou moins entrées dans la voie du socialisme.
Théoriquement, on reconnaîtra qu'il est impossible
de déterminer avec exactitude quel est le premier
pas qui a marqué l'orientation nouvelle de l'administration locale. Un service donné est-il vraiment nécessaire, pourrait-il être rempli d'une
manière satisfaisante par l'industrie libre et con-
currente, voilà deux questions qui se posent au
sujet de chacune des fonctions nouvelles revendi-
quées en ce siècle par les communes, et dont la
solution comporte un élément irréductible d'arbitraire et d'appréciation personnelle. Restons dans
le domaine des faits saillants et des exemples. —
En Grande-Bretagne les municipalités remplissent
aujourd'hui tout un ordre de services de nature
industrielle qui aurait fort bien pu être abandonné à l'initiative privée, fournitures d'éclairage public et privé, systèmes de canalisation
d'eau, tramways et chemins de fer urbains ; on
voit que le socialisme local de l'Angleterre a revêtu en quelque sorte une forme industrielle. — En
Prusse, les tendances des administrations municipales, ayant pour objet l'amélioration facultative
ou impérative du sort des classes ouvrières, pourraient peut-être être qualifiées plus justement de
sociales que de *socialistes ;* c'est ce dont témoignent
un grand nombre d'institutions communales d'ordre
philanthropique, caisses d'épargne ou d'assurance,
écoles spéciales d'arts ou de métiers, etc... — En
France, on peut dire que le socialisme municipal

affecte un caractère plutôt politique et représente le plus souvent un instrument de concurrence électorale; n'en donnons pour exemple que la construction abusivement multipliée de maisons d'école inutiles. — Ainsi, en chaque pays, le même phénomène s'est développé avec ses formes particulières, sa nature spéciale et ses limites propres; universel comme les causes qui l'ont produit, il varie partout dans son aspect et son importance, suivant le caractère de chaque race et les tendances naturelles de chaque peuple.

S'il est difficile de dire où commence et où finit le socialisme municipal, il n'est pas plus aisé de déterminer *a priori* jusqu'à quel point il peut être utile et légitime, et à quel moment il devient abusif et nuisible. Ici encore, la question est avant tout d'appréciation pratique, et ne peut se résoudre que sur le terrain des faits en prenant considération, dans chaque pays, des mœurs publiques, des capacités sociales et de la valeur personnelle de l'individu. Allemands et Anglais peuvent, sans aucun doute, aller plus loin que nous dans la voie du socialisme local, et d'une façon générale il semble qu'on puisse dire que les nations latines devront toujours se montrer plus réservées sur ce point que les races germaniques. L'administration prussienne, forte et souple, douée d'activité et d'équité, attire et justifie la confiance du public, en dépit de ses procédés autoritaires et inquisitoriaux qui ne froissent guère les particuliers, eux-mêmes doux et faciles à diriger. En Grande-Bretagne ce sont les intéressés eux-mêmes qui,

pour une large part, dirigent les affaires locales,
ils *sont* l'administration; celle-ci présente aussi
peu que possible la forme vexatoire, le caractère
arbitraire de la contrainte supérieure; d'autre part,
l'individu possède naturellement l'habitude des
affaires collectives, il a le sentiment public et la
conscience de la solidarité sociale, il sait que les
intérêts de tous sont les intérêts de chacun. En
France, l'insuffisance de l'esprit public nous empê-
chera longtemps de suivre l'Allemagne et l'Angleterre dans la voie où elles nous ont précédé. Sans
doute il pourrait y avoir des avantages sérieux, de
notables garanties de désintéressement et d'impar-
tialité, un certain privilège de stabilité, et une
évidente économie pratique, à confier aux municipalités urbaines l'exploitation de tels ou tels
services qu'en France on les oblige à concéder à
l'industrie particulière. Mais il est évident que
les pouvoirs locaux n'ont pas encore chez nous
les qualités nécessaires pour pouvoir utilement
prendre cette charge et cette responsabilité ; l'esprit de parti, le défaut de séparation nette entre
les affaires et la politique, les abus du régime électoral, le défaut de permanence des administrations
locales et le progrès des doctrines communistes,
doivent nous rendre plus prudents que nos voisins, quitte à ce que cette rigueur nous fasse passer pour arriérés. En France, le domaine d'action
des autorités locales doit s'arrêter là où l'initiative
privée commence à être capable.

A tout prendre, il ne nous semble d'ailleurs

pas que le danger actuel réside chez nous dans
l'extension abusive du cercle d'attributions des
autorités communales ; la centralisation administrative a cela de bon, qu'à part quelques excep-
tions la France s'est maintenue plus longtemps
que les autres pays indemne des exagérations du
socialisme municipal. Mais le mal a chez nous
une autre forme, et contre ce danger spécial, loin
d'être protégés, nous avons été désarmés. Il y a
quelque chose de plus grave, peut-être, par sa
signification et ses conséquences, que l'adjonction
injustifiée des attributions nouvelles, c'est la gestion *communiste* des services existants, c'est l'abus
de la gratuité administrative. Or, dans presque
toutes les fonctions de la vie communale, on trouve
chez nos municipalités une tendance à *donner* les
services au lieu de les *vendre*, ou à les concéder
à un prix moindre que le prix dû, c'est-à-dire
leur prix de revient, de manière à faire retomber
sur la communauté entière la charge totale ou partielle des avantages dont profitent seuls quelques-
uns de ses membres ; les services semblent tous,
plus ou moins, être gérés *selon un principe d'assistance*. Voilà aujourd'hui, plus que le socialisme
proprement dit, le véritable danger de la démocratie communale : danger financier, car aucun
budget ne pourra combler les déficits grandis-
sants ; danger moral, car on viole le sentiment
de l'équité et de la solidarité ; danger social surtout, car, comme l'assistance favorise le paupé-
risme, la gratuité est une prime officielle à la
paresse. Voilà le mal contre lequel l'État et le

gouvernement n'ont pas su prémunir les autorités locales ; c'est vers cette forme de communisme qu'au contraire ils les ont poussées, manquant ainsi à leur fonction la plus noble qui était
de diriger, d'élever et de préserver la démocratie
locale.

L'accroissement des attributions communales,
avec son double corollaire, le socialisme et le
communisme municipal, ne laisse pas d'exposer
les finances des communes modernes, et particulièrement des villes, à des risques fort graves. A
la vérité, les embarras pécuniaires ne sont pas
chose nouvelle pour les municipalités, et l'histoire des deux derniers siècles de l'ancien régime
est pleine du souvenir de la dilapidation des ressources locales, et des expédients ingénieux ou
violents employés par les villes pour subvenir à
l'excès de leurs charges. En France, on sait que
les rentes sur les hôtels de ville étaient loin de se
toucher régulièrement. En Prusse, au commencement du xviii° siècle, Frédéric-Guillaume I
se voyait contraint de soustraire la gestion des
finances municipales aux conseils de villes pour
les confier à des commissaires spéciaux nommés
par le roi. Au cours de ce siècle, les difficultés
financières des localités se sont singulièrement
accrues, avec l'extrême développement des attributions communales et le progrès du régime
démocratique. C'est que, dans les budgets locaux
comme dans les budgets d'États, les ressources
sont d'ordinaire d'autant plus étroites que les
dépenses sont plus élastiques ; c'est que la démo-

cratie, telle qu'on la pratique actuellement, favorise presque nécessairement la mauvaise gestion
des finances. Si en effet « c'est la minorité aisée
ou riche qui paie la plus grosse part des frais,
par l'effet du suffrage universel, c'est la majorité
pauvre ou demi-pauvre qui a la part prépondérante dans le vote, et le grand nombre qui vote
peut impunément surcharger le petit nombre qui
paie [1] ». Le mal n'est pas si grand dans les pays
où la démocratie n'est pas encore parvenue à
l'absolutisme local, où elle est restée soumise
à un régulateur naturel, suffrage par classes
ou adjonction des plus imposés. Là, au contraire,
où les petits contribuables sont dégrevés et les
gros surimposés, où néanmoins le titre électoral
est égal pour tous, y compris ceux qui ne paient
rien, la dilapidation financière est, comme l'augmentation des dépenses, fatale et sans limite.
La mauvaise administration des municipalités
américaines est proverbiale; en Suisse, Zurich
a une dette dont le montant par tête d'habitant
dépasse de moitié celle de la Ville de Paris; nous
pourrions citer telle ou telle ville française qui en
est réduite aujourd'hui à emprunter pour payer
les intérêts de ses dettes. D'ailleurs, en nul pays,
l'État, tuteur des communes, n'a su remplir le
premier devoir de la tutelle légale, qui est le
contrôle financier; prodigue pour lui-même ou
économe, il s'est toujours montré impuissant dans

---

[1] H. Taine, *Les Origines de la France contemporaine. Le Régime
moderne*, I, p. 432.

la surveillance pécuniaire des autorités placées sous sa garde, il a négligé ou violé les intérêts dont il avait pris la charge. Peut-être, sous le contrôle rigoureux d'un gouvernement énergique, les finances locales eussent-elles pu supporter sans atteinte la crise qu'elles ont traversée en ce siècle, et amorti, par un développement de leurs revenus, la progression de leurs charges ? C'est ce que révélera l'étude des ressources communales.

CHAPITRE III

RECETTES COMMUNALES

Revenus domaniaux. — Subventions. — Système fiscal : Prusse, Italie, Belgique, France, Angleterre, États-Unis.

Trois grandes catégories de ressources figurent aux budgets communaux : les revenus domaniaux, les subventions et les recettes fiscales. Ces divers produits, permanents et en quelque sorte normaux, représentent les ressources ordinaires des communes; les ressources extraordinaires comprennent principalement les dons et legs, et les emprunts [1].

REVENUS DOMANIAUX

L'existence du domaine communal est un fait dont la signification historique et la portée sociale dépassent de beaucoup l'intérêt purement finan-

[1] La langue administrative donne aux mots « recettes ordinaires » et « recettes extraordinaires » une acception spéciale relative à la comptabilité; nous restituons à ces mots leur signification naturelle.

cier. Ses sources remontent à la naissance de la
société locale, et peut-être la nécessité des domaines communs, des « communaux », a-t-elle
constitué, dans les campagnes, l'origine même de
la commune primitive. Son extrême généralisation, sa longue persistance, témoignent et résultent
du rôle essentiel rempli par ces premiers em-
bryons de l'autorité locale dans le travail de
l'exploitation du sol. Au cours des temps, son importance devait fatalement diminuer avec les
transformations survenues dans la fonction sociale et le caractère intrinsèque de la commune ;
elle est cependant encore prépondérante aujour-
d'hui dans plusieurs grands pays européens.

Propriétaire exclusive du sol, la communauté
primitive, agraire ou villageoise, d'où est sortie
presque partout la commune moderne, ne répar-
tissait pas d'ordinaire la totalité des terres entre
ses membres, entre les exploitants, mais en ré-
servait une partie, dont l'usage même restait collectif, pour servir aux besoins privés et communs des cultivateurs, des parts prenants, pacage,
chauffage, etc. C'est cette portion du territoire,
d'autant plus étendue et plus nécessaire que la
culture était elle-même plus primitive, nommée
Gemein ou *Gemeine Mark* en Allemagne, en Angleterre *Common*, en Suisse *Allmend*, qui représenta
partout la forme première du domaine communal.
La propriété collective du sol, accompagnée des
partages périodiques de jouissance, dura, dans
certaines parties de l'Allemagne, jusqu'au milieu
du siècle dernier ; elle disparut de bonne heure en

France pour faire place à la propriété individuelle :
les « communaux » lui survécurent, parce que
les besoins auxquels ils avaient pour but de satisfaire restaient identiques, et ne devaient s'atténuer qu'à la longue avec les progrès de la culture
moderne. Ils trouvèrent une ennemie dans la féodalité, qui attribua aux seigneurs la propriété d'une
grande partie des terres et des bois des communes.
En France, la conservation des communaux ne fut
assurée, et leur service réglé, qu'à partir du
XVII° siècle [1]; encore les partages avec les seigneurs demeurèrent-ils fréquents, sous le nom
de « triages », jusqu'en 1789. Au partage de jouissance entre les habitants, fréquemment pratiqué
à la fin de l'ancien régime, la Révolution substi-
tua le partage obligatoire en propriété, dans le
but de créer une classe de paysans favorables au
nouvel ordre de choses. La mesure fut suspendue
dès l'an IX, mais, tant par l'effet des ventes que
par celui du partage, le nombre des communaux
avait sensiblement diminué pendant cette période,
et depuis il n'a cessé de décroître dans tous les
pays. De nos jours, le partage des communaux a
repris faveur en bien des contrées. dans l'Italie
méridionale par exemple, comme palliatif des
crises agraires [2]. En Angleterre même, les paroisses peuvent être autorisées à acquérir par

---

[1] Glasson, *Communaux et Communautés dans l'ancien Droit français*, p. 23.

[2] On a pu voir récemment, aux environs de Messine, 2.000 hectares de terre répartis entre sept cent quatre habitants indigents.

expropriation des terres cultivables pour les louer
par petits lots à des ouvriers ; du partage des
communaux, on voit ainsi le passage insensible
et graduel aux premiers essais de « communalisation de la terre ».

Les « communaux » ne constituent pas la forme
unique du domaine communal. A côté des terres
dont la jouissance est abandonnée aux habitants,
il y a les biens propres, utilisés ou exploités directement par les communes, provenant des dons ou
legs reçus, des fondations particulières, etc. : immeubles, terres, valeurs mobilières ou rentes [1], qui
représentent le domaine actif des autorités locales,
le capital productif de revenus. Ce patrimoine privé
ne remonte pas, par ses origines, aussi loin que les
communaux ; il s'est formé peu à peu, par un accroissement lent, coupé de brusques diminutions,
d'aliénations ou de saisies par l'État. Les guerres
dans l'ancien temps, comme aujourd'hui encore
les emprunts et les travaux extraordinaires, ont
fréquemment obligé les communes à faire argent
de leurs biens, et sous l'ancien régime de nombreuses ordonnances royales vinrent autoriser, à
différentes époques, le rachat des immeubles vendus
et en prohiber l'aliénation pour l'avenir. D'autre
part, il arriva souvent, dans tous les pays européens,

---

[1] On pourrait rattacher aussi à ce domaine productif de revenus
les exploitations industrielles dont les villes modernes ont pris
l'initiative, la direction et la responsabilité, entreprises d'éclairage,
de canalisation d'eau, de moyens de communication, etc. Toutefois, comme dans la majorité des cas ces entreprises ne donnent
que peu de bénéfices directs, nous avons cru pouvoir les faire
figurer à meilleur titre dans l'étude des dépenses communales
(voy. p. 103 et suiv).

que l'État, invoquant un droit supérieur de copropriété au domaine communal, s'en saisit dans des
moments de nécessité financière pour en tirer
quelques ressources. En Prusse, Frédéric-Guil-
laume Ier s'appropria ainsi les biens des villes. En
France, la Convention s'empara, en 1793, de l'actif
des communes, en même temps qu'elle faisait
figurer leur passif au Grand-Livre de la dette publique; en 1813, Napoléon fit transférer à la caisse
d'amortissement la propriété des biens communaux
en échange de rente 5 0/0, et les biens non vendus
ne furent restitués qu'en 1816 à leurs propriétaires
légitimes.

De tous les grands pays européens, l'Autriche et
la Russie sont aujourd'hui les seuls où le domaine
communal ait encore conservé une étendue et une
importance vraiment considérables; partout ailleurs, son utilité financière est, sinon négligeable,
du moins secondaire. Les communes de Prusse [1]
tirent 14 0/0 de leurs ressources ordinaires du revenu
de leurs propriétés; en Italie [2], les autorités locales
en obtiennent 10 0/0, et en Belgique [3] 9 0/0. La France
est le seul pays qui ait une statistique complète du
patrimoine local productif de revenus (situation
financière et matérielle des communes en 1877);
nous savons que la superficie des immeubles communaux s'élevait, en 1877, à 2.058.707 hectares; le
capital des rentes et créances se montait, la même

[1] *Beiträge zur Finanzstatistik der Gemeinden*, par Herrfurth et
Von Tzschoppe.
[2] *Bilanci comunali.*
[3] Annuaire statistique de la Belgique.

année, à 144.301.331 francs; le revenu total des immeubles et des capitaux atteignait plus de 56 millions, soit 11 0/0 des recettes ordinaires des communes. Au point de vue purement financier, on voit que les revenus domaniaux ne fournissent aux communes modernes, dans les cas normaux, qu'un faible appoint des recettes ordinaires; ce sont des ressources gratuites, assurées et partant précieuses, malheureusement très exiguës.

SUBVENTIONS

Il y a dans les budgets communaux toute une catégorie de ressources qui était presque inconnue il y a un demi-siècle, qui a pris depuis lors un développement très large, et qui constitue aujourd'hui l'un des traits les plus saillants du régime moderne des finances locales : ce sont les subventions. Les subventions sont des ressources qui n'ont pas été créées par les communes elles-mêmes, mais qui, étant à la charge d'autres autorités publiques, État ou provinces, leur ont été fournies et concédées par ces dernières : secours alloués volontairement, avec ou sans condition, dans un but déterminé ou non, et gratuitement reçus par les bénéficiaires. L'origine historique de ces subventions doit se chercher dans l'accroissement énorme des services communaux aux temps

modernes, qui éleva rapidement les dépenses des
localités au-dessus de leurs moyens financiers, et
nécessita une participation de plus en plus large
de l'État et des départements aux charges municipales. D'une part, l'ensemble des recettes des
communes a progressé d'un pas moins rapide que
l'ensemble des dépenses ; c'est ce qui a donné
naissance, en certains États, aux *dotations*, c'est-
à-dire à l'attribution aux localités du produit ou
d'une quote-part du produit de certains impôts
généraux. D'autre part, on sait que le développement des charges locales, en ce siècle, a porté plus
particulièrement sur certains services d'ordre
public et d'importance exceptionnelle, instruction,
voirie, assistance ; à ces dépenses, l'État ou les
départements sont venus contribuer, en tous les
pays, par des *subsides* spéciaux, alloués aux localités pour des dépenses déterminées et sous des
conditions précises. Ainsi, sous le terme générique de subventions, on est conduit à distinguer
deux sortes d'allocations reçues par les communes,
les *dotations* et les *subsides* ou *subventions proprement dites*. Les premières sont la conséquence
d'une répartition plus ou moins arbitraire des
impôts entre les différents pouvoirs constitués;
les autres découlent d'un partage plus ou moins
arbitraire des dépenses entre ces mêmes pouvoirs.
La cause originaire des subventions, en général,
réside toujours dans l'insuffisance des revenus
locaux, mais les dotations sont nécessitées par
l'augmentation des besoins communaux en bloc,
tandis que les subsides ou subventions proprement

dites résultent de l'accroissement de certains services en particulier.

Ce qui caractérise avant tout les subsides ou
subventions proprement dites, par opposition aux
dotations, c'est la spécialité de leur affectation.
Ces allocations sont accordées aux communes en
vue d'un service donné et dans un but particulier,
et leur spécialisation même confère aux autorités
qui les répartissent la faculté d'apprécier avec
assez d'exactitude les besoins spéciaux des communes qu'elles ont à secourir. C'est en Angleterre,
puis en France, que l'usage de ces allocations s'est
répandu d'abord et a pris le plus d'extension. Les
premiers *grants in aid* accordés en Grande-Bretagne par la Trésorerie aux autorités locales datent
de 1833, et eurent pour objet le développement
de l'instruction primaire ; jusqu'en 1888, ils se
sont accrus dans une proportion très rapide, au
point d'atteindre, en une même année, plus de
120 millions de francs. En même temps qu'ils
constituaient un moyen de contrôle aux mains du
gouvernement, ces subsides offraient aux localités
l'avantage de contre-balancer, dans une certaine
mesure, le caractère exclusivement direct et réel
de leur système fiscal ; mais leur illimitation faisait leur danger, et, en 1888, les pouvoirs publics
durent substituer des dotations fixes à la majeure
partie des *grants in aid*. En France, le simple
compte de toutes les subventions allouées aux
communes serait déjà fort long ; elles n'ont cessé
d'augmenter depuis un demi-siècle, et sur un point
seulement, en matière d'instruction primaire, le

système a été abandonné par suite du transport à
l'État d'une partie des dépenses du service. Récemm-
ment, la Prusse est aussi entrée résolument dans
la voie des subventions locales ; les lois du 6 juillet 1885, 14 juin 1888 et 31 mars 1889 obligent
l'Etat à payer les pensions et les traitements des
instituteurs primaires jusqu'à concurrence de certains chiffres d'allocation fixés d'avance. La voirie
vicinale, en Prusse, subventionnée autrefois par
l'État, l'est depuis 1875 par les provinces et les
cercles ; enfin les communes reçoivent, pour le
service de l'assistance, des secours des *Armenver-
bände*. En Belgique, les dépenses de l'instruction
primaire qui excèdent les moyens des communes
sont à la charge des provinces jusqu'à concurrence de 2 centimes additionnels, et pour le
surplus à celle de l'Etat ; l'État et les provinces
fournissent aussi des subsides aux localités pour
le service de la voirie. Enfin, c'est en Italie que
les subventions locales sont actuellement le plus
réduites, les allocations de l'État et des comm.nes
pour la voirie et l'instruction primaire y atteignent
à peine une somme de 12 millions de francs.

On reconnaîtra aisément combien il est nécessaire que la concession de ces subsides, ou subventions proprement dites, aux autorités locales,
ne se fasse point arbitrairement, comme il en est
en certains pays, en Italie par exemple, et comme
cela se passait en Prusse pour l'instruction primaire avant les lois récentes. Il est indispensable
que ces allocations soient basées sur des règles
fixes et soumises à des conditions précises, qui

tiennent compte d'une part du besoin, c'est-à-dire du montant de la dépense que les communes ne peuvent couvrir, et de l'autre des sacrifices faits par les municipalités et de leurs possibilités financières. C'est seulement en intéressant les localités à la répartition des subventions qu'on peut attendre des municipalités un emploi réfléchi, judicieux et économique des ressources qui leur sont fournies. La subvention brute, sans bases déterminées, sans condition prescrite, telle que le *school fund* aux États-Unis, est un procédé grossier, insuffisant et dangereux ; on peut en dire autant du système appliqué en Belgique et en Autriche pour les subsides scolaires, et qui consiste à mettre à la charge des provinces et de l'État toutes les dépenses excédant les moyens des communes ; les communes ne visent pas alors à l'économie, car plus elles dépensent, et plus elles obtiennent. En sens inverse, nous trouvons en France des exemples d'une réglementation logique des subventions locales ; le principe en est nettement posé dans la loi du 18 juillet 1868, qui déclare que la participation de l'État aux dépenses de la voirie vicinale sera calculée, « eu égard aux besoins, aux ressources et aux sacrifices de chaque commune ».

Alloués dans tous les pays, avec plus ou moins de générosité, par l'État et les provinces aux autorités communales, les subsides, ou subventions proprement dites, représentent une rigoureuse nécessité du régime moderne des finances locales. Partout, le caractère d'ordre public d'un grand

nombre de services communaux s'est accentué en
ce siècle ; partout, l'État a imposé aux communes
quantité de dépenses intéressant les services généraux ; partout enfin, les pouvoirs publics ont plus ou
moins ostensiblement poussé les autorités locales
dans la voie de la prodigalité : voilà les causes
principales du développement des subventions aux
temps actuels. Aucun État européen ne saurait,
aujourd'hui, se dispenser de payer des subsides
aux communes, pour certains services d'intérêt
supérieur, la voirie, l'instruction, l'assistance.
Toutefois, l'abus de ces allocations gratuites
expose, comme on peut le constater en Angleterre
et en France, l'État et les autorités locales à certains dangers qu'il n'est pas inutile de signaler.
Tout d'abord, les subventions exagérées sont le
plus souvent nuisibles à l'intérêt même des services ; elles conduisent à des dépenses excessives,
trop rapidement exécutées et sans études préalables, irréfléchies et inutiles. C'est ce qu'on a pu
vérifier en France pour les écoles et les chemins
vicinaux, dont les frais de construction se trouvèrent majorés par le fait même de l'excès des
travaux entrepris simultanément, si bien que les
communes, préférant ne pas utiliser de suite leurs
subventions, en reportaient parfois le montant
d'exercice en exercice jusqu'à ce que l'emploi en
pût devenir profitable. En second lieu, les subsides,
n'offrant pas par eux-mêmes de limite fixe, développent la prodigalité chez les autorités communales ; ils accroissent leurs besoins en y satisfaisant ; ils affaiblissent chez eux le sentiment de

l'initiative et de la responsabilité, la notion du *selfgovernment* libre, parce qu'ils les habituent à toujours compter sur autrui. Il faut, en principe, que ceux qui profitent des dépenses en sentent le poids.

Toutes différentes des subsides ou subventions proprement dites, les *dotations* constituent de véritables ressources fiscales qui, au lieu d'être levées directement par les autorités intéressées, le sont par l'État, qui en répartit ensuite le produit entre toutes les communes du territoire. La taxation locale se compose, à titre normal, des impôts perçus par les localités ou à leur profit, dont la matière est effectivement comprise dans leurs limites territoriales ; tout autre impôt dont le produit serait attribué aux municipalités rentrera donc dans la catégorie des dotations. Par la force des choses, les bases de cette taxation locale proprement dite sont assez étroites, et s'il y a nombre d'impôts qui, matériellement, ne peuvent être établis à titre communal, comme l'impôt sur les revenus mobiliers ou sur les successions mobilières, il y en a d'autres, comme les impôts sur les consommations, qui sont parfois plus légers et moins vexatoires quand ils sont perçus par l'État que lorsqu'ils le sont par les localités. Partout, — sauf dans les pays où les communes ont un impôt sur le revenu, — la taxation locale directe se montre d'un rendement insuffisant en présence de l'accroissement continu des charges communales; en certains pays, les localités ont alors été autorisées à percevoir des impôts locaux sur les consommations ; en d'autres, l'État, venant à l'aide des communes, leur a assuré une participation dans le produit des taxes indirectes générales : voilà l'origine des dotations.

C'est en Belgique et en Angleterre que nous trouvons aujourd'hui les types de dotations les mieux caractérisés. Comme la France, la Belgique possédait, dans la première moitié de ce siècle, des octrois communaux remontant à une date fort ancienne. En 1860, elle entreprit de remplacer ces taxes locales de consommation par des impôts indirects d'État. On sait que la loi du 18 juillet de cette année-là, supprimant et prohibant les droits d'octroi municipaux, créa un « fonds communal », composé des prélèvements de 75 0/0 des droits de douane sur le café, de 35 0/0 des droits de douane sur les eaux-de-vie, bières et vinaigres, de 35 0/0 des droits d'accise sur les vins, eaux-de-vie, bières, vinaigres et sucres, et de 41 0/0 des taxes postales ; le montant en est annuellement réparti entre toutes les communes du territoire. En 1889, il a été constitué un second fonds communal, comprenant le produit des droits de licence sur les nouveaux débits à ouvrir et celui des droits de douane sur le bétail et la viande. Les communes belges tirent de cette double source une somme de recettes ordinaires dont la proportion est presque égale à celles que nos communes françaises tirent de leurs octrois. En Angleterre, le système des dotations est de date plus récente qu'en Belgique ; c'est en 1888 que le gouvernement de la Grande-Bretagne remplaça les subsides

ou *grants in aid*[1] qu'il payait aux autorités locales,
par l'attribution à ces mêmes autorités de tout ou
partie de certains droits indirects ou successoraux :
le produit des droits de licence, les quatre dixièmes
du revenu des droits de *probate* ou d'homologation
des testaments, — ajoutons, depuis 1891, certains
droits additionnels sur les bières et les spiritueux.
Le but de l'opération était principalement de limiter la progression annuelle des subventions payées
aux autorités locales ; celles-ci ne s'accroissent
plus maintenant qu'au fur et à mesure de la plus-
value naturelle des impôts qui leur servent de base.

L'application faite en Angleterre et en Belgique
du système des dotations a fait naître, en France,
un grand nombre de propositions d'ordre similaire,
liées en général aux projets de suppression des
octrois. Sans doute le procédé est d'apparence fort
séduisante. Toutefois il prête à deux ordres de critiques qui ne paraissent pas permettre d'en approuver sans restriction l'emploi dans un régime logique
de finances locales. — La première difficulté qu'il
rencontre, c'est sa répartition. Sur quelles données l'État peut-il répartir entre toutes les communes du territoire le produit de taxes dont la
matière première ne peut pas pratiquement être
localisée commune par commune ? D'après la population ? C'est ce qui paraît d'abord le plus équitable ; mais les municipalités rurales trouvent, le
plus souvent, dans les contributions directes, des
revenus suffisants, et n'est-il pas alors injuste et

---

[1] A l'exception des subventions scolaires.

choquant de voir imposer d'office aux campagnes
des taxes indirectes dont elles ne sentaient pas la
nécessité? Le fonds communal belge de 1860 est
distribué aux communes en raison du montant de
leurs impôts directs. Cette manière de procéder
tombe sous le coup de la même objection ; elle
demande au pays entier des ressources qui ne
sont nécessaires qu'à un certain nombre de communes, elle intervertit la charge des dépenses
locales dans le pays. Veut-on, au contraire, diviser
les allocations proportionnellement aux besoins
des localités, comme cela se fait pratiquement en
Angleterre? On tombe alors infailliblement dans
l'arbitraire. Toute base manque donc pour répartir équitablement des ressources entre toutes les
communes, car il n'existe pas d'unité pour comparer les uns aux autres les besoins généraux de ces
dernières ; la taxation locale apparaît ainsi comme
l'unique moyen d'établir une répartition équitable
des charges locales dans le territoire d'un pays. —
En second lieu, on peut dire que les revenus véritablement et proprement communaux représentent
la seule mesure possible, la seule limite efficace
des dépenses communales. C'est chose dangereuse
pour toute autorité administrative que des ressources étrangères et gratuites, lorsque l'autorité
qui les emploie a devant elle un champ illimité
de besoins à satisfaire. Le poids réel des dépenses
doit retomber toujours sur ceux-là qui en profitent; à des services locaux, il faut de toute nécessité des impôts locaux, et à des dépenses communales, des ressources proprement communales.

SYSTÈME FISCAL

Nous entendons par système fiscal d'une commune l'ensemble des impôts, contributions, rétributions, taxes et droits de toute nature, payés par les particuliers pour subvenir aux besoins financiers qui n'auraient pas été couverts dans le budget municipal par les revenus du domaine ou le montant des subventions. Nous devons étudier ce système fiscal dans le régime communal des principaux pays.

Prusse [1]. — Il faut remonter quelque peu dans l'histoire de la taxation locale sous l'ancien régime pour bien saisir les caractères généraux du système fiscal actuel dans les communes prussiennes ; seul un coup d'œil en arrière peut expliquer la persistance, en Prusse, sous la forme communale, des vieilles taxes féodales dans les campagnes, et dans les villes d'un bon nombre d'anciennes contributions locales, à côté des impôts nouveaux établis

---

[1] Bornhak, *Geschichte des preussischen Verwaltungsrechts*, 1886. — Von Reitzenstein, *Kommunales Finanzwesen. Die Communalsteuerfrage (Schriften des Vereins für Socialpolitik)*, 1857. — Adolphe Wagner, *Die Communalsteuerfrage*, 1878. — Le même, *Finanzwissenschaft*, 3ᵉ partie, *Specielle Steuerlehre*, 1889. — Von Bilinski, *Die Gemeindebesteuerung und deren Reform*, 1878. — Rudolf Gneist, *Die preussische Finanzreform durch Regulirung der Gemeindesteuern*, 1881. — Herrfurth et von Tzschoppe, *Beiträge zur Finanzstatistik der Gemeinden in Preussen*, 1883-1884. XVI ; *Ergänzungsheft zur Zeitschrift des kgl. preuss. statist. bureaus.*

par les communes en ce siècle sur le modèle des
impôts de l'Etat.

On ne saurait trouver, sous l'ancien régime,
dans les campagnes de la Prusse, d'impôts communaux proprement dits, mais seulement des droits
féodaux traditionnels payés aux seigneurs, par
portions égales en argent, en nature et en services[1]. Lorsque, au xviii° siècle, la commune rurale
prussienne semble reprendre conscience d'elle-
même, et commence à remplir, au défaut et à la
place du seigneur, quelques attributions d'intérêt
commun, les frais de ces services sont partagés
entre les habitants selon les usages locaux, c'est-
à-dire en proportion des taxes féodales directes,
pour toute la portion qui excède le produit des
rétributions telles que la taxe scolaire introduite
en 1738, ou les prestations fournies par les riverains pour les chemins communaux[2]. D'ailleurs
point de règles écrites pour la répartition de ces
charges, point de rôles établis, point de comptes
dressés ; on s'en tient à une observation stricte des
traditions locales. Le Code général du royaume
vint, en 1704, sanctionner sans innovation les usages
anciens, dont il reproduisit le sens général : « Les
dépenses en argent sont supportées proportionnellement aux impôts établis par l'autorité souveraine, » et il ajouta que « les habitants participent
à la jouissance des biens communs dans la mesure
même où ils contribuent aux charges de la com-

[1] Gneist, *Die preussische Finanzreform*, p. 6.
[2] Gneist, *loc. cit.*, p. 15.

munauté ». Ainsi, lorsque les droits féodaux furent
abolis en Prusse en 1850 par le gouvernement sorti
de la Révolution, les taxes communales subsistèrent modelées sur les anciennes taxes seigneuriales, variées à l'extrême, spéciales à chaque
localité, et réglées exclusivement par l'usage et
la tradition.

D'autre part, à peine constituées, les villes
eurent en Allemagne leur système fiscal propre,
et c'est dans les villes que, pour la première fois
aux temps modernes, la notion de l'impôt et du
devoir fiscal des citoyens prit naissance dans le
droit public en dehors des idées féodales. Les
impôts municipaux, dit Gierke, furent les premières contributions qu'une corporation exigea
de ses membres, *comme tels*, dans l'intérêt public [1]. Le régime fiscal des villes se développa
exactement comme devait le faire plus tard celui
de l'État. A l'origine, elles n'avaient que des
rentes foncières et des prestations personnelles,
c'est-à-dire des droits féodaux identiques à ceux
des seigneurs qui les avaient concédés [2]. Puis s'établit l'usage des rétributions spéciales (*Gebühren*)
imposées en échange des services rendus ou des
droits accordés par l'administration à des particuliers, en matière de justice ou de police, de
marchés, de pêche ou de chasse, etc. [3]... Les
besoins financiers des villes augmentèrent avec

[1] *Das deutsche Genossenschaftsrecht*, II, 698.
[2] Wagner, *Finanswissenschaft*, III, *Specielle Steuerlehre*, 54.
[3] Bornhak, *Geschichte des preussischen Verwaltungsrechts*, I,
147.

leurs attributions, les rétributions spéciales ou-
vrirent bientôt la voie à des droits indirects sur
les consommations, véritables impôts cette fois,
et payables en argent. L'accise (ascisia, cise ou
ungeld) et les douanes locales apparaissent ainsi
au xiii° siècle, et s'étendent, au xiv° et au xv°, à la
plupart des villes de l'Allemagne du Nord, où
ces taxes devaient subsister jusqu'au siècle présent. Hambourg a un droit sur les bières étrangères, Nuremberg un droit sur les vins. Mayence
impose en 1438 la farine, les boissons et le sel.
Cependant ces taxes pèsent lourdement sur les
classes pauvres ; après que les rentes foncières ont
fait place à de véritables impôts immobiliers, et
qu'avec la naissance de l'industrie les villes ont
imposé les métiers, on leur donne une compensation dans des taxes directes sur le revenu ou sur
le capital, imposées d'abord à titre extraordinaire,
puis établies d'une façon permanente, à côté des
capitations personnelles qui subsistent çà et là
comme condition du droit de bourgeoisie. Mayence
a ainsi, au xv° siècle, un impôt de 1 0/0 sur le capital, avec une taxe complémentaire sur les juifs ;
Bâle a l'impôt des classes ; ces droits atteignent
souvent des taux très élevés. On voit que le système fiscal des villes n'est pas, sous l'ancien régime,
essentiellement différent du système fiscal d'un
État.

Les transformations profondes que devait subir
en Prusse la taxation locale au siècle actuel
prirent leur origine en 1821 dans la réforme fondamentale des impôts de l'État. C'est cette année-là

que l'État prussien, dont les ressources étaient alors formées surtout par les droits indirects, créa l'impôt des classes, et posa dans son nouveau régime fiscal le principe de la proportionnalité de la taxation aux facultés contributives (*Besteuerung nach der Leistungsfähigkeit*). C'est de cette loi du 1er mai 1821 que datent l'établissement et le développement des centimes communaux, non seulement sur l'impôt des classes (auquel devait s'ajouter, puis que devait remplacer un jour l'impôt sur le revenu), mais aussi sur l'impôt foncier et les patentes. A partir de cette époque, malgré les dispositions restrictives édictées par l'ordonnance du 18 février 1831, par les lois du 11 mars 1850 et du 30 mai 1853, les centimes communaux sur les contributions directes de l'État ne cessent de s'accroître en Prusse, dans les villes 'et dans les communes rurales, parallèlement aux impôts locaux traditionnels et spéciaux sur le revenu ou sur les immeubles. Comme contre-partie de ce mouvement, les impositions indirectes diminuent rapidement dans le régime financier des communes. L'impôt sur la farine et l'impôt sur la viande (*Mahlsteuer* et *Schlachtsteuer*) passent à l'État ; la loi du 30 mai 1820 autorise encore cent vingt-trois villes à garder des centimes additionnels sur ces taxes; en 1873, on supprime ces deux impôts en tant qu'impôts généraux, et on ne les laisse subsister à titre communal que dans huit villes. Quant aux autres taxes indirectes municipales, elles sont réglementées par le traité du *Zollverein* du 8 juillet 1867, qui autorise les communes à imposer seulement certains objets limités en nombre, et dispose que les droits ne pourront porter sur les produits d'origine étrangère. Les impôts directs, réels ou personnels, et les centimes, arrivent ainsi bientôt à constituer la base du régime fiscal dans les villes et les communes rurales ; auprès d'eux subsistent d'ailleurs beaucoup d'anciennes taxes locales traditionnelles, tant directes qu'indirectes.

Si nous considérons les caractères généraux de la taxation locale en Prusse pendant les dix années qui vont de 1883 à 1893, nous voyons qu'on peut les résumer de la façon suivante. D'abord, cette taxation porte presque exclusivement sur la personne et la propriété, en exemptant à peu de chose près les consommations ; les centimes additionnels produisent le revenu le plus considérable et forment l'élément prépondérant du système ; enfin ce système comprend principalement des impôts sur le revenu et des impôts réels, qu'accompagnent un nombre sans cesse croissant de taxes spéciales.

D'après la statistique des finances communales de 1883-1884, le produit des impôts s'élève dans les villes à 108.493.068 marks, ce qui représente 43 0/0 des recettes ordinaires (248.955.425 marks), et un taux de taxation par tête de 11ᵐ,40 ou 14ᶠʳ,25 ; dans les communes rurales, le rendement des impôts est de 63.221.917 marks, soit 64 0/0 des recettes ordinaires (98.207.819 marks) et 4 marks ou 5 francs par tête d'habitant. Pour l'ensemble des communes, le taux moyen d'imposition ressortait, en 1884, à 6ᵐ,80 ou 8ᶠʳ,50 par tête ; comme ce taux moyen s'est accru de 0ᵐ,94 de 1876 à 1883, on peut l'évaluer approximativement aujourd'hui, en tenant compte de la même progression, qui doit être prise comme un minimum, à 8^m,20 ou 10^{fr},25 [1]. On trouvera ces chiffres très faibles ; nous remarquerons que la statistique allemande ne classe pas parmi les impôts, mais parmi les revenus domaniaux ou divers, la plupart des taxes et droits rassemblés sous les noms de *Gebühren* et *Beiträge*, et que, d'autre part, elle ne comprend pas les recettes des districts scolaires. Voici pour les villes et les communes rurales le tableau du système d'impositions, tel qu'il résulte de la statistique de 1883-1884 (par Herrfurth et Von Tzschoppe) et de celle de 1891-1892 (annexe à l'exposé des motifs du projet de loi sur les taxes communales).

---

[1] Bien que les documents statistiques varient quelque peu de date d'un pays à l'autre, nous croyons néanmoins utile de les présenter, parce qu'ils fournissent le seul moyen d'exposer clairement le système fiscal d'un pays donné. Nous mettons seulement le lecteur en garde contre l'erreur initiale que ces différences de date imposent aux comparaisons que l'on pourrait faire entre les différents pays dont nous nous occupons.

| | EXERCICE 1883-1884 | | | | EXERCICE 1891-92 | |
	VILLES		COMMUNES RURALES		VILLES [1]	COMMUNES RURALES [2]
	marks	%	marks	%	%	%
Centimes sur l'impôt foncier des terres........	1 993 381	1,8	17 932 553	28,4	0,9	22
Centimes sur l'impôt foncier des maisons.....	7 217 597	6,6	5 562 854	8,8	5,7	8,2
Centimes sur l'impôt sur le revenu............	57 178 112	52,7	22 895 924	36,4	39,2	46,4
Centimes sur l'impôt industriel...	1 307 769	1,3	1 261 920	2	0,9	2,6
Impôts spéciaux sur le revenu................	16 858 512	15,5	2 742 691	4,4	31,4	15,1
Impôts spéciaux sur les loyers................	11 652 422	10,8	17 117	»	9,9	»
Impôts spéciaux réels.... ...	6 313 005	5,8	8 197 452	12,9	6,5	3
Impôts spéciaux personnels..................	459 805	0,5	3 160 391	5	0,3	0,1
Impôts sur les chiens	1 182 984	1	372 669	0,5	1	0,1
Impôts indirects...........................	4 329 481	4	417 437	0,6	4,2	2,3
	108 493 068	100	63 221 917	100	100	100

[1] La statistique n'a pris qu'une ville-type par canton. — [2] La statistique n'a pris que deux communes-types par cercle.

Les centimes additionnels aux impôts de l'État, impôts fonciers, impôt sur le revenu et patentes, constituent en Prusse, bien que leur importance ait quelque peu diminué dans les villes, la partie la plus importante des ressources fiscales des communes, dans la période envisagée. Leur rapport au montant des impositions locales est le plus élevé qui se puisse trouver en Europe [1] ; il est un peu plus fort dans les campagnes que dans les villes, attendu que, dans les communes rurales, l'impôt sur le revenu est infiniment moins productif que dans les agglomérations urbaines. D'après les lois anciennes, les communes ne pouvaient imposer, sans l'autorisation du gouvernement, plus de 50 centimes sur les impôts d'État : nous verrons que cette disposition a été modifiée par la loi du 14 juillet 1893. Voici, pour l'année 1884, le nombre moyen des centimes communaux sur chacun des impôts directs :

	VILLES	COMMUNES RURALES
Impôt foncier des terres........	64,3	63,1
Impôt foncier des maisons.....	35,7	72,2
Impôt sur le revenu...........	146,0	146,7
Impôt industriel..............	10,8	33,2

C'est l'impôt sur le revenu qui fournit aux villes, par voie de centimes, les ressources les plus considérables ; la création de plus en plus fréquente

[1] Le total du rendement des centimes communaux en Prusse représente par tête d'habitant un chiffre de 4m,64 ou 5fr,80.

d'impôts spéciaux sur le revenu tend cependant à
faire baisser par contre-coup ce produit. Dans les
campagnes, les centimes sur les impôts fonciers,
et les centimes sur l'*Einkommensteuer* ou impôt
d'État sur le revenu, fournissent aux communes un
rendement à peu près égal ; pourtant un accroissement notable paraît s'être fait sentir depuis
quelques années sur le produit de ces derniers.
Quant à l'impôt industriel, c'est la contribution
qui supporte le moins grand nombre de centimes
additionnels et qui donne les revenus les plus
modiques aux localités ; on peut 'en trouver la
cause dans les injustices de répartition dont cet
impôt n'a été affranchi qu'à une époque toute
récente. Comme l'établissement de centimes ne
constitue point une obligation pour les communes,
et que, d'autre part, le contrôle financier du gouvernement sur les budgets locaux est demeuré
jusqu'à présent assez élastique, il s'est produit
entre les différentes communes une extrême diversité dans le nombre des centimes additionnels
perçus, telle ville en ayant jusqu'à deux ou trois
cents sur l'*Einkommensteuer* par exemple, telle
autre n'en possédant parfois aucun sur les impôts
directs. D'autre part, la différence du traitement
appliqué dans une même commune aux diverses
contributions directes, les unes étant surimposées,
les autres déchargées ou même exemptes de
centimes additionnels, n'est pas sans amener entre
les bases d'imposition des inégalités souvent
regrettables.

La coexistence fréquente, dans un grand nombre

de localités, de taxes spéciales sur le revenu ou
d'impôts fonciers spéciaux à côté des impôts généraux pourvus ou non de centimes additionnels, a
toujours été l'un des traits caractéristiques du
régime fiscal des communes prussiennes en ce
siècle. La tradition a conservé, dans les communes
rurales et dans les villes, un grand nombre de
taxes anciennes, personnelles ou réelles, que la
législation a toujours respectées comme le plus sûr
témoignage et le meilleur élément du *selfgovernment* dans les localités. Beaucoup de communes
ont leurs impôts fonciers particuliers, qu'elles
justifient en critiquant, non sans raison, les défauts
de la *Grundsteuer* légale. Souvent ces taxes se transforment en contributions particulières imposées
aux biens-fonds qui tirent un avantage matériel
des travaux entrepris par elles, ouverture de rues,
construction de chemins, etc., et cette forme
d'imposition a pris dans les villes de Prusse une
certaine extension depuis un demi-siècle. L'impôt
municipal des loyers n'existe que dans quatre
grandes villes : à Berlin et à Dantzig, où il produit respectivement 13.500.000 et 1.050.000 marks,
et où il se combine avec un impôt foncier spécial ;
à Francfort-sur-le-Mein et à Halle, où son produit
atteint seulement 133.500 et 424.500 marks, et où
il s'ajoute aux centimes sur l'impôt foncier d'État.

Les impôts spéciaux sur le revenu ont reçu en
Prusse, depuis 1850, malgré les dispositions restrictives édictées à de fréquents intervalles, un développement considérable, parallèle d'abord à l'accroissement des centimes communaux sur l'*Ein-*

kommensteuer d'État, et beaucoup plus rapide
encore, dans ces dernières années. C'est en 1850
qu'avait eu lieu la réforme de l'impôt des classes en
même temps que sa fusion avec l'impôt général sur
le revenu ; depuis lors, les sociétés par actions et les
personnes morales ont été taxées comme les particuliers, et les impôts locaux, auxquels cette disposition fut étendue, y ont trouvé une augmentation
considérable de rendement annuel. Il fallut une loi
spéciale, en 1885, pour régler les conditions dans
lesquelles ces taxes locales sur le revenu des associations commerçantes ou industrielles seraient
perçues pour éviter les doubles emplois. Souvent
progressives, ces taxes se distinguent de l'impôt
d'État par une échelle plus complète des taux de
taxation ; elles traitent différemment les revenus
du travail et les revenus du capital[1].

Les impôts sur les consommations ne représentent plus aujourd'hui en Prusse qu'une proportion très faible de la taxation locale. L'ancien
impôt sur la farine a disparu presque complètement ;
l'impôt sur la viande, que la loi de 1873 a laissé
subsister exceptionnellement dans quelques localités, a perdu pour les villes beaucoup de ses avantages depuis qu'il est devenu purement municipal,
et que ses frais de perception sont tombés à la
charge des budgets locaux ; ces impôts ne pro-

[1] Citons encore, parmi les autres impôts directs spéciaux des
communes, la taxe des chiens, tout à fait générale en Prusse,
bien que facultative, et dont le taux ne peut dépasser 9 marks ;
les prestations vicinales ; une taxe sur l'entrée en jouissance des
droits civiques, etc.

duisent plus, à eux deux, que 3.620.982 marks
(1892) dans toute la Prusse. Quelques villes ont
établi un impôt sur la bière et sur le malt, dont le
rendement total a été, en 1892, de moins de 2 millions. Les taxes sur la volaille, les combustibles,
le vinaigre, le fourrage, qui sont avec les précédentes les seules taxes autorisées par le *Zollverein*,
sont tout à fait négligeables.

Jusqu'à ces dernières années, on comptait peu
de dispositions législatives qui eussent réglementé,
en Prusse, une source de revenus communaux
pourtant assez importante, les *Gebühren*, taxes ou
rétributions spéciales payées par les particuliers
pour prix de services à eux rendus par l'administration. Ces rétributions, traditionnelles dans les
localités, et le plus souvent fort anciennes, offrent
une assez grande variété. La rétribution scolaire,
récemment encore d'une application générale, a
été supprimée en principe pour les écoles élémentaires par les lois de 1888 et de 1889 sur l'instruction publique ; mais elle subsiste là où les subventions gouvernementales, ajoutées au produit des
fondations particulières, n'atteignent pas le produit
que représentaient les rétributions dans les années
qui ont précédé leur suppression ; elle subsiste aussi
dans les écoles industrielles ou supérieures. La voirie urbaine ou rurale est l'un des champs d'expériences les plus riches pour ces taxes spéciales :
signalons les droits divers d'autorisation ou de
concession, les taxes d'égout ou de conduite d'eau,
de surveillance des démolitions, de vérification des
constructions ; on trouve fréquemment des péages

sur ponts, routes, chemins, qui se rapprochent
beaucoup des impôts indirects. Les diverses
institutions publiques entretenues par les communes, les divers services rendus au public par
les employés, donnent également lieu à des rétributions spéciales; nous remarquons que les cimetières, propriétés des paroisses, ne sont généralement pour les communes l'objet d'aucune
ressource particulière.

Ainsi les communes de Prusse ont conservé
jusqu'à ces dernières années une liberté presque
absolue dans l'organisation de leur système fiscal,
et à la faveur de ce laissez-faire bienveillant, elles
ont réussi à maintenir dans leur régime financier
une diversité traditionnelle et caractéristique de la
taxation. C'est un fait remarquable, et rare en
Europe, de voir coexister sur une même matière
imposable des taxes d'État et des taxes communales, de forme analogue les unes aux autres,
mais entièrement séparées. C'est chose curieuse
aussi de voir des communes adopter pour élément
prépondérant de leur taxation l'impôt sur le revenu,
habituellement réservé à l'État. C'est précisément
sur ces deux traits du système fiscal des localités
que devait porter la réforme des taxes communales en Prusse.

Ce n'est pas d'hier que dataient les projets de
réforme des impôts locaux. A l'école allemande
du libre-échange, dérivée des physiocrates en passant par Adam Smith et l'école de Manchester,
principalement à J. Faucher [1], revient l'honneur

---

[1] *Staats-und communalbudgets*, 1863. Au nom de Faucher,

d'avoir soulevé et traité pour la première fois en
Allemagne la question du principe de la taxation
communale. Dès 1864, cette question fut mise à
l'ordre du jour du Congrès d'économie politique
tenu à Hanovre ; en 1865, en 1867, elle est discutée
aux Congrès de Nuremberg et de Hambourg, et
ces assemblées se rangent les unes et les autres
à la doctrine soutenue par J. Faucher. « La commune, » dit celui-ci, « l'ancêtre de l'État, n'était
pas seulement, à l'origine, une formation politique, c'était aussi un groupement administratif ; depuis lors son caractère public a disparu,
il n'est resté qu'une coopération d'ordre économique, organisée en vue des besoins communs. »
Les impôts communaux ne représentent autre
chose que la rémunération des services rendus
par les communes aux particuliers ; la taxation
locale a pour base l'échange, l'intérêt, et ne doit
comprendre que des rétributions spéciales (*Gebühren*) ou des contributions particulières (*Beiträge*).
« Il faut revenir à une situation normale où
régnera, au lieu du principe *communiste* qui a pré-
dominé jusqu'à présent, la seule règle équitable
du service rendu et payé (*Leistung und Gegenleis-
tung*). »

La thèse contraire devait être soutenue par
l'école des socialistes de la chaire. Brillamment
défendue par J. Neumann et Adolphe Wagner [1],
elle triompha aux réunions du *Verein für Social-*

joignons ceux de Prince-Smith, Michaelis, K. Braun, Wolff,
Meyer. etc.

[1] Puis par Hoffman, Bruch, von Reitzenstein, etc.

politik à Eisenach, en 1875, et à Berlin, en 1877. On considère ici la commune comme une autorité publique du même ordre que l'État, chargé de pourvoir à des intérêts publics, et répartissant les frais des services qu'elle remplit, en proportion des facultés contributives de chacun de ses membres. Par une concession légitime à la doctrine de la *Privatwirtschaft*, la plupart des partisans de la théorie de la *Gemeinwirtschaft* reconnaissent d'ailleurs, une fois admis le caractère public de la commune, que cette autorité remplit, à côté de ses fonctions touchant l'intérêt général de la communauté, des attributions d'ordre privé qui profitent individuellement à des particuliers. Le principe de la taxation locale ne doit donc pas être absolu ; ce ne sera ni la règle seule de l'intérêt, ni la seule proportionnalité aux facultés, mais une combinaison des deux éléments. La taxation se divisera comme se divisent les services communaux ; aux dépenses générales de la commune correspondront des impôts basés sur le pouvoir contributif des citoyens ; les services qui procurent un intérêt spécial ou un avantage particulier à certains individus donneront lieu à une taxation fondée sur l'échange. Les impôts proprement dits devront ainsi coexister dans une certaine proportion avec les rétributions spéciales et les contributions particulières ; l'État est d'ailleurs seul à même de poser les règles nécessaires pour la détermination pratique de ce rapport [1].

---

[1] Voir Wagner, *Die Communalsteuerfrage.*

Telles étaient les théories émises sur le principe de la taxation communale par les deux partis opposés de la science économique. Chacun de ceux-ci faisait en même temps ressortir les vues de réforme que lui suggérait l'organisation défectueuse des impôts locaux alors en usage. Le premier concluait à une séparation absolue entre les taxes communales et les impôts d'État ; il n'admettait, avec l'impôt foncier qui peut rentrer par certains côtés dans le système de la taxation selon l'intérêt, que des taxes présentant un caractère de spécialisation (*Gebühren* et *Beiträge*). L'autre recommandait aussi un développement progressif de ces taxes spéciales, mais en proclamant la nécessité d'un rattachement de la taxation locale aux impôts d'État par la voie des centimes additionnels; il critiquait l'emploi exagéré des centimes sur l'*Einkommensteuer* et des impôts locaux sur le revenu, l'inégalité du chiffre des centimes ajoutés aux divers impôts d'État, l'injustice de la taxe sur les loyers qui est inversement progressive ; il demandait que les communes cherchassent à tirer des revenus plus considérables des impôts indirects pour décharger la taxation directe. Tous s'accordaient enfin à montrer les avantages d'une spécialisation pratique du budget communal, et réclamaient l'application du principe de l'équivalence des charges et des revenus dans chacun des grands services locaux.

Dès 1875, sans prendre parti dans les discussions alors engagées, le gouvernement prussien avait compris la nécessité d'une refonte générale du

système fiscal des communes et annoncé le dépôt
d'un projet de loi à cet effet. Ce projet fut présenté à la Chambre des députés de Prusse en
novembre 1879 ; insuffisant dans la forme, il
tomba. Il fallut attendre jusqu'en 1892 pour voir
reprendre la question, et la réforme des taxes
communales put enfin aboutir un an après ; elle
fit l'objet de la loi du 13 juillet 1893, évidemment
inspirée des conclusions d'Adolphe Wagner et de
son école aux Congrès du *Verein für Socialpolitik.*

La loi du 14 juillet 1893 est un code général du
droit fiscal des communes et de la taxation locale
en Prusse ; elle reprend et condense les quelques
dispositions législatives qui avaient déjà été rendues sur ce sujet, en particulier celles de la loi du
27 juillet 1885 concernant les impôts communaux
sur le revenu. De plus, pour la première fois en
Allemagne, cette loi détermine limitativement les
taxes que les communes sont autorisées à percevoir ; elle donne une réglementation complète de
plusieurs de ces taxes, notamment de l'impôt
local sur le revenu, de l'impôt foncier, de l'impôt
industriel, et des prestations vicinales.

Il y a trois espèces de ressources fiscales à la
disposition des communes : les impôts proprement dits (*Steuern*), les rétributions spéciales (*Gebühren*) et les contributions particulières (*Beiträge*). Les communes ne doivent user de la faculté
qui leur est donnée de percevoir des impôts proprement dits qu'autant que les rétributions spéciales et les contributions particulières, jointes aux

produits du domaine et aux subventions, ne suffisent pas à couvrir leurs dépenses [1] ; voilà une
première limitation générale du pouvoir d'imposition des communes, destinée à réduire la proportion des impôts proprement dits dans l'ensemble
des ressources fiscales, proportion qui est aujour-
d'hui considérée comme trop élevée, eu égard au
coût des services d'ordre public, dans le montant
total des dépenses communales. Passons maintenant en revue les trois grandes catégories de la
taxation locale.

Les deux premières catégories, rétributions spéciales et contributions particulières, représentent
dans le budget communal la taxation d'après l'intérêt. Voici comment l'exposé des motifs les justifie : « On sait que les communes n'ont pas seu-
« lement des fonctions publiques à remplir, mais
« aussi des fonctions d'ordre privé. Leurs charges
« se répartissent donc en charges publiques et
« charges privées, et si les premières doivent
« d'après la nature des choses être supportées par
« les habitants selon leurs facultés contributives,
« les secondes doivent retomber sur ceux qui pro-
« fitent des services d'ordre privé et dans la même
« mesure où ils en profitent. » La loi commence
par poser en principe le caractère obligatoire de
ces taxes, de manière à en accroître autant que
possible le produit, et à soulager d'autant le poids
des impôts proprement dits. Des rétributions spé-

---

[1] Cette règle n'est applicable ni à l'impôt sur les chiens, ni aux
taxes somptuaires.

ciales (*Gebühren*) *doivent* être perçues lorsque des établissements créés par une commune ont pour objet de donner plus particulièrement satisfaction à certains habitants ou à certaines catégories d'habitants de la localité ; le tarif des rétributions doit être fixé de manière à couvrir les dépenses desdits établissements, y compris l'intérêt et l'amortissement du capital engagé. Point de rétributions en matière d'instruction primaire, ni dans les hospices, hôpitaux et autres établissements destinés aux indigents. On peut d'ailleurs modérer les tarifs ou même supprimer la taxe, si l'usage des établissements est rendu obligatoire. — En second lieu, des contributions particulières (*Beiträge*) *doivent* être établies lorsque certains « aménagements » exigés par l'intérêt public viennent à procurer un avantage matériel à des particuliers, propriétaires, industriels ou commerçants, au cas où, pour couvrir d'autre part les frais d'installation et d'entretien de ces aménagements, il faudrait avoir recours à des impôts proprement dits. Ces contributions sont réclamées aux particuliers dans la mesure où ils participent aux avantages qui leur sont fournis. Elles font l'objet soit des rôles spéciaux, soit d'une augmentation proportionnelle des cotes d'impôts directs (impôts fonciers et patentes) afférentes aux particuliers à surtaxer ; d'ailleurs elles ne peuvent être levées qu'à la suite d'une enquête spéciale, et leur perception, comme celle des rétributions, doit toujours être autorisée par l'administration supérieure.

Le troisième groupe des ressources fiscales prévues par la loi du 14 juillet 1893 comprend les impôts proprement dits, impôts indirects, impôts directs réels (impôt foncier et impôt industriel) et impôts sur le revenu. Les impôts indirects subsistent sans modification. Les impôts directs réels, à la perception desquels l'État a renoncé en vertu d'une loi datée aussi du 14 juillet 1893, deviennent obligatoires pour les communes. Enfin l'impôt sur le revenu ne doit exister que sous la forme de centimes additionnels à l'*Einkommensteuer* de l'État ; les taxes spéciales sur le revenu actuellement existantes peuvent être maintenues avec l'approbation de l'administration, mais la création de taxes nouvelles ne saurait être autorisée qu'à titre tout à fait exceptionnel, et le gouvernement annonce son intention de tenir rigoureusement la main à cette disposition. On voit que, par ces dispositions, le législateur veut limiter autant que possible la proportion des centimes ou des impôts sur le revenu dans les budgets des localités ; cette proportion ne s'est déjà que trop accrue. Ainsi on donne aux communes le droit de remplacer en partie cette taxation directe du revenu par des impôts somptuaires ; on limite le nombre des centimes imposables à l'*Einkommensteuer* ; on fixe un dégrèvement minimum à accorder aux revenus de moins de 900 marks dans les impôts spéciaux ; enfin l'impôt des loyers, le succédané de l'impôt sur le revenu, est formellement prohibé en matière communale. D'ailleurs tout impôt nouveau, tant direct qu'indirect, doit toujours être approuvé par **l'administration avant sa mise en recouvrement.**

Comment les charges financières se répartiront-
elles entre ces diverses espèces d'impôts ? La loi
prend des garanties à cet égard et pose des règles
strictes. D'abord les impôts directs ne doivent couvrir que les besoins qui dépasseraient le produit
des impôts indirects ; on favorise ainsi, dans une
certaine mesure, le développement des taxes sur
les consommations, dont le nombre est si restreint
à l'heure actuelle. En second lieu, les dépenses
destinées à profiter à la propriété foncière ou à
l'industrie doivent être payées sur les impôts réels,
quand il n'y est pas fait face au moyen de rétributions spéciales ou de contributions particulières ;
parmi ces dépenses, la loi cite la construction et
l'entretien des rues et chemins, les aménagements
relatifs à l'irrigation, les travaux de défense contre
les inondations, ainsi que l'intérêt et l'amortissement des dettes contractées pour ces divers services. Enfin le rapport du chiffre des centimes sur
l'*Einkommensteuer* au produit des impôts réels
perçus par les communes est strictement limité
par une série de dispositions précises, destinées à
restreindre l'emploi de l'impôt sur le revenu dans
les budgets locaux.

Telle est, dans ses grands traits, la loi récente
sur le régime fiscal des communes en Prusse. Il
est trop tôt aujourd'hui pour juger de ses effets
pratiques, mais on peut apprécier pourtant la
valeur de ses dispositions essentielles. Par la
fusion qu'elle opère du principe de la taxation
selon ses facultés, elle tend à répartir plus justement le poids des charges locales, et à organiser

le système fiscal des communes sur des bases
véritablement logiques et équitables. Elle soulage
la taxation directe en favorisant les impôts indirects et les taxes basées sur l'intérêt ; elle con-
damne les impôts spéciaux sur le revenu comme
injustes et dangereux, elle restreint la surcharge
des centimes sur l'*Einkommensteuer* pour réserver
à l'État cette source de revenus. Elle concède aux
localités la jouissance exclusive des impôts réels,
c'est-à-dire de l'impôt foncier et de l'impôt industriel, dont l'Etat se dépouille en leur faveur, et
qu'il remplace dans son budget par un impôt sur
le capital complémentaire de l'impôt sur le revenu.
Elle pose enfin le principe de la spécialisation du
budget communal.

Italie [1]. — Des centimes additionnels qui ne
frappent que l'impôt foncier, par conséquent
lourds pour un rendement médiocre ; quelques
essais peu réussis d'impôts locaux sur le revenu ;
un octroi très répandu et très productif ; enfin une
foule de petites taxes communales assez vexatoires et à productivité minime, avec quelques
rétributions spéciales qu'on n'ose développer :
telle est la vue générale qu'on peut se faire du
système fiscal des communes en Italie. Le mon-

---

[1] Persico, *Principii del diritto amministrativo*, 1889. — Manfrin,
Il Comune e l'Individuo in Italia, 1880. — A Ceresa, *I comuni e le
tasse locali*, 1877. — J.-J. O'Meara, *Municipal Taxation at home and
abroad*, 1894. — *Bilanci comunali e provinciali*, 1889. — *Statistica
delle tasse e diritti comunali*, 1889. — *Bulletin de statistique et de
législation comparée*, XXV.

tant de la taxation communale s'est élevé pour
l'année 1889 à la somme de 324.931.361 francs,
soit 82 0/0 des recettes ordinaires ; cette proportion très élevée des ressources fiscales dans les
budgets locaux s'explique par l'extrême modicité
des subventions reçues par les communes italiennes de l'État ou des provinces. La taxation
communale représente par tête un taux d'imposition de 11^{fr},03. Voici pour l'année 1889 le tableau
des impositions communales italiennes, extrait des
Bilanci comunali[1] :

[1] Nous avons joint aux impôts ordinaires les prestations et
péages qui, pour raison administrative, seront classés au budget extraordinaire.

	FRANCS	FRANCS	%
CENTIMES ADDITIONNELS			
Sur l'impôt foncier...........	118 872 837	122 724 068	37,4
1/10ᵉ de l'impôt sur la richesse mobilière.........:.	3 578 351		
TAXES DIRECTES COMMUNALES			
Taxe de famille...............	19 673 938	31 940 413	10,1
Taxe sur le bétail agricole...	10 688 124		
Taxe sur la valeur locative..	1 578 351		
TAXES SUR LES CONSOMMATIONS ET LES TRANSPORTS			
Dazio di consumo...........	140 987 715	146 851 233	45,1
Taxe de licence.............	437 313		
Taxe d'exercice et de revente.	4 899 433		
Péages....................	138 028		
Taxe sur les voitures publiques	388 744		
TAXES SOMPTUAIRES			
Taxe sur les chiens.........	674 234	5 869 802	1,9
Taxe sur les voitures privées.	1 379 499		
Taxe sur les bêtes de trait, de selle et de somme......	2 991 891		
Taxe sur les domestiques....	824 178		
CONTRIBUTIONS PARTICULIÈRES			
Prestations..................	6 013 653	6 597 621	2,2
Taxe des principaux usagers.	583 968		
RÉTRIBUTIONS SPÉCIALES			
Taxe scolaire...............	724 510	10 948 222	3,3
Droits sur les actes de l'état civil,...................	450 958		
Droits sur les actes de la justice de paix..............	268 230		
Taxe d'abatage.............	3 165 063		
Droits divers...............	1 818 898		
Louage des bancs pour marchés.	517 419		
Droits de pesage et mesurage.	496 731		
Droits d'occupation du domaine	3 006 413		
		324 931 361	

Les centimes additionnels communaux portent en Italie sur l'impôt foncier des terres (*terreni*) et des maisons (*fabbricate*). Ils atteignaient aussi autrefois l'impôt sur la richesse mobilière ; mais la loi du 11 août 1870 a interdit aux provinces et aux communes de surcharger de centimes cette taxe que l'État éleva alors à son profit dans une forte proportion. C'est à la suite de cette réforme que les communes italiennes créèrent, à l'exemple de la Belgique, une série de petites taxes locales, tant sur la consommation que sur la propriété, dont le produit s'est accru de 65 0/0 en quinze années, de 1875 à 1890. Les communes reçoivent bien de l'Etat un dixième de l'impôt sur la richesse mobilière ; mais cette attribution, qui est, sinon dans la forme, assimilable au fond à des centimes, constitue une sorte de prime accordée aux communes pour le recouvrement de l'impôt. Le nombre des centimes ne doit pas dépasser le chiffre de 50 ; les provinces respectent ce maximum (la moyenne du nombre des centimes provinciaux est de 47) ; les communes sont admises à le dépasser, pourvu qu'elles aient préalablement établi l'une des trois taxes suivantes : taxe sur la valeur locative, taxe de famille, ou taxe sur le bétail agricole ; le nombre moyen des centimes communaux est de 67. Le rendement des centimes dans les budgets de communes est assez modique : par tête d'habitant il représente une somme de 4^{fr},15 ; or, en France, au budget de 1891 il atteint un chiffre assez voisin, celui de 4^{fr},65 (centimes extraordinaires compris). Mais la charge que ces centimes font subir en Italie à la propriété foncière est excessivement lourde. D'abord tout le monde sait combien l'impôt foncier italien est mal réparti. On remarquera, d'autre part, que les communes italiennes retirent de cette seule taxe une somme proportionnellement presque égale à celle que nos communes françaises demandent aux quatre contributions directes, et le nombre moyen des centimes départementaux (47) est d'ailleurs égal ou un peu supérieur au nombre moyen de ces centimes en France (45 en 1891). Enfin le principal de l'impôt foncier en Italie, qui se monte à 175.797.440 francs, équivaut presque au principal de nos deux impôts fonciers français, alors que la richesse agricole de l'Italie est, en général, considérée comme représentant les deux tiers seulement de la richesse agricole de la France. On comprend donc que le poids total de cet impôt foncier se fasse sentir d'une façon très nuisible pour le pays.

Les taxes communales directes les plus importantes en Italie comprennent un impôt agricole sur le bétail et deux taxes qui frappent le revenu, l'une directement, l'autre par l'intermédiaire du loyer. La *tassa sul bestiamo agricolo* est assez répandue et frappe le bétail en tant que capital, à la différence de la *tassa sulle bestie da tiro, sella e soma*, qui frappe les animaux en tant qu'ils rendent un service. La *tassa sul valore locativo*, assez analogue à notre taxe mobilière, est peu productive et peu généralisée : elle n'existait en 1887 que dans 690 communes sur 8.259 ; elle frappe le loyer suivant un tarif proportionnel avec maximum de 2 0/0 (ce maximum est souvent dépassé), ou gradué de 4 à 10 0/0. La plus intéressante de ces taxes est la taxe de famille, dont le rendement est assez considérable, et que possédaient en 1887 environ 5.000 communes. Elle porte sur la fortune (*agiatezza*) présumée de chaque famille et ne peut exister qu'en tant qu'impôt de quotité ; cette taxe est d'ailleurs soumise à des règlements provinciaux qui divisent les fortunes en classes et fixent pour chaque catégorie un maximum d'imposition. Par exception quelques communes (459 en 1887) établissent cette imposition sur le revenu réel (*reddito accertato*) ; d'autres, au nombre de 144, sur la cote des impôts directs de chaque contribuable. Les 5.775 communes, sur 8.259 communes italiennes, qui possèdent soit une taxe de famille, soit une taxe des loyers, sont ainsi les seules où la généralité des habitants soit appelée à contribuer aux dépenses locales par un impôt direct ; dans tout le reste du territoire, les individus qui ne sont pas propriétaires fonciers ne participent aux charges communales, s'ils échappent aux taxes somptuaires, que par les impôts de consommation[1].

Le revenu le plus considérable des communes italiennes provient des octrois, ou *dazi di cònsumo*. Le produit du *dazio municipale* est, en effet, très élevé ; il représente 45 0/0 du montant des impôts communaux et correspond à un taux de taxation

---

[1] Nous négligeons le décime sur la richesse mobilière.

par tête égal à 4^{fr},94, tandis qu'en France le chiffre
du produit des octrois par tête d'habitant n'atteint
que 4^{fr},10 (Paris excepté). La suppression des centimes sur l'impôt de la richesse mobilière en 1870
a été l'une des causes principales de la progression
des octrois en Italie ; de 1875 à 1889, le rendement
de cet impôt s'est accru de 69 0/0, pendant que le
produit des centimes additionnels n'augmentait
que de 18 0/0. Bien que les droits indirects locaux
en général ne soient vraiment productifs que dans
les grandes villes (les chefs-lieux de province perçoivent à eux seuls 59 0/0 du produit total des
dazi communaux), les octrois sont très généralisés
en Italie ; en 1889, sur 8.259 communes, 7.163,
soit 86 0/0, percevaient des *dazi* locaux, tandis
que la France ne comptait en 1891 que 1.514 communes à octroi sur 36.140, soit 4 0/0. Cet extrême
développement des droits locaux de consommation
a sa cause dans un fait particulier à l'Italie, c'est
le rapport étroit qui unit le *dazio comunale* au
dazio governativo. L'État italien perçoit en effet
dans toute commune, quelle que soit sa population, un droit de consommation dont le produit
total atteint 70.125.783 francs ; un impôt semblable
doit nécessairement réduire la production de tout
supplément ajouté par les communes à leur profit ;
une pareille organisation fiscale favorise, d'autre
part, dans une mesure extrême la généralisation
des *dazi* communaux, et ce n'est pas là un de ses
moindres inconvénients.

Les communes italiennes se divisent, au point
de vue de la perception de l'octroi, en communes

fermées (349) et communes ouvertes (7.908, dont
6.814 seulement ont un *dazio comunale*), suivant
que leur population est supérieure ou inférieure
à 8.000 habitants : la taxe est perçue à l'entrée
dans les premières, et dans les secondes à la vente
au détail. Les droits du Trésor frappent les boissons et les viandes dans les unes et dans les autres,
et, dans les communes fermées seulement, la
farine et le riz, les huiles et les beurres, les sucres.
Les municipalités peuvent établir des taxes additionnelles, lesquelles ne doivent pas excéder la
moitié des droits du Trésor (le montant même de
ces droits pour le riz, le pain et les farines); ou
bien elles imposent des taxes municipales spéciales, taxes dont une nomenclature limitative est
donnée par la loi, et dont le tarif ne doit pas
dépasser 40 0/0 de la valeur des objets frappés.
Les communes fermées seules ont le droit de percevoir, dans la limite d'un maximum de 50 0/0
de la taxe du Trésor, un droit de vente au détail
sur les viandes et les boissons. Les tarifs des droits
municipaux d'octroi doivent toujours être approu-
vés par la députation provinciale et par le Conseil
d'État, et d'une manière générale il est prescrit
que les communes ne doivent s'imposer de taxes
municipales spéciales que pour couvrir des dépenses
obligatoires, et en l'insuffisance des ressources ordinaires et des taxes additionnelles. On remarquera
que les *dazi* communaux frappent comme les *dazi*
gouvernementaux plusieurs objets de première
nécessité, et que les viandes et les boissons, déjà
taxées à l'entrée, peuvent être imposées de nouveau

à la vente au détail dans les villes fermées. Les vives réclamations auxquelles ont toujours donné lieu ces impôts s'expliquent d'autant mieux que les localités n'ont pas su toujours se défendre d'introduire dans les tarifs un certain élément différentiel, protecteur. Les frais de perception enfin sont assez élevés ; ils atteignent pour les *dazi* généraux et communaux réunis 9,92 0/0 dans les communes chefs-lieux de provinces ; ils représentent 5,81 0/0 à Rome, 7,80 0/0 à Turin, 25,01 0/0 à Arezzo, 23,75 0/0 à Massa-Carrara, 23,21 0/0 à Forli. Les statistiques font défaut pour les autres communes ; mais, avec des octrois si développés parmi les plus petites communes, on doit craindre dans ces dernières une extrême élévation des frais de perception.

Avec l'octroi, les communes italiennes ont souvent encore d'autres taxes locales sur les consommations. La *tassa di esercizio e revendita* est un droit de licence fixe ou proportionnel qui frappe l'exercice des professions, arts, commerces, industries, ainsi que la revente de toute marchandise. La *tassa di licenza*, abandonnée par l'État aux communes en 1870, est un droit de police annuel qui porte sur les débitants, aubergistes, etc., et qui s'élève au cinquième du loyer la première année, ultérieurement au dixième de ce chiffre. Il y a deux taxes locales sur les transports, qui ne fournissent que des sommes insignifiantes : ce sont des péages sur les routes communales et un impôt sur les voitures publiques. Il faut enfin signaler quelques taxes somptuaires, telles que l'impôt sur les domestiques, la taxe sur les voitures privées, la taxe sur les bêtes de selle, de somme ou de trait, la taxe sur les chiens. On devinera sans peine combien un pareil éparpillement de la taxation locale est chose fâcheuse pour un pays ; les impôts communaux deviennent nécessairement vexatoires dans ces conditions; leur productivité est le plus souvent hors de proportion avec les frais de leur recouvrement, et leur rendement total n'atteint que des chiffres dérisoires en regard du montant des dépenses communales. Ceci, toutefois, ne saurait être dit des taxes locales basées sur les services rendus, des dédommagements réclamés· par les communes aux individus qui bénéficient d'avantages matériels dérivés des services communaux. Ces taxes spéciales, bien qu'assez développées en apparence, sont d'ailleurs fort peu. productives en Italie, parce que l'application n'en est pas poussée assez avant dans les villes, où les travaux municipaux de toutes sortes leur ouvrent d'ordinaire le champ le plus large.

Belgique [1]. — Le système des impositions communales de la Belgique frappe tout d'abord par deux traits saillants, d'une part la modicité de son produit, et d'autre part son caractère presque exclusivement direct. D'après la statistique de l'année 1880, le produit des impôts dans les budgets des communes n'est que de 25.416.958 francs,

---

[1] Giron, *Droit administratif de la Belgique*. — Leemans, *Des Impositions communales en Belgique*, 1866. — *Annuaire statistique de la Belgique de* 1891.

ce qui représente un taux de taxation par tête égal
à 4fr,60 [1], et, sur le total de 92.592.919 francs
de recettes ordinaires, une proportion de 27,4 0/0.
Les impôts sur les consommations ou sur les
dépenses figurent dans ce produit pour une part
insignifiante, que malheureusement les statistiques
ne nous permettent pas de préciser. Ces deux
caractères proviennent d'une cause unique, d'un
fait déjà ancien et bien connu, la suppression des
octrois en 1860 : le fonds communal, — cette attribution aux communes d'une certaine proportion des
impôts indirects généraux, — représente dans les
budgets de communes une somme sensiblement
égale au produit des impôts locaux. La réforme de
1860 a eu une autre conséquence. Les anciennes
communes à octroi, ayant vu pendant quelque
temps leurs ressources diminuer, cherchèrent à les
accroître en frappant par des impôts spéciaux
toute forme de richesse, toute manifestation de
revenus ; de là cette diversité et cette multiplicité
des taxes communales spéciales, établies sans
théorie arrêtée, sans ordre et d'une façon toute
empirique, et qui subsistent encore aujourd'hui.

Dans le montant total des impositions communales, une somme de 11.906.932 francs, soit une
proportion de 47 0/0, provient des centimes additionnels, lesquels portent sur l'impôt foncier, l'impôt personnel et l'impôt des patentes ; le nombre
moyen des centimes communaux dans tout le

[1] Il convient de remarquer que le taux de densité de la population, en Belgique, dépasse de beaucoup celui de tous les autres
pays européens.

royaume est de 26. Cette surcharge des impôts directs est très modique [1], comparée à celle que nous rencontrons dans les autres pays; le principal des impôts est d'ailleurs aussi, en moyenne, un peu moins élevé que celui des impôts correspondants français, en sorte que le poids total de ces impôts est relativement léger.

Des impôts communaux spéciaux, celui qui produit les plus gros revenus, bien qu'il existe dans peu de communes, c'est la cotisation personnelle, qui fournit 11 0/0 du montant des ressources fiscales. Les bases de cet impôt varient de commune à commune : c'est tantôt la fortune présumée, tantôt la valeur locative de l'habitation, quelquefois la consommation supposée ; cette taxe n'est au fond qu'un impôt sur le revenu à bases incertaines et arbitraires. Cédant au vœu exprimé par le pouvoir législatif en 1860, la plupart des communes le supprimèrent dès que le fonds communal leur eut fourni des ressources suffisantes.

Les autres taxes spéciales directes sont très variées en Belgique, et, pour beaucoup d'entre elles, l'idée générale qui en ressort est que les localités ont cherché à compléter ou à corriger les impôts généraux. Il y a des taxes foncières, par exemple la taxe sur le revenu cadastral, qui existe à Bruxelles. Certaines communes imposent les propriétés bâties exonérées de l'impôt foncier, ou les terrains à bâtir. Liège et Bruxelles possèdent une taxe foncière assez originale, qui frappe la cons-

---

[1] 2ᶠʳ,15 par tête d'habitant.

truction et la reconstruction des maisons d'habitation, par mètre cube, d'après un tarif qui varie
suivant la hauteur des bâtiments et le quartier;
cette taxe a rapporté 200.000 francs à la ville de
Bruxelles en 1888. Plus fréquentes sont les taxes
sur les revenus industriels et commerciaux : taxes
de répartition calculées sur les bénéfices, taxes de
quotité basées sur le nombre des ouvriers et employés, taxes sur les mines, taxes sur les machines
employées dans l'industrie, taxes sur les avocats,
taxes sur les agents de change et courtiers.

L'impôt des prestations est très répandu dans les
communes rurales. Il est une charge de l'habitation, et frappe le propriétaire s'il réside, sinon le
locataire ; il comprend une ou deux journées de
travail par chef de famille ou d'établissement, suivant que ce contribuable paie moins ou plus de
3 francs de contributions directes, plus deux journées par bêtes de trait, de somme ou de selle à
fournir par les propriétaires ou détenteurs, avec
conducteurs et moyens de transport. Enfin des
subventions industrielles sont imposées aux propriétaires des exploitations qui dégradent un chemin, temporairement ou accidentellement, d'une
manière extraordinaire. Cet impôt, très analogue
au nôtre, a sur lui l'avantage d'être plus proportionnel aux facultés contribuables.

Le principe d'une taxation spéciale proportion-
née à l'intérêt, qui est dans une certaine mesure
la base de l'impôt des prestations, est appliqué en
Belgique d'une façon très large dans le domaine
de la voirie urbaine. L'ouverture ou l'élargisse-

ment des rues, la construction des trottoirs et des
égouts, le pavage, le balayage, donnent lieu la
plupart du temps à des taxes qui sont imposées
aux propriétaires riverains pour les faire contribuer à la dépense, ou quelquefois même pour
mettre toute la dépense à leur charge. Ainsi
Bruxelles double sa taxe des constructions et
reconstructions dans les rues nouvelles, et l'aug-
mente de moitié dans les rues à élargir. La Belgique est sans doute l'un des pays où ces impôts
spéciaux ont reçu le développement le plus complet
en matière urbaine.

Enfin les impôts sur les dépenses des contribuables, par opposition aux impôts sur la propriété, sont rares en Belgique. Les taxes somptuaires seules sont assez répandues, d'autant que
l'État n'en fait presque pas usage pour son
compte ; on trouve assez généralement des taxes
sur les chevaux, sur les voitures, sur les domestiques mâles, sur les chiens ; leur productivité est
nécessairement assez faible. On trouve enfin, très
exceptionnellement, des péages sur ponts et chemins vicinaux.

France[1]. — A défaut d'une statistique complète
et récente, nous ne pouvons donner, à l'appui des
quelques observations que nous voudrions présenter sur le régime fiscal des communes de
France, que des évaluations approximatives. En

---

[1] *Situation financière et matérielle des Communes en 1877.* —
Situation financière des Communes de France et d'Algérie, publication annuelle du ministère de l'Intérieur.

1877, le produit total de la taxation communale s'élevait à 550.098.682 francs, ce qui représentait une proportion de 82 0/0 des recettes ordinaires des communes [1] et un taux d'imposition de 14fr,92 par tête d'habitant. Si de cette statistique nous extrayons la ville de Paris, qui, comme agglomération urbaine, n'a point son correspondant dans l'Europe continentale, de manière à avoir des chiffres réellement comparables à ceux des autres pays, nous trouvons que le montant des taxes communales n'était plus en 1877 que de 372.092.000 francs, soit 81 0/0 des recettes ordinaires, ou 10fr,67 par tête d'habitant. Le tableau ci-après fait ressortir, pour la France entière, les recettes communales provenant des impositions en 1877 :

	FRANCS	0/0
Centimes (ord. et extraord.)........	138 254 271	25
Attributions......................	10 528 685	2
Octrois (ord. et extraord.)..........	252 124 908	46
Prestations vicinales...............	54 870 000	10
Taxes diverses et rétributions......	94 320 818	17
Total.................	550 098 682	100

Voici, pour la même année 1877, les chiffres qui concernent la France dans Paris :

[1] Les centimes extraordinaires et les taxes extraordinaires d'octroi, qui font partie intégrante du système fiscal de nos communes, ont été joints aux recettes ordinaires.

	FRANCS	%
Centimes (ord. et extraord.)........	116 082 000	31
Attributions....................	8 687 000	2
Octrois (ord. et extraord.)........	124 571 000	33,6
Prestations....................	54 870 000	15
Taxes diverses et rétributions......	68 482 000	18,4
TOTAL..................	372 692 000	100

Les statistiques postérieures à celle de l'année
1877 ne donnent pas le détail des recettes ordinaires des communes. Toutefois elles indiquent
le produit des centimes additionnels et celui des
droits d'octroi ; en outre, nous voyons que la statistique de 1891 évalue le produit des prestations
en nature, pour cette année-là, à la somme de
60 millions ; quant aux taxes diverses et rétributions, à défaut de renseignements précis, appliquons
à leur montant en 1877 (94.320.818 francs) un
accroissement proportionnel au taux moyen de
progression des recettes ordinaires de 1877 à 1891
(14 0/0). Nous obtenons ainsi, à titre approximatif,
les chiffres suivants pour la taxation communale
en France (Paris compris) en 1891 :

	FRANCS	%
Centimes (ord. et extraord.)........	170 320 885	27
Attributions [1]...............	7 250 000	1
Octrois (ord. et extraord.)..........	288 777 052	46
Prestations....................	60 000 000	10
Taxes spéciales et rétributions.....	107 000 000	16
TOTAL..................	633 347 937	100

[1] Budget général de l'exercice 1891.

Le total ci-dessus, de 633.347.937 francs, représenterait environ 82 0/0 des recettes ordinaires des communes et correspondrait à un taux de taxation par tête égal à 15^{fr},30, chiffre légèrement supérieur à celui qu'a donné M. le Ministre des Finances dans l'exposé des motifs du budget de l'année 1893, qui était de 13^{fr},85 seulement ; cette différence provient sans doute de ce que les taxes spéciales et rétributions ne sont pas toutes comprises dans ce dernier chiffre. En écartant du tableau ci-dessus les impôts recouvrés par la ville de Paris, nous obtenons les résultats suivants pour le détail de la taxation dans les communes de France (Paris excepté) en 1891 :

	FRANCS	0/0
Centimes (ord. et extraord.)........	141 502 085	32
Attributions.......................	5 240 200	1
Octrois (ord. et extraord.)..........	147 528 367	34
Prestations........................	60 000 000	13
Taxes spéciales et rétributions.....	85 426 600	20
Total...................	439 697 252	100

Le montant des ressources demandées par les communes aux centimes additionnels et aux attributions, c'est-à-dire aux impôts de l'État, s'élève en 1891 à la somme de 177.570.885 francs pour la France entière. Il représente un produit par tête égal à 4^{fr},65, chiffre très inférieur à celui que nous avons trouvé en Prusse (5^{fr},80), et un peu supérieur à celui que nous a donné l'Italie (4^{fr},15) ; pour la France sans Paris, qu'il est préférable de prendre pour base des comparaisons statistiques avec les pays voisins, ce taux s'abaisserait à 3^{fr},92. On sait qu'à l'exception des cinq centimes ordinaires obligatoires qui ne portent que sur les deux impôts fonciers et sur l'impôt mobilier, les centimes additionnels frappent en général les cinq contributions directes. Le nombre moyen de ces centimes est de 46, soit de 55 sur l'impôt des propriétés bâties, 50 sur l'impôt des terres, 47 sur la taxe mobilière, 41 sur la contribution des portes et fenêtres et 35 sur les patentes. Parfois ces centimes sont spécialisés, comme cela a longtemps été le cas pour les centimes de l'instruction primaire ; mais cette spécialisation ne concerne que l'affectation du produit de l'impôt sans modifier l'assiette de la taxe. Sous le nom d'attributions, les communes reçoivent de l'État 8 0/0 du produit de l'impôt des patentes et 5 0/0 du produit de la contribution des chevaux et voitures. Nous n'avons pas besoin de rappeler ici les critiques si souvent formulées qui s'adressent à notre système de contributions directes, surtout à trois de ces contributions, l'impôt foncier des terres, l'impôt des portes et fenêtres et la contribution mobilière ; personne n'ignore quelles inégalités cachent les procédés de répartition régionale et individuelle de ces taxes. Une conséquence de ces faits, c'est que, si les centimes additionnels sont loin de fournir aux communes des ressources aussi considérables qu'on pourrait en attendre, ils pèsent pourtant très lourdement sur le pays et ne pourraient plus être accrus sans danger. La productivité de l'impôt au point de vue communal est hors de proportion avec son poids sur le contribuable ; dans son ensemble, le procédé des centimes a perdu son élasticité.

Les taxes ordinaires et extraordinaires d'octroi fournissent, en France, un produit très élevé, qui atteint près de 300 millions, et auquel la ville de Paris contribue, à peu de chose près, pour la moitié. Rapporté au chiffre de la population totale, le rendement de ces taxes monte à 7^{fr},55 par tête, chiffre supérieur de beaucoup au produit de l'impôt en Italie, qui est de 4^{fr},94 par habitant ; au contraire, si nous excluons Paris de la statistique, la comparaison devient favorable à la France, le taux moyen descendant alors à 4^{fr},10. D'autre part, le nombre des communes à octroi est très faible en France par rapport à ce qu'il est en Italie. Ce nombre a peu varié en ce siècle ; il était de 1.434 communes en 1823, il est aujourd'hui de 1.514. Il est vrai que le chiffre de la population soumise à l'octroi a doublé dans cet espace de temps par l'effet de la concentration dans les villes des habitants des campagnes. Si l'on considère la nature des objets soumis aux droits d'octroi, on remarque que les boissons fournissent, à elles seules, la moitié du produit des taxes, et que les trois quarts du rendement des droits sur les liquides proviennent des boissons hygiéniques ou de première nécessité : vins, cidres et bières. Le pain est partout affranchi ; mais les taxes sur la viande, les œufs et les combustibles minéraux,

bien qu'assez modiques en général, sont une
lourde charge pour la population pauvre des villes.
En ce qui concerne le mode de perception de l'octroi, on constate que le procédé de la ferme est
d'une application sans cesse décroissante. Quant
aux frais de recouvrement, qui s'élèvent en
moyenne à 8 0/0 environ du produit total des
taxes, ils se tiennent dans les villes un peu importantes à des chiffres assez modérés; il faut ajouter que, dans les localités de plus de 4.000 âmes,
le coût de perception des droits du Trésor sur des
boissons n'est en moyenne que de 0,64 0/0, ce qui
abaisse à 5 1/2 0/0 le taux moyen du recouvrement global des droits généraux et locaux. Tout
ceci n'est point fait pour atténuer les inconvénients
reconnus des taxes d'octroi en France ; mais on
peut voir que la comparaison de ces taxes avec le
dazio italien est loin de nous être défavorable.

L'impôt des prestations donne un revenu annuel
d'environ 60 millions de francs, et forme pour les
budgets des communes rurales un appoint notable,
dont l'importance ne fait qu'augmenter à chaque
exercice. On sait que cette taxe, qui atteint tout
propriétaire d'immeuble ou exploitant dans les
campagnes, est basée sur le nombre de bras et celui
des moyens de transport employés, et frappe d'une
façon spéciale les établissements qui dégradent
extraordinairement les voies de communication.
Bien que reposant sur une matière imposable fort
large, les prestations présentent donc un caractère
très défini de spécialisation, en ce sens qu'elles
tiennent compte de l'intérêt matériel retiré par

les propriétaires de l'ouverture et du bon entretien
des chemins vicinaux. C'est en grande partie à
cette taxe que la France est redevable de l'avan-
cement actuel de sa voirie vicinale, la plus parfaite
qui soit en Europe.

Si nous mettons de côté l'impôt sur les chiens,
qui est obligatoire pour les localités, ce qui reste
du système fiscal des communes en France est
composé exclusivement de taxes spéciales basées
sur le principe de l'échange ou de l'intérêt. Droits
de place dans les établissements municipaux,
marchés, halles ou abattoirs, droits de pesage,
mesurage ou jaugeage, droits divers de voirie,
droits d'occupation du domaine public, droits
d'expédition d'actes, tous ces droits sont autant
de rétributions représentant le prix de services
rendus par les communes à des particuliers nominativement. Quant aux taxes spéciales de la voirie urbaine, à ces contributions dont les villes
belges savent tirer si grand parti, nous les voyons,
au contraire, très peu développées en France. Les
taxes de balayage et d'arrosage se rencontrent
parfois, à Paris par exemple ; les taxes de pavage
et de construction de trottoirs, autorisées par les
lois du 25 juin 1841 et du 7 juin 1845, et dont le
produit ne doit pas excéder la moitié de la dépense
totale, sont très rarement perçues. La loi du
16 septembre 1807 prévoit que les villes pourront
réclamer des indemnités de plus-value aux propriétaires riverains des rues nouvellement percées
ou élargies, jusqu'à concurrence de la moitié de
la plus-value ; elle prévoit encore que, lorsque

des propriétés urbaines bénéficient d'avantages particuliers par suite des travaux de salubrité entrepris par les administrations communales, celles-ci pourront les faire contribuer à leur décharge ; ces dispositions sont demeurées presque sans application.

A considérer la forme administrative de la taxation locale en France, voici comment on peut résumer notre système d'impositions communales [1] : les impôts réels d'État fournissent aux communes, par la voie des centimes additionnels, un peu moins du tiers, et les taxes locales de consommation, un peu plus du tiers de leurs ressources fiscales ; le restant des ressources fiscales se trouve couvert par des taxes directes spéciales, parmi lesquelles on compte, en particulier, les prestations. Si dans la statistique on fait figurer la métropole, laquelle tire de l'octroi un produit beaucoup plus considérable que ne le font les autres communes, la proportion du rendement des taxes de consommation s'accroît jusqu'à former près de la moitié du système fiscal. La place qui, dans le budget des communes françaises, est occupée par l'octroi, l'est, et un peu au delà, dans les communes italiennes par le *dazio*, et dans les communes belges par le fonds communal, le substitut des taxes de consommation locale. Les centimes additionnels aux impôts d'État donnent en Italie et en France la même proportion des ressources fiscales, et en Belgique une proportion un peu moindre [2]. Enfin

[1] Paris exclu de la statistique.
[2] Le quart au lieu du tiers.

les communes françaises trouvent dans les prestations vicinales le complément de recettes que
les communes belges et italiennes demandent à
leurs petites taxes directes, multiples et spéciales.

Envisageons, d'autre part, le caractère intrinsèque de la taxation communale. En France, ce qui
fait le fond du système date de la Révolution, ce
sont les centimes additionnels aux impôts directs :
sous l'empire des idées physiocratiques, la commune a commencé, comme l'État, par imposer la
propriété immobilière et le commerce, la source
et le véhicule de toute richesse, puis, en tant que
signe de la fortune privée, le loyer de l'habitant.
L'octroi n'est entré en jeu que plus tard, par nécessité, pour faire face aux besoins croissants de la
vie moderne. De fait, l'impôt foncier et les patentes, n'est-ce pas là en matière communale une
sorte de taxation d'après l'intérêt ? La terre, le
bâtiment, la maison de commerce, la fabrique,
n'est-ce pas là ce qui profite le plus de l'ensemble
des services communaux ? C'est la matière imposable par excellence, parce qu'elle paie proportionnellement aux avantages qu'elle retire. L'impôt
mobilier, au contraire, représente d'une manière
plus ou moins approchée la taxation selon les
facultés contributives ; c'est là aussi, avec moins
d'équité encore, le cas des taxes de consommation.
Mais il faut remarquer que les centimes sur l'impôt
mobilier ne représentent guère dans les budgets
communaux qu'un sixième de la totalité des
centimes ou un vingtième des ressources fiscales.

Ainsi, malgré l'octroi, le caractère de spécialisation de l'impôt reste, avec les prestations et les rétributions ou contributions particulières, assez profondément empreint dans la taxation locale en France. En Italie, en Belgique, il l'est plus encore : en Italie, parce qu'il n'y a pas d'impôt mobilier ; en Belgique, parce que les taxes locales de consommation y ont été remplacées par des impôts indirects généraux, et que les taxes de la voirie urbaine et les contributions particulières y sont infiniment plus développées que chez nous. Dans ces trois pays, la taxation directe affecte donc un caractère très net de taxation d'après l'intérêt. Les centimes sur l'impôt mobilier en France, les centimes sur l'impôt personnel avec les cotisations personnelles municipales en Belgique, et en Italie la taxe de famille ou des loyers, sont seuls à représenter le principe de la taxation d'après les facultés, dont relève également l'octroi dans deux de ces États. Entre la Prusse, où, récemment encore, l'élément prépondérant de la taxation communale était dans l'impôt sur le revenu, et l'Angleterre, qui base sur la propriété immobilière tout le système fiscal des localités, le régime de la Belgique, de l'Italie et de la France semble ainsi tenir une sorte de juste milieu.

Angleterre [1]. — Le régime actuel de la taxation

---

[1] Gneist, *Geschichte und heutige Gestaltung der englishen Kommunalverwaltung und des Selfgovernment*, 1863. — P. Leroy-Beaulieu, *L'Administration locale en France et en Angleterre*, 1876. — Fisco et van der Straeten, *Institutions et Taxes locales du*

locale anglaise s'explique par son histoire, et cette histoire se confond, à vrai dire, avec celle de la constitution locale en Grande-Bretagne. Lorsqu'en 1510 Henri VII créa la paroisse civile, en imposant à la paroisse religieuse la charge du service de l'assistance des pauvres, on dut établir sur la propriété immobilière, la seule qui eût quelque importance alors, une taxe spéciale : ce fut la *poor rate*. La taxe de comté ou *county rate*, fondée sous Henri VIII, vint bientôt se greffer sur la première ; elle est aujourd'hui encore répartie par les juges de paix du comté entre les diverses paroisses, et recouvrée dans chacune de celles-ci comme la taxe des pauvres et à titre de supplément. Enfin, dans les villes, la *borough rate* se constitua au fur et à mesure de la concession des chartes d'incorporation, sur le modèle de la taxe des paroisses. Peu à peu nous voyons la *poor rate*, qui avait été originairement créée en vue d'un but particulier et selon un principe spécial, devenir la base et l'unité première de tout le système financier des localités: en effet chaque fois qu'une taxe est établie au bénéfice d'une autorité nouvelle et pour subvenir à un nouveau service, c'est la *poor rate* qui lui sert de modèle, et à laquelle on l'ajoute comme les centimes additionnels des communes s'ajoutent en France à la contribution foncière.

royaume de Grande-Bretagne et d'Irlande, 1863. — *Cobden Club Essays, Local Government and Taxations*, 1875. — W. Rathbone, *Local Administration*, dans *The imperial Parliament.—*J-J.O'Meara, *Municipal Taxation at home and abroad*, 1894. — *Annual Reports of the local government board*, 1891-1892. — *Local Taxation Returns*, 1891-1892.

Un auteur allemand a dit qu'en Angleterre il n'y avait pas moins de vingt-quatre taxes directes sur la propriété au profit des autorités locales. Disons plutôt qu'il n'y en a qu'une, la *poor rate*, laquelle embrasse toutes les autres, et à laquelle il faut joindre depuis quelques années, pour avoir l'ensemble de la taxation locale anglaise, le produit des rétributions perçues par les localités pour services rendus à des particuliers.

Voici, d'après les *local taxation returns* pour l'exercice 1891-1892, le tableau du système fiscal du *local government* en Angleterre :

	£	£	%
Rates......................		28 507 119	85
Droits de place (marchés, etc.).	664 051		
Droits de port, quai, dock, etc.	2 471 939		
Péages sur ponts et bacs.....	101 530	4 663 248	15
Droits divers...............	193 082		
Rétributions, amendes, licences, etc...............	1 232 646		
		£ 33 170 367	

Le montant de ces impôts et taxes représente 62 0/0 seulement des recettes ordinaires des localités ; celles-ci tirent en effet 15 0/0 de leurs ressources brutes des subventions de l'Échiquier et du *local government board*, et 15 0/0 de leurs exploitations industrielles, telles que services d'eau, de gaz, etc. Ce même chiffre correspond à un taux de taxation de 28^{fr},50 par tête d'habitant ; or si, pour la France, nous ajoutons au chiffre de

15^{fr},26, qui est le taux par tête de la taxation communale, celui de 4^{fr},31, qui est celui de la taxation départementale, nous trouvons comme taux moyen de la taxation locale entière le chiffre de 19^{fr},57 seulement.

Les *rates* ou taxes directes sur la propriété immobilière figurent en Angleterre pour 85 0/0 dans le produit des impôts locaux. Si, au point de vue économique, on est fondé à considérer ces taxes comme une unité fiscale, elles se décomposent au point de vue administratif en un grand nombre d'impositions spéciales, dont la diversité est la conséquence du morcellement du pouvoir entre des autorités multiples. Citons les principales. La taxe des pauvres est restée la plus importante par le chiffre de son produit; elle est établie par les *guardians* de chaque union de paroisses, et recouvrée par des *collectors*, qui perçoivent en même temps les impôts généraux. La *borough rate* se répartit dans les bourgs sur les mêmes bases que la taxe des pauvres; les conseils des bourgs ont en outre à leur disposition, en tant qu'autorités municipales, une taxe de police dite *watch rate*. Le comté lève une taxe générale et une taxe de police, qu'il répartit entre les paroisses proportionnellement à leur valeur d'imposition. Toutes les lois d'hygiène locale, depuis le *public health act* de 1848 jusqu'à la grande loi de codification de 1875, ont contribué à augmenter l'importance de la *general district rate*, dont le rendement actuel arrive presque à égaler celui de la taxe des pauvres; l'assiette de cette taxe se distingue de

celle de la *poor rate* en ce qu'elle ne frappe les
revenus des terrains agricoles, des canaux et des
chemins de fer, que pour le quart de leur valeur.
Les *highway rates* sont recouvrées par les *highway authorities*, et ne peuvent dépasser le taux
de 2 shillings et demi par livre de revenu imposable sans le consentement des quatre cinquièmes
des contribuables. Les localités tirent aussi des
ressources assez considérables des taxes d'écoles
(*school rates*), imposées par les bureaux scolaires,
et qui sont recouvrées comme les *borough rates*
dans les bourgs, ou comme la taxe des pauvres
dans les paroisses. Enfin il faut mentionner la
taxe d'église ou *Church rate*, la plus ancienne de
toutes, bien qu'elle ne soit plus obligatoire à
l'heure actuelle, et n'ait produit que 6.000 livres
en 1891.

Toutes ces taxes frappent une même matière
imposable, le revenu de la propriété « immobilière, visible et productive », c'est-à-dire des terres,
des maisons, des dîmes foncières, des houillères,
des bois, des mines et des droits de chasse et de
pêche. Le revenu taxé est le revenu net, soit le
gross estimated rental diminué des frais d'entretien, dont l'évaluation fait l'objet de variations
considérables de paroisse à paroisse. Ce n'est pas
nécessairement le propriétaire qui paye l'impôt,
c'est en principe l'*occupier*, celui qui a la jouissance de l'immeuble: telle est la règle posée par la
reine Élisabeth, très logique à une époque où les
propriétaires résidaient tous, mais qui soulève
aujourd'hui de nombreuses critiques. Bien des

projets de réforme ont été présentés au Parlement anglais sur ce point, depuis le *half-rating system* proposé par M. Goschen en 1871 ; aucun n'a encore abouti. Mais l'usage s'est chargé d'apporter, avec le *compounding system*, un certain tempérament à ce que la loi avait de trop rigoureux : l'impôt des habitations dont le loyer ne dépasse pas un certain chiffre, variable suivant les localités, frappe le propriétaire, qu'il occupe ou non l'immeuble taxé, et se calcule en conséquence sur une valeur contributive réduite dans une certaine proportion. Cette demi-mesure, qui n'a pas un caractère général et obligatoire, est d'ailleurs fort insuffisante en pratique.

A côté des *rates*, la taxation locale anglaise n'admet autre chose que des rétributions spéciales (*duties*, *fees*), imposées aux particuliers comme compensation des services à eux rendus par les autorités locales, ou pour prix de location ou d'usage d'établissements organisés par elles. Ce sont des droits de place dans les marchés et foires, des droits d'étalage, des droits de port, de quai, de dock, que l'on voit à regret affecter parfois un caractère protecteur ; des péages sur ponts ou bacs, vestiges des anciens *turnpike tolls* ou péages sur routes, qui ont disparu il y a fort peu de temps en Angleterre ; des taxes scolaires, et tant d'autres d'une nature analogue. Ces rétributions ont reçu une assez grande extension en Angleterre, et ce qu'on voudrait voir développer maintenant, ce sont les « contributions locales pour les travaux qui bénéficient spécialement à certaines proprié-

tés », tels que travaux d'assainissement, construction d'égouts, conduites d'eau, etc., c'est, en
d'autres termes, l'application du principe du *pay-
ment for benefit* [1].

Ainsi, la taxation locale est, en Angleterre, complètement séparée et indépendante de la taxation
d'État, de la taxation « impériale », comme on dit
de l'autre côté du détroit. Le système fiscal des
localités s'est constitué en premier lieu ; l'État l'a
respecté, et a cherché pour lui-même les ressources
dont il avait besoin dans les droits indirects, dans
l'*income tax* et dans l'impôt sur les successions.
En second lieu, la taxation locale, bien que spé-
cialisée au point de vue administratif de l'affectation de ses produits, est une au point de vue économique, ne comprenant, auprès des *rates* qui en
sont la base, que des rétributions spéciales pour
services rendus. Enfin, les *rates* frappent exclusivement le revenu de la propriété foncière, c'est-à-
dire de la propriété qui bénéficie le plus des services locaux, celle dont la valeur s'accroît le plus
du fait de ces services : c'est donc véritablement la
taxe unique sur la terre, l'impôt par excellence des
physiocrates ; c'est en même temps une sorte de
taxation d'après l'intérêt.

L'impôt direct, et surtout l'impôt unique, se
prêtent mal à l'accroissement rapide de ressources
dont la progression vraiment effrayante des dépenses locales a fait une nécessité dans nos
sociétés démocratiques ; on devine combien le

---

[1] Voir W. Rathbone, *Local Administration*.

poids des *rates* doit être lourd à la propriété foncière
en Grande-Bretagne. Le rendement net de ces
impôts a augmenté de moitié en vingt ans, de 1873
à 1892; le taux de l'impôt atteint aujourd'hui
18,3 0/0 du revenu net taxé. Il a fallu chercher un
moyen de soulager la matière imposable, et ce
moyen, on a cru d'abord le trouver dans des subventions versées aux autorités locales par le budget de l'État, puis dans l'attribution aux localités
par l'État, sous la forme de dotation, de certains
revenus fiscaux. Par là on a simplement favorisé
la prodigalité des autorités locales sans dégrever
les charges de la propriété foncière. Aujourd'hui tout
le monde s'accorde à reconnaître que la situation
faite à cette dernière est intolérable et injustifiable,
surtout depuis que la réforme récente des taxes suc-
cessorales a égalisé les *death duties* entre la propriété mobilière et la propriété immobilière. On
commence à comprendre que l'avènement de
la démocratie dans le régime local doit avoir pour
conséquence de modifier l'assiette de la taxation,
qu'il n'est pas équitable de faire encore supporter
l'ensemble des charges à la *gentry*, quand celle-ci
a perdu sa prédominance politique. Le commerce
ne profite-t-il pas, comme le terre, de la facilité et
de la sécurité des voies de communication? Une
bonne police, une hygiène publique bien protégée,
une voirie urbaine soigneusement tenue, ne sont-
elles pas des avantages d'ordre public qui intéressent tout le monde, l'ouvrier comme le rentier,
le *yeoman* comme le *landlord?* On arrive alors à
conclure qu'il faut taxer, au profit des autorités

locales, la propriété mobilière comme la propriété
foncière; on demande [1] l'application à l'*income tax*
de centimes additionnels pour les besoins du *local
government*. « Il n'y a pas en ce pays de plus grande
injustice, » disait un jour lord Salisbury dans un
discours prononcé à Exeter, « que le système qui
place sur les propriétaires de la terre et des maisons
la charge des pauvres et de l'éducation des pauvres.
Ce sont là des services auxquels devrait contribuer
toute espèce de richesse. Il n'y a pas de raison
pour que les détenteurs de 750 millions de *consols*
soient complètement déchargés du soutien et de
l'instruction des indigents, et laissent ce soin à
leurs voisins qui sont peut-être moins riches, mais
possèdent de la terre. » Puis, le chef du parti con-
servateur reparaissant sous le financier, lord Salisbury ajoute : « Je sais que cette question est pleine
de difficultés; je sais qu'elle a brisé tous ceux qui
ont voulu la toucher. J'ai peur qu'il n'y ait pas
derrière nous un « courant moteur » suffisant, et
si j'avais sous la main le grand nombre de *yeomen*
que je voudrais créer en ce pays, nous verrions
bien vite le système des *rates* enfin placé sur une
base équitable. »

États-Unis [2]. — Comme en Angleterre, on trouve

[1] Voir par exemple O'Meara, *Municipal Taxation at home and
abroad*, p. 127

[2] J. Bryce, *The american Commonwealth*, 1889. — R.-T. Ely,
Taxation in american States and Cities, 1888. — Dillon, *Municipal
Corporations*, 1881. — J.-J. O'Meara, *Municipal Taxation at home
and abroad*, 1894. — 10th *Census, VII, Report on valuation taxation and indebtedness* (P. Porter).

aux États-Unis d'Amérique l'exemple d'une répartition traditionnelle des impôts et de la matière
imposable entre les autorités locales, d'une part,
et, de l'autre, le pouvoir central [1]. Tandis que les ressources fiscales du gouvernement de Washington
se composent principalement d'impôts indirects, —
on sait même qu'un impôt fédéral sur le revenu a
été récemment déclaré illégal par la cour suprême,
— le système fiscal des États et celui des localités,
qui sont semblables et superposés, présentent un
caractère exclusivement direct, et peuvent être
rapprochés à ce titre de la taxation locale anglaise.
La constitution des États-Unis interdit d'une manière générale aux pouvoirs locaux d'établir des
taxes sur l'importation, l'exportation, ou le ton-
nage; sous ces restrictions, chaque État a organisé lui-même son régime fiscal, la constitution
de chaque État fixant d'ordinaire une fois pour
toutes quel doit être le genre de propriété taxé,
la propriété mobilière, la propriété immobilière,
ou l'une et l'autre. Les villes et les communes ne
possèdent pas de pouvoir propre d'imposition, et
ce pouvoir leur est simplement concédé sous des
conditions précises par leur « charte d'incorporation ». Parfois les constitutions locales ont limité
d'avance l'étendue de cette faculté d'imposition;
c'est ce qu'on peut voir dans l'Alabama, dans
l'Arkansas, où le maximum annuel de taxation est
fixé à un demi pour cent de la valeur de la propriété

---

[1] Il faut seulement entendre ici par pouvoir central le pouvoir
fédéral, et comprendre les États avec les villes (*cities*) et les
communes (*townships*) parmi les autorités locales.

taxée; au Texas, où le maximum normal de 1/4 0/0
est élevé 2 1/2 0/0 pour les villes de plus de
10.000 habitants; dans le Missouri enfin, où l'on a
dressé une échelle proportionnelle à la population de chaque localité. Dans les autres États, la
détermination de ces règles de contrôle préventif
est confiée aux législatures.

Ce qui constitue aux États-Unis le noyau de
la taxation locale, comme font en Angleterre les
rates, ce sont les *assessed taxes* ou taxes directes
de répartition sur le capital. A la, différence des
rates anglais, cet impôt frappe le plus souvent
la propriété mobilière comme la propriété immobilière, et porte sur la valeur vénale de la matière imposable. Chaque ville ou commune détermine chaque année, au commencement de
l'exercice, le montant des sommes dont elle aura
besoin; ce montant est réparti entre les propriétés taxables, dont l'évaluation est faite annuellement par les *assessors* d'après les déclarations des contribuables, ou, à défaut et en cas de
doute, d'après les renseignements personnels que
les répartiteurs peuvent arriver à se procurer. Ces
évaluations sont basées sur le prix « au comptant »,
disent les lois, ou sur le prix « normal », ou sur
la « valeur actuelle en argent », suivant les États;
le revenu des propriétés taxées ne doit jamais
servir de base de calcul. Des bureaux de péréquation (*boards of equalization*) sont chargés de revi-
ser les rôles et d'égaliser les contributions de commune à commune dans un même comté, et de
comté à comté dans l'État.

Le produit des *assessed taxes* perçues par les villes, les communes et les districts scolaires pendant l'année 1880 s'est élevé, d'après le dixième *census* des États-Unis, à la somme de 181.574.168 dollars, ce qui représente un taux de taxation de 15^{fr},30 par tête d'habitant. Rapporté à la valeur vraie des propriétés taxées, ce chiffre fait ressortir un taux d'imposition de 4,16 pour mille. Le montant total des *assessed taxes* perçues par les États et les localités a atteint dans cette même année la somme de 312.750.721 dollars, soit un chiffre de 31^{fr},15 par tête d'habitant, et une proportion de 7^{fr},16 pour mille de la valeur réelle des propriétés imposées. Ces chiffres constituent la moyenne des résultats obtenus dans l'Union; si nous considérons seulement les États de la Nouvelle-Angleterre, le taux d'imposition par habitant s'élève à 44^{fr},50 pour les taxes des seules *municipal corporations*. On voit que, bien que déjà anciens, tous ces chiffres sont de beaucoup supérieurs aux chiffres correspondants trouvés dans les États européens.

Le défaut essentiel du système américain de la taxation locale, c'est que la propriété mobilière, pour la détermination de laquelle les *assessors* ne sont pas suffisamment armés, échappe en grande partie à l'impôt, qui retombe alors sur la propriété foncière, sur le *real estate*. Il est véritablement trop facile de soustraire les valeurs mobilières à la taxe. A New-York, le contribuable n'est pas obligé par la loi de fournir au fisc un état de ses biens. Alors les *assessors* attribuent à chaque contribuable, en l'absence d'une déclaration, un

14

chiffre de fortune approximatif en rapport avec
l'habitation qu'il occupe ; puis, si la taxe est payée
sans difficulté, on surélève périodiquement l'évaluation primitive jusqu'à ce que la victime demande
grâce. Encore cette méthode nouvelle de torture
fiscale ne donne-t-elle que de médiocres résultats.
A part les individus qui ne savent ou ne veulent,
par ignorance ou par conscience, échapper à la
taxe, sont en fait seules imposées aux États-Unis
les sociétés par actions et les personnes morales,
qui doivent fournir des états affirmés sous serment,
et les individus qui ont leurs biens en *trust*, parce
que les banques de *trust* en sont responsables. On
estime à New-York qu'un septième de la propriété
mobilière paie seul la taxe, dont les neuf dixièmes
sont la charge exclusive de la propriété immobilière. Les faits sont les mêmes dans les autres États.

A côté des *assessed taxes*, il faut citer parmi les
impôts des *municipal corporations* aux États-Unis
les *poll taxes*, les *licenses* et les *special assessments*.
Sous le nom de *poll taxes* sont levées dans la plupart des États, sauf dans l'Ohio et le Maryland où
elles sont prohibées, des taxes de capitation qui
forment la condition de la jouissance du droit-de
suffrage. Cet impôt rentre fort mal, par suite du
défaut de moyens de poursuite ; M. Ely rapporte
qu'en Géorgie il n'est intégralement recouvré que
dans un comté, parce que là seulement on pratique
la saisie. On critique assez vivement ces taxes en
Amérique, tant au point de vue social qu'au point
de vue économique. Ajoutons qu'elles donnent lieu
à des faits de corruption fréquents, les divers par-

tis politiques payant d'avance les cotes des *delin-
quents* pour s'assurer de leurs voix ; la Pensylvanie a
récemment aboli la loi qui faisait du paiement de
la taxe une condition de vote politique. Les villes
retirent en général des *licenses* des revenus assez
importants. Dans le Nord, ces licences portent sur
un petit nombre de commerçants, et particulièrement sur les débitants de boissons ; elles produisent
plus de 2 millions de dollars à Chicago. Les villes
du Sud les ont étendues à toute espèce de profes-
sion locale, et ont fait de ces taxes une arme de
protectionnisme urbain ; l'impôt y est très lourd,
surtout pour le petit commerce, il tend à concentrer les affaires et à constituer des monopoles, il
favorise l'émigration hors dès villes où il est établi.
— Enfin voici une dernière catégorie de taxes dont
l'apparition se fait de plus en plus fréquente aux
États-Unis, ce sont les *special assessments*, appelés
aussi *betterment assessments*, taxes spéciales ou
d'amélioration. Ces sortes de contributions sont
fort développées dans les villes pour l'ouverture
et le pavage des rues, les travaux de canalisations
d'eau ou d'égouts, la création de parcs ou promenades publiques, et dans les campagnes pour les
travaux de drainage et d'irrigation. Une partie de
la dépense est imposée soit aux propriétaires riverains, soit, d'une manière plus générale, aux propriétaires qui ont réalisé un bénéfice direct du fait
des travaux exécutés, proportionnellement à la
dimension des façades des maisons, ou à la valeur
du bénéfice reçu ; les lois fixent pour chaque cas
un maximum de taxe. A Baltimore, les deux tiers

des dépenses faites pour l'ouverture des rues sont imposées aux riverains, le dernier tiers restant à la charge de la municipalité. Lorsque la contribution doit être basée sur le bénéfice réalisé, une commission spéciale est chargée de faire l'évaluation des propriétés à taxer avant le commencement des travaux et après leur achèvement. La question de la légalité des *special assessments* a été souvent portée devant les cours suprêmes, qui l'ont toujours résolue par l'affirmative.

CHAPITRE IV

RECETTES COMMUNALES (*suite*)

THÉORIE DU SYSTÈME FISCAL

I

L'esquisse, forcément rapide et grossière, que
nous venons de tracer du régime des impositions
locales dans quelques-uns des grands États con-
temporains suffit à montrer que le système fiscal
des communes est aujourd'hui chose singulièrement complexe et hétérogène. Il comprend nombre
de taxes de formes diverses, centimes addition-

nels, ou impôts spéciaux, et nombre de taxes
d'espèces diverses, impôts sur le revenu, la propriété ou la consommation ; une même taxe n'est
jamais perçue de façon semblable en deux États,
et, dans un pays donné, un même impôt local
s'établit rarement d'une manière bien uniforme.
Chaque budget de commune est à sa façon un
petit musée fiscal, renfermant d'ordinaire beaucoup d'articles de l'ancien temps à côté des produits modernes, lesquels ne sont pas toujours très
supérieurs aux autres. Essayons d'en faire un
classement méthodique. — A regarder au fond des
choses, on voit que les taxes locales, variées de
formes et d'espèces, n'ont pas toutes la même
nature intrinsèque. Ce sont toujours des droits
établis par une autorité plus ou moins souveraine,
mais sur des principes différents ; perçus pour
combler les « manques » budgétaires, mais à des
titres divers. Nous distinguons immédiatement
trois ordres de ces taxes, de même que nous avons
signalé dans les dépenses communales trois ordres
de services. — Ce sont d'abord les impôts proprement
dits, identiques ou analogues à ceux de l'État, en
tout comparables à eux, directs ou indirects, réels
ou personnels : voilà la contribution des citoyens
aux services publics, la charge permanente et
obligatoire imposée par la communauté, soit
locale, soit générale, à tous ses membres, à ses
membres comme tels, et qu'elle cherche à répartir entre eux le plus équitablement possible, selon
les règles de la justice distributive. — En second
lieu, il y a des taxes spéciales perçues par les

localités en échange de services divers rendus à
des particuliers : *Gebühren*, *fees*, *diritti*, que l'on
pourrait chez nous dénommer *rétributions spéciales*. Taxes individuelles, facultatives et privées,
car elles visent nominativement et exclusivement
les particuliers qui réclament de la municipalité
des services qu'ils ne sont pas fondés à en exiger,
et elles pourraient aussi bien être perçues par toute
autre personne pour le même objet : c'est le prix
d'un service rendu qui tombe dans la caisse communale par l'effet d'un contrat synallagmatique et
d'un engagement volontaire. — Enfin, tenant des
deux premiers, voici un troisième ordre de taxes
locales : ce sont les *contributions particulières*
(*Beiträge*) imposées aux propriétaires qui tirent
un bénéfice matériel de l'exécution d'un service
public, de la voirie en particulier. Obligatoires en
droit et en fait, comme les impôts proprement dits
dont elles ne sont qu'un cas, ces contributions
particulières se rapprochent à un autre point de
vue des rétributions : c'est que les unes et les
autres ont pour base immédiate *un intérêt spécial
et privé*. — Tel est, en effet, le trait caractéristique
qui établit entre les impôts véritables d'une part,
et de l'autre les contributions et les rétributions,
une séparation très nette. Phénomène du droit
public, l'impôt découle d'un principe « communiste », le besoin général de la communauté
souveraine ; il se répartit entre les citoyens selon
leurs facultés contributives. Au contraire, rétributions et contributions relèvent du droit privé et
dérivent d'une notion « individualiste », celle de

contrat ; elles représentent l'application d'une idée
d'échange ; c'est la taxation d'après l'intérêt.
Imposition d'après les facultés, taxation d'après
l'intérêt, cette distinction fondamentale n'a d'ailleurs rien de particulier aux finances communales ;
elle se retrouve dans le budget de l'Etat, où
l'impôt fournit un bénéfice net au Trésor, alors
que telle autre taxe n'est faite que pour rembourser
celui-ci d'une dépense volontairement assurée par
lui[1]. Mais si cette coexistence d'un double principe
d'imposition n'a jamais été sérieusement critiquée
pour l'Etat, il n'en est pas de même en matière
communale, et ici la légitimité de chacun de ces
trois ordres de taxes a besoin d'être justifiée,
comme la nécessité pratique de leur combinaison.

La commune remplit des fonctions d'ordre
public : voilà la raison d'être de l'impôt communal.
Ces fonctions se caractérisent en ce que l'existence et le progrès de la société locale en dépendent
tout entiers, que la collectivité des habitants
en est affectée directement, que l'intérêt de chacun y est identique comme la part de chacun dans
la communauté. De ces services publics, il ne
résulte pas nécessairement pour tout le monde un
bénéfice matériel et mesurable, et si l'on a dit que
l'impôt est le prix des services rendus par la communauté aux citoyens, cela ne peut être entendu
rigoureusement que de leur somme totale. L'indigent ne paie pas spécialement pour être assisté,

---

[1] Taxe postale ou télégraphique, taxe de garantie, taxe de
vérification des poids et mesures, et tant d'autres.

l'enfant pour aller à l'école, le propriétaire incendié ou inondé pour être secouru, mais tout le monde paie pour que la voirie soit développée et bien entretenue, pour que la police protège les personnes et les propriétés, pour qu'il soit venu en aide aux pauvres. L'impôt est la dette de tous envers la communauté pour l'exécution des services publics, et cet impôt sera réparti entre tous, non pas également, car l'égalité n'est pas l'équité, mais selon leurs facultés contributives, que l'on considère que le droit et la vérité soient dans la stricte proportion des charges au revenu, ou que la justice réclame une certaine progression. L'impôt proprement dit est légitime dans le budget des communes, comme il l'est dans celui de l'État.

Parmi les grands services publics de la commune moderne, il en est un dont on connaît le caractère particulier et original, c'est celui de la voirie. Tout en ayant l'intérêt collectif pour objet immédiat et exclusif, il procure indirectement et par surcroît à certaines propriétés, aux propriétés riveraines des rues ou chemins, un profit matériel, spécial, et jusqu'à un certain point mesurable. Les propriétaires seront-ils admis à jouir sans condition des plus-values fortuites et gratuites qui sont ainsi conférées à leurs immeubles ? Ne semble-t-il pas juste de les imposer en proportion du bénéfice qu'ils reçoivent ? Il semblera même nécessaire de le faire, pour compenser les frais que le service met à la charge du budget communal ; de là un second ordre de taxation, les con-

tributions particulières. On a révoqué en doute
l'équité de cette taxation spéciale, sorte de partage
de bénéfices, en disant que l'avantage privé qui lui
sert de base n'est ni volontairement requis, ni
librement accepté par les intéressés, mais à eux
imposé par l'arbitraire de l'autorité supérieure.
Mais si l'on songe que ce bénéfice leur est fait
gratuitement, et aux frais généraux de la communauté, c'est-à-dire du contribuable, on admettra
bien en retour qu'il puisse être mis à contribution
pour le service de cette communauté, pourvu que
le chiffre de l'indemnité proportionnelle qu'on
demandera aux propriétaires avantagés soit maintenu dans des limites raisonnables. Les contributions particulières restent, d'ailleurs, un fait spécial aux finances communales, et ne sauraient se
retrouver, non plus que leurs conditions d'application, au budget de l'État.

Enfin, à côté de ses fonctions publiques, la commune a des attributions d'intérêt privé, d'ordre
économique, dont elle possède le monopole naturel,
ou qu'elle assume accessoirement à plus ou moins
juste titre. Services rendus à des particuliers individuellement et qui ne profitent qu'à eux, la collectivité n'y étant pas intéressée; opérations dont le
prix doit être payé par ceux-là mêmes qui en
bénéficient, et par eux seuls, sous peine de léser
tous les autres, qui n'y sont pour rien. Le prix dû
pour un service privé, voilà donc la rétribution
spéciale, dont le contribuable reçoit immédiatement
l'équivalent sous une forme matérielle et productive. C'est une facture dont le montant doit repré-

senter exactement les frais de la fourniture faite,
pas plus, à peine de créer un impôt nouveau, ni
moins, si l'on ne veut faire un cadeau à l'intéressé.
Il n'y a pas ici recette à proprement parler, mais
remboursement de dépense; il n'y a pas accroissement des ressources, mais atténuation des charges.
Rien de plus juste, soit au budget de l'État, soit
en matière communale, que le principe de cet
échange de services entre l'autorité et les individus.

Voici donc, dans les finances communales,
trois ordres de taxation, équitables et légitimes les
uns comme les autres. Entre ces trois ordres de
taxation, entre les deux grands principes dont ils
relèvent, la distinction, très nette en théorie, est
parfois, en pratique, assez délicate à établir. Telle
taxe, la taxe d'abatage par exemple, que l'on
trouve presque dans toutes les villes, et que l'on
est porté à considérer comme le prix d'un service
rendu, peut facilement dégénérer en un impôt
indirect. De même, telle autre, que l'on est habitué
à regarder comme faisant partie d'un système
général d'impôts directs, peut affecter dans certaines circonstances un caractère de taxation
d'après l'intérêt : c'est le cas des impôts réels, en
particulier de l'impôt foncier, si l'on remarque
que la propriété immobilière est celle qui bénéficie
le plus de la masse des services communaux. La
détermination du caractère intrinsèque d'une taxe
communale est souvent ainsi une question d'espèces
et d'appréciation personnelle.

Si chacun des trois ordres de taxes locales est en

soi légitime, la justice veut qu'ils soient combinés entre eux dans les budgets communaux; isolément ils sont insuffisants, et ils ne valent que par leur rapprochement. Nous avons déjà rappelé qu'une certaine école d'économistes allemands avait essayé de faire du principe de l'échange ou de l'intérêt la base unique et exclusive de la taxation locale, en déniant aux communes, simples groupements de l'ordre économique et privé, le pouvoir de lever des impôts proprement dits, lequel appartient à l'autorité publique, et à elle seule. Cette école allemande voulait restreindre le système d'impositions communales aux rétributions spéciales, élargissant, il est vrai, le cercle d'application de ces taxes jusqu'à y faire rentrer les impôts réels, ou tout au moins les impôts fonciers ; de fait, elle tendait surtout à faire condamner, dans les finances locales, l'impôt sur le revenu et les impôts sur les consommations. — Ce n'est que très arbitrairement, à notre sens, qu'une semblable théorie peut faire abstraction des fonctions d'ordre public remplies par les autorités locales de tous les pays à l'heure actuelle. Sans doute, cette doctrine a pu être vraie à certaines époques de l'histoire, pour certaines associations communales, les communautés rurales des siècles passés, par exemple, qui n'exécutaient que des services communs d'intérêt matériel et privé, travaux agricoles, chemins locaux, et qui en répartissaient le prix entre les intéressés selon leur part de jouissance. Mais le nombre et l'étendue des services communaux ont singulièrement augmenté depuis lors, et, sous l'influence de la démocratie, le caractère d'une partie d'entre eux s'est transformé, l'intérêt collectif et public prenant le pas sur l'intérêt privé et commun. Il y a dans les services publics des communes modernes une part d'utilité matérielle ou virtuelle qui est identique pour tous les habitants, et qui les rend obligatoires pour la communauté, parce qu'ils sont indispensables à la conservation de la société locale et à son développement naturel : c'est à quoi correspond l'impôt communal, dont l'absence ferait retomber le poids des services qui profitent à tous sur ceux qui en tirent certains avantages particuliers ou exceptionnels. L'intérêt de tous n'est-il pas le même à ce que les indigents soient secourus, et n'est-ce pas là, à proprement parler, un intérêt public ? Une police sûre et prévoyante, une voirie locale bien entretenue, ne constituent-elles pas un capital commun à l'ensemble des habitants, et dont l'utilité est du même ordre pour le commerçant ou le propriétaire que pour le rentier ou l'ouvrier ? — De fait, le système de l'échange absolu et exclusif dans la taxation locale n'est plus aujourd'hui nulle part en pratique. On pourrait croire qu'il est encore appliqué en Grande-Bretagne, où la propriété foncière, qui avait seule, jusqu'à ces dernières années, la direction et la responsabilité du *local government*, en supportait aussi toutes les charges. Mais l'organisation anglaise des *rates* n'est que le témoignage de la persistance prolongée des idées physiocratiques, et la conséquence du régime aristocratique de l'administration locale.

Le caractère de taxation d'après l'intérêt n'y est qu'approché, et un peu fictif, puisque toutes les taxes ont la même assiette, quel que soit le service particulier auquel leur produit doit subvenir. Enfin, à écouter toutes les plaintes dirigées contre le système anglais, en Angleterre même, on peut penser que l'exemple de nos voisins d'outre-Manche n'est guère tentant pour autrui.

II

Ainsi, il est nécessaire d'associer dans les finances communales les deux principes de l'imposition d'après les facultés et de la taxation d'après l'intérêt. Il faut, pour obtenir une juste répartition des charges locales, assembler au budget de la commune des impôts proprement dits, des contributions particulières et des rétributions spéciales. Dans quelle mesure devra maintenant s'opérer cette combinaison pour être équitable?

Elle s'opérera automatiquement, par une spécialisation rigoureuse de la comptabilité et du budget des communes. La raison d'être de la recette, c'est la dépense ; c'est donc au montant et à la nature de la dépense qu'il faut s'en rapporter pour fixer la nature et le montant des ressources à y appliquer. Lorsque les administrateurs d'un établissement industriel ou d'une compagnie de chemins de fer viennent à hésiter pour savoir si

une dépense donnée doit être mise à la charge de
l'exploitation ou du capital, c'est en examinant le
caractère et l'objet de cette dépense qu'ils résolvent
la question, en recherchant si elle profite et
incombe seulement aux gestions en cours, ou si
elle doit offrir pour l'avenir une utilité permanente.
De même en matière de finances communales :
c'est la nature du service, son intérêt public, privé
ou mixte, l'avantage matériel et spécial qu'il
peut présenter pour certains individus, qui serviront à déterminer sur quelles ressources on doit
couvrir la dépense. Pour cela, il faut avant tout
spécialiser le budget local, il faut individualiser
chaque service en groupant, en mettant en regard
ses dépenses et ses recettes ; celles-là serviront
de critérium à celles-ci. Ainsi, on pourra faire
porter les charges de chaque service sur qui de
droit, intéressés ou contribuables, dans la mesure
de l'équité, et l'on sera à même de s'assurer à tout
moment qu'il n'est pas demandé à l'impôt proprement dit plus qu'il n'est juste, ou plus que leur
dû aux rétributions et contributions spéciales. Les
ressources s'approprieront logiquement aux dépenses ; les unes et les autres se correspondront
toujours exactement.

Telle est, en effet, la méthode suivie plus ou
moins rigoureusement par les administrations
communales de certains pays pour l'établissement
de leur comptabilité. Dans les finances d'États, on
ne s'y conforme que pour le budget de certaines
exploitations industrielles ou de certains services
spéciaux ; le bloc des dépenses est le plus souvent

payé sur le bloc des produits fiscaux, auquel s'ajoute
le revenu de certaines taxes analogues à des rétributions, établies un peu au hasard et sans plan
d'ensemble. Au contraire, en matière communale, le procédé s'impose, car le caractère des
dépenses varie davantage, les services d'ordre
public cèdent, en importance, aux services d'intérêt privé, et le budget représente plutôt « la
comptabilité des dépenses utilitaires d'une réunion
d'habitants syndiqués, que celles des dépenses
administratives d'une véritable autorité publique ».
En Angleterre, le produit de chaque taxe locale
est réservé, par priorité, aux dépenses du service
que la taxe concerne, et si les *rates* ne sont plus
spécialisées dans leur assiette fiscale, ils le sont
encore aujourd'hui dans leur affectation administrative. La plupart des communes de Prusse établissent des budgets séparés pour le service de
l'instruction et celui de l'assistance. En France
même, les revenus de la vicinalité sont spécialisés
dans la comptabilité communale, et il en était
récemment encore de même des ressources de
l'instruction primaire. La méthode a besoin d'être
complétée et généralisée ; précisons quelles en
pourraient être les dispositions pratiques.

La nature des dépenses, avons-nous dit, doit
servir à déterminer la nature des ressources correspondantes. On classera donc les dépenses locales
d'après leur caractère, avec l'évaluation de leur
montant, en faisant figurer séparément au budget
de la commune d'abord les services d'ordre public
ou dépenses générales, puis le service, qu'on peut

appeler mixte, de la voirie avec ses annexes, enfin
les services d'intérêt privé, les dépenses spéciales.
Du coût présumé de chaque service, on déduira
alors le montant des subventions spéciales tou-
chées pour ce service. Les services d'intérêt privé
ou dépenses spéciales devront se couvrir en principe au moyen des rétributions correspondantes ;
les frais de la voirie seront atténués, dans une
proportion à déterminer, par les contributions particulières; enfin le restant de la dépense, représenté par les services publics ou les dépenses
générales, — déduction faite du produit des revenus domaniaux et des dotations ou subventions
générales reçues par la commune, —fera l'objet des
impôts proprement dits, élément final du budget.
Tel était, à peu de chose près, le système préco-
nisé il y a quelques années par M. Adolphe Wagner
en Allemagne [1] ; tel est, à peu de chose près, le
procédé établi pour les communes de Prusse par
la loi récente sur les impositions communales [2].
On ne doit pas chercher là une règle absolue,
mais plutôt un cadre d'ensemble forcément un
peu élastique, le tracé préparatoire d'une ligne
de conduite générale en matière de comptabilité
communale. D'une part, certains services d'intérêt privé ne peuvent pas toujours être défrayés
exclusivement sur le produit des rétributions,
et pratiquement la différence incombera à l'impôt proprement dit ; de l'autre, il peut parfois

[1] *Die Communalsteuerfrage*, p. 22, 31 et suiv.
[2] Voir les articles 2, 3, 4, 9, 54 et 55.

y avoir avantage à percevoir, à l'occasion de certains' services d'ordre public, des taxes d'une
nature, analogue à celle des rétributions. Enfin, le
classement d'une dépense dans la catégorie des
services d'ordre public ou dans celle des services
d'intérêt privé peut donner lieu à des divergences
d'appréciation. Mais, quelles que soient ces incer-
titudes et ces variations, il n'en reste pas moins
vrai qu'une stricte spécialisation des divers cha-
pitres du budget local est l'unique moyen d'assurer, dans la mesure du possible, une juste répartition des charges et une juste affectation des
ressources dans les finances communales.

III

Rétributions spéciales, contributions particulières, impôts proprement dits, voilà donc les trois
grands groupes de recettes fiscales qui figurent
au budget des communes. Dans l'organisation de
ces groupes, dans la constitution de l'ensemble du
système de la taxation locale, il y a un fait primordial et générateur qui exerce une influence
dominante, c'est la quotité même du montant total
des ressources demandées aux impositions. Il est
évident que la valeur d'équité d'un système fiscal
variera pratiquement en proportion de son chiffre
ou de son poids moyen, c'est-à-dire en raison

inverse du montant des dépenses locales, et en raison directe du produit des recettes domaniales et
des subventions. Toute imposition lourde est mauvaise : « Faites-moi des économies, et je vous
ferai de bonnes finances, » pourrait-on dire en
altérant légèrement les termes d'un mot célèbre.
Or c'est précisément l'un des traits caractéristiques
de ce dernier demi-siècle, que, dans tous les pays,
et particulièrement dans les États démocratiques,
le nombre et l'étendue des services communaux
ait grandi démesurément. Aujourd'hui la question
du régime fiscal des communes se résout bien souvent en une question de dépenses communales. Là
où la taxation est modérée, les communes, moins
pressées par le besoin, ont plus de liberté dans
leur politique financière, elles peuvent se constituer un système fiscal plus logique et plus juste,
préférant aux impôts très productifs des taxes plus
équitables et moins vexatoires. En Prusse, par
exemple, les dépenses communales ont toujours
été maintenues dans une limite sagement res-
treinte, et les revenus domaniaux sont assez importants ; le chiffre de la taxation locale, qui était de
8fr,50 par tête d'habitant en 1883, ne doit encore
aujourd'hui dépasser que de fort peu la somme
moyenne de 10 francs [1] ; aussi ne trouvons-nous
dans les finances des communes que fort peu de
traces d'impôts sur les consommations. Mieux

---

[1] Ce chiffre ne comprend, il est vrai, ni les rétributions spéciales,
ni les contributions particulières ; il ne tient pas compte des
taxes perçues pour les associations d'intérêt local assimilées aux
communes (voir p. 159).

encore en Belgique : par suite du développement
du système des dotations et de la modicité des
dépenses, le montant des impositions locales n'y
atteignait, en 1880, que 4^{fr},60 par habitant [1]. Au
contraire les communes italiennes ont des dépenses
assez élevées, et la taxation représente dans leur
budget 82 0/0 des ressources ordinaires, ou un
taux par tête de 11^{fr},03 en 1889 ; l'impôt indirect
est ici nécessaire. Mais c'est en France que la taxation locale est la plus lourde, en raison du développement excessif des dépenses communales ;
elle s'y monte en 1891 à un chiffre de 15^{fr},06 [2]
par habitant, et couvre comme en Italie 82 0/0 du
total des budgets ; en raison de l'exagération même
de l'impôt, le régime fiscal devient très difficile à
établir, il reste empirique, et les localités recourent
nécessairement aux sources de revenus les plus
productives, fussent-elles les moins équitables.
C'est alors le montant excessif des dépenses locales
qu'il faut rendre responsable des défauts du système de la taxation.

RÉTRIBUTIONS ET CONTRIBUTIONS

La taxation d'après l'intérêt représente l'élément
le plus ancien de tous les systèmes d'impositions

[1] Il faut toutefois tenir compte de l'excessive densité de la
population en Belgique.

[2] Pour la France sans Paris, ce chiffre tombe aux environs de
11 francs.

locales. C'était le seul qui, jusqu'à la fin du siècle
dernier, fût en usage dans les communautés rurales,
et, dans les villes mêmes, il avait de longtemps
précédé l'apparition des impôts proprement dits.
De nos jours il a pris un développement inat-
tendu, que justifie d'ailleurs l'accroissement des
services spéciaux rendus par les communes ou
des avantages particuliers conférés par elles aux
habitants ou aux propriétés. C'est la loi prussienne
sur les finances locales [1] qui, la première en Europe,
a donné une réglementation générale de cette
taxation locale d'après l'intérêt, et, tout en rendant obligatoire pour les communes la perception
des contributions et rétributions, a organisé celles-
ci sur des bases logiques et naturelles. Les législations des autres États n'ont pas encore abordé
la question d'ensemble, et se bornent à autoriser
le recouvrement d'un certain nombre de ces taxes,
en fixant parfois des maximums d'imposition ;
aussi ne trouve-t-on d'ordinaire aucune uniformité
parmi les nombreuses applications qui sont faites
de ce principe de taxation dans les budgets locaux
des différents pays.

Nous connaissons le domaine propre des *Contributions particulières :* il y a lieu à « contribution » de la part des propriétaires d'immeubles
qui tirent de l'exécution des travaux de voirie
municipale ou vicinale une plus-value ou un
bénéfice matériel spécial et jusqu'à un certain
point mesurable. La contribution se distingue

---

[1] Loi du 14 juillet 1893.

nettement de la rétribution ; elle est basée sur le profit indirect réalisé par certains propriétaires du fait de l'exécution d'un service public, et ne saurait compenser qu'une partie des dépenses de ce service, alors que la rétribution repose sur l'utilité directe et exclusive d'un service rendu à des particuliers, et doit couvrir la totalité des frais faits par les municipalités.

Dans les campagnes, les contributions particulières revêtent en général la forme de prestations vicinales. C'est en France et en Belgique qu'il a été fait emploi de cette taxe dans les plus larges proportions ; la Prusse, l'Autriche, l'appliquent assez communément, mais dans une mesure moindre, et l'usage tend aujourd'hui à s'en généraliser en Italie. Presque partout, on réserve au contribuable le choix entre la libération en nature ou l'acquittement en argent, et cette alternative est d'ordinaire fort appréciée des cultivateurs ; d'autre part, les subventions industrielles réclamées aux établissements qui dégradent extraordinairement les chemins entretenus, telles qu'on les voit établies en France, se recommandent avec avantage comme annexes des prestations proprement dites[1]. Tandis qu'à l'étranger l'impôt des prestations semble être accepté partout avec une faveur grandissante, il se trouve en France faire l'objet d'attaques perpétuellement renouvelées. On l'accuse d'être un impôt de capitation, alors qu'il renferme dans la taxation des serviteurs,

---

[1] L'usage de ces subventions industrielles semblerait bien devoir être étendu à la voirie départementale et à la voirie nationale.

des animaux et des véhicules, une base évidemment proportionnelle à la fortune des contribuables. S'il est lourd à la classe agricole, celle-ci trouve du moins dans le privilège de l'acquittement en nature une certaine compensation au poids de l'impôt. A la vérité,' le travail fourni par les prestataires est peut-être moins productif que le travail salarié, mais le système des tâches peut remédier à cet inconvénient, tout en permettant à chaque intéressé de choisir dans une certaine mesure son jour et son heure de libération. Enfin, si cet impôt peut historiquement rappeler les corvées de l'ancien régime, il ne présente plus aujourd'hui aucun caractère commun avec celles-ci ; il a pénétré dans les habitudes de la population rurale, et c'est véritablement à lui que la France est redevable du développement de son réseau vicinal. Sa nécessité s'impose plus que jamais en un temps où l'entretien de la voirie apparaît comme l'une des plus lourdes charges des communes rurales, et ce n'est guère qu'à des améliorations de détail que cet impôt pourrait à la rigueur se prêter aujourd'hui.

Dans les villes, les contributions particulières peuvent être perçues comme indemnités de plus-values ou taxes spéciales d'ouverture de voies nouvelles, puis comme taxes d'entretien de voirie, taxes de balayage et pavage, taxes d'égouts et de trottoirs, etc. En ce qui concerne la construction des rues, le procédé américain des plus-values nous paraît supérieur, s'il est appliqué avec justice, au système belge des taxes foncières

spéciales, qui aboutit moins aisément à une
exacte proportionnalité entre l'impôt payé et le
bénéfice réel des propriétaires. En Prusse, la loi[1]
qui oblige simplement les riverains à participer
aux dépenses de construction de rues nouvelles,
et aux frais d'entretien pendant cinq années, ne
précise qu'insuffisamment les conditions d'application d'un principe qui peut d'ailleurs se montrer
excellent en pratique. Nos communes françaises
perçoivent souvent une taxe de balayage, mais
laissent en général les propriétaires riverains des
voies nouvelles jouir à titre gratuit de la plus-value
qui vient s'ajouter tout naturellement à leurs
immeubles. Dans tous les pays, et surtout en
France, il serait fort utile qu'une réglementation
d'ensemble vînt faciliter l'extension, et assurer
l'uniformité de cette espèce spéciale de taxes locales.
La participation de la propriété immobilière aux
dépenses de la voirie doit sans doute être assez
modique pour rester équitable ; néanmoins nous
croyons qu'un grand nombre de villes pourraient
aujourd'hui trouver dans les contributions des
particuliers une compensation notable aux charges
du service, s'il est fait de ce mode de taxation une
application générale, mesurée et juste, et si d'autre
part la propriété foncière n'est pas trop surchargée
par les impôts réels. D'ailleurs, c'est avec raison
que la loi allemande oblige les municipalités,
avant d'entreprendre des travaux qui pourraient
donner lieu à contribution de la part des intéressés,

[1] Loi du 2 juin 1875.

à procéder à une enquête d'ensemble, et à faire approuver leurs plans et devis par l'autorité supérieure. Enfin il est essentiel, comme le prescrit cette même loi, que les taxes perçues soient toujours exactement mesurées aux avantages que chaque participant retire des travaux exécutés.

Plus encore que les contributions particulières, les rétributions spéciales pourraient aujourd'hui donner lieu à une large extension dans les budgets locaux, et c'est ce que réclame, en effet, non seulement l'intérêt budgétaire des communes, mais encore la simple équité dans la répartition des charges entre les habitants. Pour déterminer le champ d'application de ces rétributions, il faut s'en rapporter à leur principe, c'est-à-dire au caractère d'échange des actes dont elles dérivent, et l'on dira ainsi qu'il peut y avoir lieu à rétribution lorsqu'un particulier, qui réclame de l'autorité communale un service d'ordre privé, doit recevoir immédiatement et sous une forme sensible l'équivalent matériel de ce qu'il paie, comme par l'effet d'un contrat tacite et virtuel. On conçoit que l'application pratique de ce principe donne lieu à de grandes variations de pays à pays. Il y a des rétributions que l'on rencontre à peu près partout ; les droits de place dans les marchés et abattoirs, les droits d'actes et de voirie, les droits de pesage et mesurage dans les villes, les droits de concession de sépultures, les droits de consommation d'eau dans les villes. Les taxes d'entrée dans les musées, monuments et parcs sont très répandues, mais non pas tout à fait générales comme les précédentes. Les villes maritimes de Belgique et d'Angleterre ont des droits de port, de quai ou de bassin, qu'il est parfois malaisé de distinguer d'impôts sur les transports ou de droits protecteurs. La question qui fait l'objet des divergences les plus accentuées entre les législations, c'est celle de la rétribution scolaire. Cette taxe disparaît peu à peu de la plupart des pays européens ; mais, sauf en France, en Suisse et en Italie, où la gratuité est légalement imposée aux communes, ce sont les municipalités elles-mêmes qui la suppriment peu à peu avec l'aide financière de l'État; la rétribution scolaire a d'ailleurs subsisté presque partout dans les établissements communaux d'enseignement supérieur ou technique. Quant aux exploitations d'ordre industriel ou commercial gérées à plus ou moins juste titre par les municipalités, la loi prussienne dispose très prudemment à leur égard que le montant des droits perçus devra couvrir au moins les dépenses annuelles, y compris l'intérêt et l'amortissement du capital engagé.

Le développement des rétributions paraît aujourd'hui répondre à une nécessité évidente. Il se recommande non seulement en raison de l'accroissement considérable des services qui peuvent donner lieu à la perception de ces droits spéciaux, mais aussi en vue d'une réglementation plus générale et plus équitable du procédé de taxation en lui-même. Il serait désirable, notamment, que les communes fussent astreintes à fixer autant que possible le tarif des droits de telle façon que le produit vînt compenser exactement les frais d'établissement et d'entretien des services correspondants. C'est la prescription très juste que la législation prussienne a établie d'une manière générale, en ajoutant que le taux des droits pourrait être modéré, si les habitants étaient obligatoirement tenus de profiter des avantages offerts par les communes, ou si les établissements visés intéressaient l'ordre public. D'autre part, il ne faut pas que les rétributions, portées à un taux excessif, se transforment en véritables impôts indirects, où les communes pourraient chercher des ressources nouvelles à affecter à leurs dépenses générales. C'est là ce qu'ont fait certaines communes de Belgique, lorsqu'elles ont rétabli les anciens droits d'octroi sur la viande sous la forme de droits d'abatage surélevés et différentiels, jusqu'à ce qu'une loi du 31 juillet 1889 eût avec raison prohibé cette pratique. Ne pas demander à l'impôt, c'est-à-dire aux ressources fournies par la communauté, une contribution injuste pour des services qui ne profitent qu'à des particuliers sans intéresser la communauté ; ne pas réclamer, d'autre part, plus que le prix de ces services aux particuliers qui les réclament et qui en paient déjà le prix tout entier : voilà la justice.

IMPÔTS

I

Par l'impôt proprement dit les communes cherchent à répartir le plus équitablement pos-

sible entre tous leurs membres la charge des services publics : c'est donc directement la faculté
contributive des citoyens que doit viser l'impôt,
par voie proportionnelle ou par voie progressive,
suivant les doctrines. A cet effet, un impôt unique
sur le revenu, sur le capital, ou sur la terre, est
matériellement insuffisant dans son produit, et
toujours injuste dans son assiette ; il faut, de toute
nécessité, dans le régime fiscal des communes
comme dans celui de l'État, un système plus ou
moins développé d'impôts multiples. Dans chaque
pays, les autorités locales ont le leur, et on trouve
peut-être plus de variété et de diversité dans les
impôts locaux des différents États qu'il n'y en a
pratiquement dans leurs impôts généraux. Nous
avons reconnu comme éléments prépondérants du
système, en Prusse, des taxes sur le revenu coexistant avec des impôts réels, des centimes additionnels avec des impôts communaux spéciaux ; en
France, des impôts réels et un impôt mobilier
ajoutés par voie de centimes aux impôts généraux,
et des octrois ; en Belgique, des centimes sur les
impôts réels d'État ; en Italie, des octrois et une
taxe foncière perçue au moyen de centimes additionnels ; en Angleterre, un impôt immobilier,
pratiquement impôt unique ; aux États-Unis, des
taxes de répartitions sur le capital. Chacun de ces
systèmes s'explique historiquement, répond plus
ou moins aux doctrines économiques et sociales
prépondérantes dans le pays, et satisfait avec plus
ou moins d'exactitude aux exigences financières
des autorités locales.

Il y a, dans le problème de l'organisation de l'impôt communal, un facteur essentiel dont il est impossible de faire abstraction, et dont la connaissance préalable est évidemment nécessaire, c'est le régime des impôts de l'État. L'État et les communes ont en effet devant eux une même matière imposable, tant réelle que personnelle, limitée au territoire national, avec sa population, ses ressources financières et sa richesse économique. De fait, impôts locaux et impôts généraux ne forment d'ordinaire qu'un système unique, complexe, il est vrai, et hétérogène, mais indivisible et nécessairement soumis à une même idée d'ensemble. La politique fiscale de l'État exerce sur celle des localités une influence prépondérante, qui se traduit en matière communale tantôt par voie d'imitation, tantôt par voie d'opposition ; c'est ainsi que les communes prussiennes perçoivent un impôt sur le revenu à l'exemple de l'État, que le *dazio* gouvernemental de l'Italie a donné naissance au *dazio* municipal ; au contraire les autorités locales de la Grande-Bretagne n'ont pas d'impôt indirect dans leur budget, à la différence de l'État anglais, qui tire ses plus gros revenus des droits de consommation. — D'ailleurs, les rapports entre les impôts communaux et les impôts d'État peuvent être de deux sortes. Aux États-Unis et dans certaines parties de la Suisse[1], le système des impôts communaux est identique et superposé à celui des États ou des cantons, en même temps qu'opposé et con-

[1] Argovie, Lucerne, Berne, etc.

traire à celui de l'union ou de la confédération.
Dans 'tous les grands pays européens, le système
des impôts communaux est lié et rattaché au système des impôts généraux ; l'État et les communes
ont des bases d'imposition qui se combinent, se
recouvrent en partie et restent toujours entièrement dépendantes les unes des autres. C'est ce
que réclame, en effet, dans les sociétés avancées,
la complexité du régime fiscal comme la multiplicité des besoins croissants des autorités publiques.
Cette dernière méthode est particulièrement avantageuse, en ce qu'elle permet d'attribuer à certains
impôts, suivant les cas, le caractère local ou le
caractère général, de manière à leur assurer un
maximum de productivité, et à restreindre l'élément irréductible d'arbitraire qu'ils renferment.
On trouve de ce fait un exemple frappant dans la
réforme belge de 1860, par laquelle des octrois
vexatoires, injustes et coûteux, ont pu être trans-
formés en taxes générales de consommation plus
légères et plus équitables.

De ce que le régime fiscal de l'État et celui des
localités sont matériellement unis, il résulte que
l'État a le droit et le devoir de déterminer et de
réglementer les bases d'imposition des communes.
Un même domaine ne saurait comporter plus d'un
maître, et il faut que l'État veille à une juste répartition des charges publiques entre les diverses
branches de revenus, entre les divers modes de la
richesse. On a beaucoup discuté, en Allemagne, pour
savoir si les autorités communales possèdent ou
non un pouvoir indépendant et propre de taxation

(*Finanzgewalt*) [1]. Les villes féodales du moyen âge étaient investies d'un tel pouvoir ; mais, de nos jours, il n'est pas de pays où les autorités locales puissent lever une taxe sans autorisation supérieure, et leur droit d'imposition n'existe réellement que par délégation de l'État et dans les limites fixées par lui. En Angleterre, les *rates* sont l'œuvre de la coutume ou des lois ; aux États-Unis, ce sont les constitutions des Etats qui déterminent les objets de la taxation communale, et fort souvent aussi son taux maximum. Sur le continent européen, les lois, sans imposer aux localités la perception de telle ou telle taxe, règlent d'une façon générale et préalable la nature et la forme des impôts que les communes sont autorisées à établir ; en Belgique, c'est le gouvernement, et non le législateur, qui est chargé d'exercer le contrôle supérieur sur les taxes communales. D'ailleurs, cette réglementation, limitative et non impérative, peut être plus ou moins large. Celle qu'a établie en Prusse la loi du 14 juillet 1893 est particulièrement élastique, respectueuse de la liberté des administrations locales, et susceptible de se plier aux exigences des cas les plus divers. En France, au contraire, rigides et étroites, les dispositions légales n'ouvrent à l'initiative des communes qu'un champ insuffisant, et contribuent ainsi à accroître la surcharge locale déjà si effrayante des impôts réels d'Etat. Il paraîtra sans doute indispensable en

---

[1] Voir, en particulier, Von Bilinski, *Die Gemeindebesteuerung und deren Reform*, p. 124 et suiv.

France d'élargir, dans les villes surtout, le domaine de taxation des autorités communales, de leur ouvrir d'autres sources de revenus que les centimes ou les octrois, et de donner enfin un peu d'élasticité à ce système fiscal que débordent aujourd'hui de toutes parts les nécessités financières.

On a ainsi pu se demander, dans certains pays, s'il n'y aurait pas lieu de diviser une fois pour toutes les bases d'imposition, selon leur nature, entre l'État et les localités, à l'imitation de ce qui se passe dans certaines confédérations, où le Gouvernement fédéral se réserve, en principe, toutes les taxes indirectes sur les consommations, tandis que les États et les municipalités ont la libre disposition des impôts directs sur la propriété. — Il a été souvent question, dans divers États, d'attribuer aux autorités locales, à titre de dotation permanente, la jouissance exclusive des impôts dits *réels*, impôts fonciers et impôt industriel ou commercial, ou de l'un ou de l'autre de ces impôts, l'État gardant pour son compte les impôts personnels ainsi que les impôts indirects. C'est sans doute l'exemple de l'Angleterre qui a inspiré d'abord ces projets de répartition législative de la matière imposable entre les divers organes de l'autorité publique. On sait en effet que là taxation locale anglaise est composée exclusivement de *rates* frappant les revenus fonciers, et que, si l'État perçoit encore aujourd'hui une taxe sur les terres, cette taxe, rachetée en partie par les redevables, ne donne plus qu'un produit minime. En Prusse, une loi récente a consacré la renonciation faite par l'État, en faveur des loca-

lités, à la perception des impôts réels, c'est-à-
dire de l'impôt foncier, de l'impôt industriel et de
l'impôt des mines. En France, la question de la
« communalisation » de l'impôt foncier ou des
contributions directes a aussi été ouverte, sans
que l'état actuel des finances de l'État permette de
la discuter d'une façon vraiment pratique.

Il est certain que, de toutes les formes de la
richesse, c'est la propriété foncière, avec la propriété industrielle ou commerciale, qui profite
proportionnellement le plus, au point de vue matériel, de la masse des services communaux. Nous
ne considérons plus ici les avantages spéciaux et
extraordinaires dont certains immeubles peuvent
bénéficier, par suite de l'exécution de certains travaux de voirie, ouverture de chemins ou de rues,
pavage, construction de trottoirs, et autres analogues, et qui donnent lieu à la perception de contributions particulières. Mais le fait même de
l'agglomération de la population dans les centres
urbains, et cet ensemble de dépenses municipales
qui est destiné à rendre les villes plus habitables
et plus agréables, en y facilitant les conditions de
l'existence, ont pour effet indirect d'y hausser la
valeur vénale ou locative de la propriété foncière
et le chiffre d'affaires du commerce ; il y a là un
Conjunctur Gewinn, une plus-value spontanée
et naturelle, qui profite gratuitement aux commerçants et aux propriétaires, indépendamment
de tout sacrifice de leur part. Dans les communes
rurales, où la terre, et en certains lieux l'industrie,
représentent la forme prépondérante de la richesse,

16

c'est la terre aussi qui, avec l'industrie, bénéficie le
plus des dépenses locales. — Ainsi on a été conduit
à penser que les impôts réels, — impôts fonciers,
impôt commercial et industriel, — doivent constituer proprement le fonds, le noyau du système
fiscal des communes, et que l'État ferait une œuvre
sage en donnant aux localités la disposition
exclusive de ces bases de taxation. A l'appui de
cette manière de voir, on a fait, de plus, remarquer que, dans tous les pays, les taxes communales
sont d'un produit insuffisant eu égard aux besoins
des localités et surtout des villes, dans la situation
actuelle, quand les bases d'imposition sont déjà
largement mises en valeur par l'État, si ce n'est
aussi par les provinces ou départements. Pour
échapper au danger des octrois, n'y aurait-il pas
avantage à ce que l'Etat, au lieu de verser aux
localités sous forme de dotation le produit de certaines taxes générales de consommation, procédé
dont nous avons reconnu les inconvénients [1],
leur abandonnât les impôts réels, ou certains
d'entre eux, en se récupérant lui-même sur les
impôts personnels et les contributions indirectes ?
C'est ce qu'a fait la Prusse en 1893, c'est la réforme opposée à celle que la Belgique a accomplie
en 1860.

Au point de vue des finances de l'État, l'opération rencontre sans doute des difficultés notables.
Si le produit des impôts réels ne présente plus
aujourd'hui aux budgets des grands pays une part

[1] Voir page 151.

des recettes fiscales aussi large qu'autrefois, —
l'importance des impôts indirects ayant grandi,
et les impôts personnels ayant pris une place plus
ou moins étendue dans les finances publiques, —
il serait néanmoins fort difficile, sinon impossible,
à beaucoup d'États européens d'abandonner à
l'heure actuelle les ressources qu'ils tirent de ces
impôts. La Prusse a pu le faire, parce qu'elle a
toujours demandé moins à ces taxes que les autres
États, et laissé davantage aux autorités locales. Il
est fort douteux qu'en France l'État soit enclin à
consommer un semblable sacrifice. D'ailleurs, on
remarquera que la renonciation proposée ne saurait se justifier dans les pays qui, comme le nôtre,
prennent pour base de leur organisation fiscale un
système d'impôts multiples sur les revenus, et
non pas l'impôt global sur le revenu. En pareil
cas, il est de toute évidence nécessaire que l'État,
ne pouvant se contenter d'impôts indirects, continue d'imposer pour son compte les revenus fonciers et commerciaux à un taux proportionnel à
celui des autres natures de revenus.

Envisageons maintenant la question au point de
vue purement communal. Il faut ici se garder de
forcer le caractère de l'imposition selon l'intérêt
au-delà de ce qui est juste, et de faire de ce principe
spécial de taxation la base exclusive du système
fiscal des communes. Sans doute, l'intérêt de la
propriété foncière ou commerciale dans les services
locaux est supérieur à celui de toutes les autres
formes de la richesse, et il est très légitime de la
surtaxer, par rapport à celles-ci, dans une certaine

mesure ; mais la différence n'est que relative, et
il faut laisser une place équitable à la taxation
d'après les facultés. Assistance et instruction, police
et voirie, voilà des services qui, dans leur masse,
profitent directement, sinon exclusivement, aux
personnes, et dont chacun jouit en toute gratuité,
le salarié comme le propriétaire, le rentier comme
le commerçant. A la part d'intérêt public qu'ils
représentent il faut que tout le monde contribue,
chacun selon ses moyens. Or, si l'on taxe exclusivement la propriété foncière, le commerce et l'industrie, on n'atteindra ni le rentier ni le salarié,
si ce n'est par un effet d'incidence regrettable, car
il n'est ni voulu, ni mesuré. Ainsi, le jour où les
communes se verraient, avec les départements ou
provinces, maîtresses des impôts réels, leur régime
financier s'en trouverait sans doute élargi et aplani,
et cela par une mesure d'un ordre très supérieur
au procédé des dotations appliqué en Belgique.
Mais il faudrait alors éviter un péril, qui serait
de faire des impôts réels la taxation unique des
autorités locales ; à côté d'eux, une taxation générale, portant sur la masse des habitants et des
revenus, est nécessaire, qu'on la cherche dans
l'impôt des loyers, l'impôt sur le revenu, ou même
l'octroi. C'est pourquoi la renonciation par l'État à
l'impôt mobilier ou des loyers serait en France
fort désirable, cette taxe représentant la forme la
moins imparfaite de l'impôt communal sur les
facultés contributives. C'est aussi pourquoi il serait
indispensable, lorsque l'abandon des impôts réels
aux localités serait chose accomplie, de veiller au

maintien d'un juste équilibre dans les charges communales. A cet égard, la loi prussienne prend des dispositions très prudentes pour éviter que les communes ne surchargent outre mesure la part proportionnelle de la taxation d'après l'intérêt dans les finances locales [1], et ne dégrèvent plus que de raison celle de la taxation d'après les facultés. On pourrait s'inspirer en France de ces mesures prévoyantes, au jour sans doute éloigné où l'État, se contentant pour sa part d'impôts successoraux et d'impôts indirects, ou bien ayant établi l'impôt général sur le revenu, ferait aux localités locales le sacrifice des impôts réels, replaçant ainsi les finances communales sur des bases naturelles, solides et équitables.

II

Parmi les éléments essentiels des systèmes d'impôts locaux des grands pays européens, il en est un qui jouit d'une importance toute spéciale, ce sont les centimes additionnels, c'est-à-dire les surtaxes proportionnelles établies au profit des autorités locales sur certains impôts directs d'État. Les centimes additionnels ne constituent pas, par eux-mêmes, un impôt d'une nature particulière, mais un simple procédé d'imposition : procédé clair

[1] Voir p. 172 et suiv.

et pratique, car les communes se trouvent profiter
d'une organisation fiscale toute faite, et participer
aux avantages d'ordre, d'exactitude et de sécurité
qui en découlent ; procédé économique, car tous
les frais d'assiette incombent à l'Etat, principal
intéressé ; procédé facile et commode, car, le
produit du centime étant connu exactement ou
approximativement [1], on détermine sans peine
chaque année le nombre qu'il en faut pour équili-
brer le budget. C'est la Prusse qui, de tous les
pays européens, a fait, dans ses finances communales, l'usage le plus large des centimes additionnels ; leur produit représentait, avant la réforme
de 1893, près des trois quarts des ressources fiscales des communes, et ils s'appliquent concurremment à l'impôt sur le revenu, aux impôts fonciers
et à l'impôt industriel et commercial. En Italie,
les centimes fournissent un peu plus du tiers des
impositions et frappent seulement l'impôt foncier ; en France, on sait qu'ils portent sur les cinq
contributions directes, impôts fonciers, impôt des
portes et fenêtres, patentes et impôt mobilier, et
que leur rendement atteint également tout près
du tiers de la taxation locale.

Le procédé fiscal des centimes additionnels a
fait depuis quelques années, dans divers pays et
particulièrement en Allemagne, l'objet d'un certain nombre de critiques, dont quelques-unes
ne manquent pas d'une réelle portée, mais qui
tendent surtout à restreindre d'une manière

---

[1] Suivant qu'il s'agit d'impôts de répartition ou de quotité.

plus précise les conditions d'emploi de cette méthode de taxation. On a dit d'abord que c'était ruiner toute liberté locale et tout *selfgovernment* que d'obliger les communes à greffer leurs impositions sur celles de l'État. Il semble qu'il y ait dans cette manière de voir une exagération évidente ; l'objection ne pourrait valoir, jusqu'à un certain point, qu'au cas où les localités n'auraient à leur disposition d'autres ressources que les centimes pour couvrir toutes leurs dépenses. Invoquant, d'autre part, l'exemple de certaines communes autrichiennes, qui imposent jusqu'à cinq cents centimes sur une même contribution de l'État, on a accusé le système de favoriser la prodigalité des conseils communaux, de prêter à l'abus et de tendre nécessairement à l'exclusivisme dans les budgets locaux [1] ; ce qui n'atteint pas la valeur intrinsèque de la méthode, mais doit seulement mettre les municipalités en garde contre ses excès possibles. Enfin on a fait ressortir [2] ce fait que les surcharges locales ont pour résultat d'accentuer les défauts et les inégalités des impôts généraux, faisant ainsi perdre parfois au procédé même des centimes les qualités d'élasticité qui le recommandent d'autre part : c'est là un défaut très sérieux dont nous n'avons que trop d'occasions d'apprécier les conséquences en France. — En eux-mêmes, les centimes additionnels n'offrent évidemment d'autre intérêt que

[1] Voir Von Bilinski, *Die Gemeindebesteuerung und deren Reform*, p. 196 et suiv.

[2] Voir Adolphe Wagner, *Die Communalsteuerfrage*, p. 28.

celui d'une méthode d'imposition commode et peu
coûteuse, qui, pour cette raison, se voit appliquée
presque partout sur le continent, au moins pour
les contributions directes, dont la matière imposable, fixe et localisée, se prête facilement à une
répartition exacte par commune. Toute leur valeur réside donc dans la valeur même des impôts
auxquels ils s'ajoutent; il faut, pour qu'ils soient
avantageusement applicables, que ces impôts
généraux soient eux-mêmes justes et bien établis.
D'autre part, pour que le mécanisme conserve
son élasticité, il est nécessaire que le principal à
surcharger soit maintenu dans des limites restreintes, et que les communes aient devant elles
une marge de surimposition suffisante. En Prusse,
les impôts réels d'État sont relativement légers,
les centimes locaux, très nombreux, et le poids
total de l'impôt reste supportable ; en Italie, au
contraire, le principal de l'impôt foncier est déjà
lourd, et la surcharge énorme des centimes provinciaux et communaux fait de l'ensemble de la
taxe un véritable fléau pour la propriété immobilière. On sait qu'en France les vices du système
de la répartition, l'abus du nombre des centimes,
les défauts inhérents à un certain nombre de
nos contributions directes, exercent une influence
déplorable sur la valeur pratique et l'utilisation par
les localités du procédé des centimes additionnels.

Ce que cherchent les autorités communales en
empruntant à l'État, par la voie des centimes additionnels, une partie de son organisation fiscale,
c'est toujours le moyen de taxer aussi équitable-

ment que possible les facultés des contribuables.
C'est à quoi elles parviennent avec plus ou moins
de précision, mais assez aisément, quand l'État
possède un impôt général sur le revenu, et consent
à le laisser charger de centimes, comme cela se
passe en Prusse. Aussi, voyons-nous les communes
prussiennes user largement de la liberté qui leur
est donnée à cet égard, trop largement même, car
l'équilibre des impositions locales en est rompu
au détriment de la taxation d'après l'intérêt, ce
qui a contraint le gouvernement à limiter naguère
le droit de surcharge de l'impôt sur le revenu. En
France, nous avons bien un impôt d'État qui vise,
lui aussi, le revenu global des citoyens, mais par
l'intermédiaire d'un signe extérieur : c'est l'impôt
mobilier. Les centimes qui lui sont ajoutés par
les communes représentent donc, dans une certaine
mesure, une taxation locale sur le revenu ; mais
leur rendement est minime par rapport à celui des
centimes sur l'*Einkommensteuer* de Prusse. Dans
les pays, au nombre desquels on doit compter la
France, qui n'imposent pas directement le revenu
dans un impôt global, mais le taxent dans ses
sources ou dans ses signes par des impôts multiples, des *Ertragsteuern*, selon l'expression allemande, les communes se trouvent dans des conditions d'infériorité marquées quant à l'usage des
centimes, par comparaison avec les communes de
Prusse, par exemple, qui ont à leur disposition
un impôt d'État sur le revenu. Il y a en effet toute
une branche de revenus qu'elles n'atteignent pas
et ne peuvent atteindre avec les centimes, et qui

seront exempts ou détaxés par rapport aux revenus fonciers, commerciaux et industriels : ce sont les revenus mobiliers et les revenus viagers, les traitements ou salaires, et le produit des capitaux placés en valeurs, dont le montant, peu considérable dans les campagnes, est d'ordinaire dans les villes bien supérieur au montant des revenus taxés par les impôts réels. Qu'on ne dise pas qu'en frappant la richesse dans sa source, la terre et l'industrie, ou dans son intermédiaire, le commerce, on l'atteint tout entière, car cette manière de voir, juste en théorie, est pratiquement insuffisante devant les complications modernes de la vie économique. Ainsi, dans ces pays-là, il sera moins aisé d'établir un bon système d'impôts locaux, et c'est, à ce point de vue, une infériorité du système des impôts multiples sur les revenus par rapport à celui de l'impôt général sur le revenu. On n'y pourrait remédier qu'en surtaxant dans les finances de l'État ces revenus détaxés dans les finances locales, et encore une telle correction, faite en bloc, ne pourrait-elle être que tout à fait approximative.

III

Les impôts directs, réels ou personnels, qu'on voit ainsi les communes surcharger de centimes additionnels à leur profit, peuvent être et sont en effet parfois établis et perçus directement par les

municipalités elles-mêmes, à titre d'impôts locaux,
en parallèle et en concurrence avec les grands
impôts d'État correspondants. C'est en Allemagne
surtout qu'on a pu voir des exemples fréquents de
cette pratique, par laquelle les localités, au lieu
de subordonner leurs impositions aux impositions
générales, entrent en rivalité avec l'État pour la
mise en valeur de certaines bases de taxation. Le
défaut essentiel et évident de cette compétition de
fiscalité, c'est qu'elle s'exerce aux dépens du contribuable, et que deux impôts coexistant sur une
même matière imposable sont toujours plus vexatoires, plus coûteux et plus lourds qu'un impôt
unique qui les comprendrait tous les deux : elle
ne peut s'expliquer, là où elle existe, que par des
raisons de fait et des conditions spéciales.

Beaucoup de communes de Prusse ont possédé,
à côté de leurs centimes additionnels aux contributions d'État, des impôts réels propres, impôts fonciers traditionnellement conservés depuis l'ancien
régime, impôts industriels et commerciaux établis
en ce siècle par esprit d'opposition à l'égard de la
patente d'État. Elles se servaient de ces impôts
comme de suppléments, pour surtaxer la propriété
foncière et le commerce par rapport à la masse
des revenus frappés par l'*Einkommensteuer* légale
ou locale. Loin de proscrire ces taxes réelles dans
les finances communales, le gouvernement les a
toujours favorisées, car leur développement con-
cordait avec ses projets de renonciation aux impôts
réels d'État en faveur des localités. Seulement la
loi, pour éviter les doubles emplois possibles, a

réglementé avec précision les limites de la matière
imposable dans chaque commune ; elle a décidé de
plus que le produit de ces taxes devrait être affecté
exclusivement aux dépenses du service de la voirie,
qui profitent indirectement à la propriété immobilière, au commerce, et à l'industrie.

En France, il a été fait depuis quelques années,
en conséquence, des projets d'abolition des octrois,
de nombreuses propositions d'établissement de
taxes immobilières communales. On a surtout
réclamé pour les villes la faculté d'imposer la
propriété foncière, soit à la valeur vénale, soit à
la superficie ou au volume des immeubles. La
propriété bâtie pourrait-elle supporter un taux de
taxation supérieur à celui qu'elle paie actuellement [1] ? Cela est fort douteux, et en pareille matière
une chose est à craindre, c'est que toute surcharge
ne soit rejetée en fin de compte par le propriétaire
sur le locataire. D'autre part, cette imposition
ne pourrait se justifier que sur le principe
déjà mis en lumière, à savoir que la propriété
foncière, avec la propriété commerciale, profite
plus que toute autre forme de richesse de la masse
des services communaux ; elle devrait donc, en
toute équité, porter sur le commerce aussi bien
que sur les immeubles. Enfin les bases d'imposition
proposées sont si critiquables, — la valeur vénale
des maisons étant fort difficile à apprécier, la
superficie et le volume n'étant rien moins que
proportionnels à la valeur ou au revenu des

[1] Le taux moyen pour toute la France, centimes compris, ressort déjà à 7,40 0/0 du revenu net.

immeubles, — que l'on pourrait préférer, le cas
échéant, la perception de la taxe par voie de centimes additionnels aux impôts d'État.

L'établissement d'impôts locaux sur le revenu
se heurte partout à des objections d'une extrême
gravité. L'origine de ces impôts, en Prusse, se
trouve dans l'opposition qu'ont toujours montrée
les autorités locales, en ce pays, à l'égard de l'impôt des classes, si inégal dans son assiette, puis
de l'impôt sur le revenu, lequel ne tient compte
d'aucune distinction entre les revenus fondés et les
revenus non fondés[1]. Beaucoup de communes
prussiennes ont voulu établir à leur compte une
Einkommensteuer particulière, plus équitable que
celle de l'État, et dont le tarif serait mieux adapté
tant à leurs besoins budgétaires qu'aux conditions
spéciales de la distribution des fortunes dans les
diverses localités. Ces impôts ne furent jamais
autorisés qu'à titre extraordinaire par le gouvernement, mais, comme il arrive souvent, l'exception devint ici la règle, et les abus qui en sor-
tirent bientôt provoquèrent, dans la loi sur les
finances communales de 1893, une prohibition
absolue de ces taxes pour l'avenir, les taxes existantes ne pouvant elles-mêmes être maintenues
que provisoirement, par autorisation supérieure et
pour des motifs exceptionnels. En Italie la contribution de famille et la cotisation personnelle
en Belgique constituent également des impôts
locaux sur le revenu, à bases incertaines, vagues et

---

[1] C'est ce défaut de l'impôt sur le revenu qui a donné lieu à la
création récente de l'impôt complémentaire sur le capital.

variables. D'une manière générale, on peut dire
que les autorités communales savent trop rarement encore s'élever au-dessus des luttes d'intérêts
ou de classes dans les localités, pour qu'il soit
prudent de les armer d'un instrument de taxation
aussi délicat à manier que l'impôt sur le revenu ;
ses conséquences économiques et sociales peuvent
aussi devenir trop graves, et pour l'établir avec
justice on a trop de peine à éviter à la fois l'inqui-
sition et l'arbitraire. Perçu à titre communal,
l'impôt tend nécessairement à faire sortir les capitaux de la commune, et à les concentrer dans
quelques grandes villes où, par suite de l'accumulation des fortunes, le taux de la taxe est moindre.
Enfin le revenu même est, par sa composition et
son origine, chose variable, et qui échappe à toute
compensation possible dans les limites trop étroites
de la commune. Ainsi, par expérience et par nature,
l'impôt sur le revenu ne peut être qu'un impôt
d'État.

Il y a un autre impôt communal qui, par son
but, sinon par sa forme, peut être rapproché de
l'impôt sur le revenu, c'est l'impôt sur le loyer
d'habitation, qui frappe le loyer comme signe
extérieur du revenu ou plutôt de la dépense
moyenne de chaque contribuable. Cet impôt se
rencontre dans quelques communes de Prusse, où,
comme l'*Einkommensteuer* des localités, il a été
prohibé pour l'avenir par la loi du 14 juillet 1893 ;
il existe aussi en Italie dans un petit nombre de
communes. Trois chefs d'accusation principaux ont
été relevés contre cette taxe, aussi bien dans les

pays où elle est établie par les communes, qu'en
France, où elle est perçue par l'État sous le nom
de contribution mobilière. Tout d'abord on a
observé que, la charge proportionnelle de l'habitation diminuant en raison directe de l'accroissement du revenu, l'équité de l'impôt se trouve faus-
sée dans son principe : on peut redresser facilement
cette erreur initiale en établissant la taxe d'après
un tarif de correction progressif. En second lieu,
l'impôt surcharge les pères de famille par rapport
aux célibataires, et les familles plus nombreuses
eu égard aux familles moins nombreuses : c'est là
encore un défaut évident, mais qu'on peut aisément compenser par une détaxe proportionnelle
au nombre des enfants mineurs habitant avec leurs
ascendants. Enfin on a dit que l'impôt est anti-hy-
giénique, en ce qu'il porte les habitants à se loger
à moindres frais et dans de moins bonnes conditions pratiques : cela est juste; mais c'est là le fait
de tous les impôts sur le revenu ou la dépense,
qui astreignent nécessairement les contribuables à
se réduire. — En sens inverse, il faut voir les avantages de la taxe. Le loyer d'habitation correspond
assez exactement dans chaque localité au montant
de la dépense individuelle, et représente avec une
certaine précision la situation occupée par chaque
habitant dans la vie locale. L'impôt est plus juste
comme taxe communale que comme contribution
d'État, car la valeur des loyers n'est relative et
comparable que dans l'enceinte étroite de la commune ; il tient naturellement compte de la distinction entre les revenus fondés et les revenus via-

gers. Grâce à un tarif progressif, avec une détaxe proportionnelle au nombre d'enfants mineurs, avec l'exemption complète des loyers inférieurs à un chiffre donné, l'impôt peut devenir assez exactement proportionnel aux facultés contributives, tout en restant d'une application facile et précise, et en fermant la porte à tout procédé inquisitorial ou arbitraire. Il constitue, à proprement parler, la forme communale de l'impôt sur le revenu, et paraît être appelé à prendre dans les finances locales un assez large développement.

Enfin l'impôt personnel par excellence, c'est la capitation perçue dans la plupart des villes américaines sous le nom de *poll tax*, et dans quelques communes allemandes sous celui de taxe de jouissance des droits civiques. Ces taxes peuvent se justifier dans les pays démocratiques, bien que le taux en soit uniforme pour tous les habitants, si on les envisage comme la compensation du « droit à l'existence municipale » et la condition du suffrage électoral. Le taux doit en être très réduit ; celui de 1 dollar, qui est le plus fréquent aux États-Unis, serait beaucoup trop élevé dans nos pays. Le produit de ces taxes est forcément minime.

IV

En résumé, les grands impôts directs que nous venons de passer en revue se signalent, en matière communale, par les mêmes caractères généraux qu'ils présentent dans les finances de l'État. Leur productivité est nécessairement limitée et peu élastique, parce que leurs bases sont étroites et déjà mises en œuvre par l'État, et parce que, trop élevés, ils ne rentreraient pas ou ruineraient la matière imposable. Ils sont lourds à ceux qui les paient, pas cela même qu'ils pèsent directement sur la personne ou la propriété. En revanche, ils présentent l'avantage de faire sentir périodiquement aux contribuables le poids réel des services publics. Ils dégrèvent enfin dans une certaine mesure ceux qui vivent de leur salaire. — Les centimes additionnels et les impôts réels communaux fournissent aux budgets locaux des ressources plus ou moins élevées, suivant que les revenus qu'ils visent sont déjà plus ou moins lourdement mis à contribution au profit de l'État et des départements ; ils ne sauraient former en aucun cas la base unique de la taxation locale. Les capitations ne produisent qu'un rendement minime. L'impôt communal sur le revenu est dangereux ; la taxe sur le loyer des habitations peut le remplacer avec avantage, mais, quel que soit le développement dont cette taxe est susceptible dans l'avenir, elle ne fournira jamais elle-même que des ressources restreintes en comparaison des besoins croissants des services communaux. Force est donc à un grand nombre de localités de chercher un complément de voies et moyens, si l'État ne le leur fournit, comme il le fait en Angleterre et en Belgique, sous la forme de dotations, dans des impôts sur les consommations : c'est ce qui est le cas en France et en Italie. .

Le caractère prédominant des impôts sur les consommations, des octrois communaux, par rapport aux impôts directs, c'est leur productivité facile, abondante et naturellement progressive. Le champ de taxation y est plus vaste qu'en matière d'impôts personnels ou réels, et l'accroissement de la consommation se répercute de lui-même dans le rendement des taxes ; les villes peuvent tirer plus aisément de ces impôts des ressources plus considérables. D'autre part, l'octroi est une gêne pour la circulation et le commerce ; il est coûteux à percevoir ; il affecte souvent, quoi qu'on fasse, un caractère protecteur ; surtout il est improportionnel, se basant non sur les moyens, mais sur les besoins des contribuables. Voilà la balance résumée de ses facultés économiques et financières ; elle penche évidemment du côté du passif. — A voir au fond des choses, on trouve pourtant deux facteurs essentiels du problème de la taxation indirecte locale, qui ne figurent pas dans ce bilan apparent, et qu'il est nécessaire de faire entrer en ligne de compte pour avoir la situation vraie : c'est d'abord l'utilité de l'imposition des salaires et des petits revenus dans les pays démocratiques, et c'est en second lieu la nécessité de l'octroi comme conséquence de l'abus des dépenses locales. — Tout d'abord, il paraît indispensable que, là où tout le monde est électeur municipal, tout le monde aussi participe selon ses moyens aux charges des services communaux qui profitent à tous, c'est-à-dire des services publics. Or ceux qui vivent de leur salaire ou d'un revenu très minime ne sont pas, en général, touchés par les impôts sur les immeubles et sur le commerce, — si ce n'est quand l'incidence des taxes en fait retomber une partie sur le locataire, ou l'acheteur, ce qui n'est pas le cas absolu, — et sont exemptés ou fortement détaxés par les impôts personnels [1], une capitation modique étant exceptée dans les pays où elle existe. Les impositions directes sont, ou doivent être, la contribution des gens plus ou moins aisés, et les impositions indirectes, celle de tout le monde ; entre les unes et les autres il y a une balance à établir, de manière que l'inégalité de celles-ci soit compensée par l'inégalité inverse de celles-là. — En second lieu, l'accroissement excessif et irréfléchi des dépenses communales peut arriver à faire de l'impôt local sur les consommations, lorsque les bases de la taxation directe sont déjà surchargées par l'État, et que ce dernier ne vient pas en aide aux communes par la voie des dotations, une nécessité évidente, inéluctable, dont la responsabilité remonte à la prodigalité des autorités locales qui ont voté les dépenses, à la faiblesse du gouvernement qui a dû les contrôler, à l'imprévoyance du législateur qui les a parfois imposées. La question de l'octroi apparaît alors non pas tant comme une question fiscale, mais comme une question de dépenses, d'écono-

---

[1] En France, par exemple, les petits loyers sont le plus souvent exemptés par la contribution mobilière, laquelle affecte dans presque toutes les grandes villes un caractère progressif.

mies ou, de largesses municipales. Le régime démocratique multiplie et développe les services qui profitent à la masse de la communauté, le poids en retombe nécessairement sur cette masse. — De telles considérations ne sont point faites pour atténuer les défauts financiers et économiques des taxes locales sur les consommations, et doivent, au contraire, faire chercher avec plus d'ardeur les moyens d'y remédier ; mais il n'est pas inutile de rappeler le pourquoi et le comment de l'octroi municipal à tous ceux qui lancent périodiquement contre lui les foudres de leurs *Quos ego* déclamatoires.

Actuellement, deux grands pays européens, la France et l'Italie, possèdent des octrois municipaux. Les communes de Prusse n'ont de taxes de consommation qu'à titre tout à fait exceptionnel. Les dépenses locales sont, en effet, modiques en Prusse, les dettes faibles ; par suite d'une exploitation très entendue des bases d'imposition réelle que l'État n'a jamais utilisées lui-même que modérément, et grâce à l'impôt sur le revenu, les localités tirent des contributions directes des sommes plus considérables que partout ailleurs. D'ailleurs, en Prusse même, une réaction se dessine en faveur des droits de consommation dans les finances locales ; la dernière loi sur les finances communales les favorise, et plusieurs villes de l'Allemagne du Sud ont déjà donné l'exemple du rétablissement ou de l'extension des impôts indirects. En Angleterre, les autorités locales ne perçoivent pas de taxes sur les con-

sommations, mais elles reçoivent de l'Échiquier
des dotations annuelles considérables. On sait
enfin que la Belgique a supprimé ses octrois communaux dès 1860, et qu'aujourd'hui le « fonds
communal » représente pour les communes belges
une proportion de leurs ressources ordinaires
qui est presque exactement celle que l'octroi
fournit aux localités en France [1]. On peut
adresser à la réforme belge, qui a d'ailleurs complètement réussi au point de vue matériel, les
deux critiques suivantes. D'abord, en transformant certains droits indirects locaux en taxes
générales de consommation, on a créé ou accru
des droits d'accise sur les vins et bières, ainsi que
les droits de douane sur le bétail et la viande :
or l'accusation d'improportionnalité atteint tout
autant les droits d'accise ou de douane que les
anciens octrois, lorsqu'ils portent sur des denrées
de première nécessité. En second lieu, les communes rurales, qui n'avaient jamais eu d'octrois,
durent cependant se soumettre comme les villes à
l'augmentation des taxes indirectes d'État, et se
trouvèrent ainsi impliquées dans une opération
fiscale qui ne les intéressait que d'une manière
tout à fait indirecte. D'ailleurs, nous avons cons-
taté que le système de la dotation, qui a servi de
base à la réforme belge de 1860, présente de
sérieux inconvénients : à des besoins locaux, il
faut une taxation locale, et il est regrettable, au
point de vue du *selfgovernment* comme à celui de

---

[1] Un peu moins du tiers (en considérant la France sans Paris).

l'économie bien entendue dans les dépenses des localités, de faire jouer à l'État un rôle aussi prépondérant dans les finances communales.

L'octroi italien est à la fois, comme étaient les anciennes taxes allemandes sur le pain et la viande, un impôt d'État et un impôt communal : c'est ce qui explique son extrême généralisation, — 86 0/0 du nombre des communes italiennes ont un octroi, — et les difficultés très graves que rencontrent non seulement une abolition, mais toute réforme sérieuse de l'impôt. On sait que l'octroi italien frappe nombre de denrées de première nécessité, farine, riz, viandes, boissons ; que les tarifs affectent presque toujours la forme de droits protecteurs pour l'agriculture et l'industrie locale ; que, dans les seuls chefs-lieux des provinces, les frais de perception se montent à près de 10 0/0 du produit des taxes. Ce sont là toutes sortes de conditions déplorables pour une répartition équitable des charges locales entre les habitants.

En France, l'octroi n'existe que dans 1.518 communes sur 36.000, soit dans 4 0/0 environ du nombre des communes. On rencontre un assez grand nombre d'octrois dans les bourgs et villages, où leur produit est minime et où ils n'auraient jamais dû être établis. La plupart des communes à octroi taxent les boissons hygiéniques et la viande, souvent le charbon, objets qui présentent un caractère de nécessité indispensable. De plus, le recouvrement par le régime suranné de la ferme fonctionne encore dans

392 communes. Enfin un pouvoir exorbitant est
conféré aux grandes villes; c'est celui d'obliger
les communes-banlieues à se soumettre à l'octroi
pour en mieux assurer la perception.

Les projets de suppression générale et obligatoire des octrois communaux sont à l'ordre du
jour en France, depuis une trentaine d'années.
Aucun d'eux ne s'est jamais présenté dans des
conditions matérielles réalisables, et les chances
de succès de l'opération semblent diminuer au fur
et à mesure que les dépenses locales augmentent et
que la situation budgétaire de l'État se resserre. En
faveur de la possibilité pratique de l'abolition, on a
souvent cité l'exemple de la réforme belge de 1860,
sans songer que celle-ci a été accomplie alors que
le nombre et l'importance des octrois étaient loin
d'être ce qu'ils sont maintenant en France, où ces
taxes produisent 46 0/0 des ressources fiscales des
localités [1]. Il est fort douteux que l'État puisse
faire aujourd'hui en France, à l'égard des communes, ce que la Belgique a fait il y a plus de
trente ans, et, lorsqu'il sera en mesure d'accomplir
un sacrifice, nous croyons que la renonciation à
l'impôt mobilier, ou aux impôts réels, serait une
œuvre beaucoup mieux entendue et plus heu-
reuse pour les finances locales, que l'établissement toujours hasardeux d'un fonds communal
malaisément divisible. D'autre part, supprimer
d'une façon générale l'ensemble des octrois sans
l'aide de l'État paraît être au-dessus des forces

[1] La ville de Paris comprise dans la statistique.

des communes, qui ne sauraient trouver des ressources suffisantes dans les taxes directes complémentaires dont on a proposé d'autoriser la perception ; l'opération ne saurait se faire sans le
concours de l'État pour la réforme des contributions directes et celle des droits sur les boissons.
Enfin on peut se demander si les habitants de certaines villes à octrois bénéficieraient réellement de
la suppression des droits sur tels et tels articles,
en l'absence d'une concurrence suffisante pour
amener une réduction correspondante dans les
prix.

Il semble donc que l'abolition obligatoire des
droits d'octroi soit en France impraticable à l'heure
actuelle. Le jour où une véritable économie régnera
dans les finances locales, et où l'État aura consenti
à faire aux communes le sacrifice de certaines
taxes directes ou indirectes, les octrois pourront
disparaître. Jusque-là il ne faut songer qu'à une
réforme pure et simple, mais à une réforme
sérieuse et efficace, du régime des impôts locaux
de consommation. Tout d'abord, il est essentiel
de limiter rigoureusement le domaine d'application des octrois municipaux aux cas où leur nécessité est manifeste, et où leur productivité peut
être sérieuse, en interdisant aux petites villes et
aux bourgs l'emploi d'un procédé de taxation qui
doit être exclusivement réservé aux villes moyennes
et aux grandes villes. Il faut qu'un contrôle plus
sévère s'exerce sur l'établissement et le renouvel-
lement des droits, de manière à conserver à l'impôt
le caractère d'exception qu'il doit avoir et qu'il

avait, en effet, à l'origine ; il faut, en outre, que
le régime de la ferme disparaisse. On peut et on
doit rendre l'octroi moins lourd aux classes
pauvres, et plus proportionnel, en proscrivant la
taxation des objets de première nécessité, boissons
hygiéniques, viande, beurre, œufs, coke et charbon, et en fournissant aux villes le moyen de se
récupérer sur l'imposition de l'alcool, par exemple,
ou par l'établissement des taxes complémentaires,
telles que licences, taxes sur les terrains à bâtir,
taxes somptuaires, etc., que l'on peut sans inconvénient mettre à la disposition des communes.
Enfin peut-être les droits sur les matériaux
peuvent-ils être remplacés avec avantage par un
impôt sur les constructions et reconstructions, —
c'est ce qui a été fait à Bruxelles, — et les droits
sur les fourrages, par une taxe sur les chevaux.
Procéder par améliorations progressives, favoriser
les atténuations partielles et faciliter les suppres-
sions graduelles, telle nous paraît être la marche
à suivre aujourd'hui à l'égard des octrois communaux en France.

V

A côté des grands impôts directs et indirects
perçus par les localités, les communes peuvent
aussi posséder, et possèdent, en effet, dans certains
pays, des taxes locales complémentaires, dont le

rendement individuel est d'ordinaire assez faible, mais dont le produit d'ensemble est cependant susceptible d'apporter un certain allégement aux charges générales des budgets municipaux.

Voici tout d'abord une taxe évidemment équitable, pourvu qu'on la maintienne dans des limites modérées : c'est la taxe municipale sur les terrains à bâtir. Cette taxe doit être établie, pour être juste, sur le revenu de la valeur moyenne des terrains ; on a proposé, en Prusse [1], de la faire porter sur un revenu fictif proportionnel à celui des immeubles bâtis du voisinage, ce qui paraît excessif. Elle peut fournir quelques ressources dans les grandes villes, tout en remédiant à un état de choses notoirement injuste.

On a souvent demandé au législateur, tant en Allemagne qu'en France, d'autoriser les communes à percevoir des droits sur les successions immobilières et sur les transmissions d'immeubles entre-vifs, ou de concéder aux communes un tant pour cent du produit des mêmes droits perçus par l'État. Ce serait chose possible, à titre de taxation d'après l'intérêt, dans les pays où la propriété foncière n'est pas trop lourdement taxée par les impôts directs, et pour les grandes villes, où la moyenne actuelle des successions et des ventes d'immeubles est à peu près constante. En France, les droits généraux de successions et de transmissions entre-vifs sont déjà trop élevés, comme aussi les impôts fonciers, pour qu'on puisse raisonna-

---

[1] A. Wagner, *Die Communalsteuerfrage.*

blement songer à surimposer encore la propriété immobilière de ce chef.

Il y a peu de chose à dire des impôts somptuaires qui ne peuvent avoir qu'une importance secondaire dans la taxation locale comme dans celle de l'État. Il existe dans presque tous les pays, à titre obligatoire pour les communes, un impôt municipal sur les chiens [1], qui répond surtout à un but de police et dont le produit est d'ailleurs minime. On peut penser que, comme la taxe précédente, la taxe sur les chevaux et voitures, qui se rattache aussi à des règlements de police, pourrait avantageusement constituer une taxe municipale, ce qui est d'ailleurs le cas en Belgique et en Italie ; il y aurait un certain intérêt à la « communalisation » de cette taxe en France au point de vue de l'établissement et de la perception des droits, qui peuvent être mieux assurés par les agents des localités que par ceux du Trésor. L'impôt sur les domestiques existe dans la plupart des villes italiennes et belges, et peut former un complément heureux de la taxe sur les loyers d'habitation. Très justifiables en théorie, et très soutenables au point de vue des finances communales, les taxes somptuaires ne sauraient néanmoins fournir qu'un produit assez restreint aux budgets locaux.

La taxe municipale sur les étrangers, qui existe dans les communes de quelques pays européens, et

---

[1] L'impôt sur les chiens n'est un impôt somptuaire que pour partie. C'est l'inconvénient de toute espèce de classification d'obliger parfois de forcer un peu le caractère des faits pour les faire rentrer dans une catégorie.

qu'on demande à établir dans certaines villes de
France, formerait la juste contre-partie d'une taxe
personnelle municipale. Toutefois cette taxe serait,
dans les grandes villes et les villes d'eaux, plus
vexatoire et beaucoup moins productive que ne
l'est aujourd'hui l'octroi, auquel la population
flottante contribue malgré elle et fort largement ;
elle risquerait, en outre, de faire émigrer les
étrangers hors des communes où elle serait établie.

Un dernier impôt, fort recommandable celui-là,
c'est la licence municipale sur les débitants et les
établissements qui donnent à consommer sur place.
Cette taxe existe assez communément en Italie,
où elle a plutôt l'apparence d'un simple droit de
police ; elle est très développée dans les villes des
États-Unis, lesquelles en tirent des revenus considérables et en font un véritable impôt indirect.
En présence de la progression inquiétante du
nombre des débits, cabarets et cafés dans les
villes, un intérêt supérieur de moralisation et
d'hygiène publique s'attache à la création de ces
licences, dont l'établissement par catégorie, ou
d'après la valeur locative, serait d'ailleurs aisé et
assez exactement proportionnel. Les taux pourraient en être élevés, et le rendement assez considérable dans les villes.

VI

Voici donc, en fin de compte, comment on
pourrait concevoir l'organisation d'un système

fiscal type de commune rurale ou de commune urbaine, sans chercher à poser de principe théorique, de règle absolue, mais à titre de simple indication, et en s'appuyant sur cette donnée pratique qu'il faut nécessairement allier dans les finances locales la taxation d'après l'intérêt à la taxation d'après les facultés, et qu'il est juste de surcharger dans une certaine mesure la propriété foncière et le commerce, qui bénéficient, plus que toute autre forme de richesse, de la masse des services communaux.

Dans les communes rurales, où la terre constitue, avec l'industrie en certains lieux, l'élément prépondérant et presque exclusif de la richesse, la base du régime fiscal doit être l'impôt foncier, accompagné, le cas échéant, de l'impôt industriel, ces deux taxes étant perçues par voie de centimes additionnels aux impôts d'État, ou, à défaut, à titre communal. L'impôt sur le loyer d'habitation et, si l'on veut, une capitation personnelle, représenteraient la contribution de l'ensemble des habitants aux services publics. Aux dépenses de la voirie, les propriétaires fonciers seraient appelés à participer au moyen d'un système développé de prestations vicinales; les rétributions spéciales sont toujours peu nombreuses dans les campagnes.

Dans les villes, le régime se complique. Tout d'abord, il faut une large mise en œuvre du principe des rétributions spéciales, dans le but de faire payer à ceux qui en bénéficient l'ensemble des services communaux d'ordre privé, et une application équitable et mesurée du procédé des contributions particulières en matière de voirie, de façon à imposer les propriétaires d'immeubles en proportion du profit matériel qu'ils reçoivent du fait de ce service. Les impôts proprement dits comprendraient, avec une capitation personnelle, s'il y a lieu, l'impôt sur le loyer d'habitation; pour tenir compte des avantages généraux que la propriété foncière et le commerce tirent de l'agglomération de la population et de la masse des services municipaux, il serait perçu un impôt foncier et un impôt industriel, sous la forme de centimes additionnels aux impôts généraux, ou à défaut comme impôts locaux. Le complément des ressources nécessaires pourrait être fourni par les licences, quelques taxes somptuaires et l'impôt sur les terrains à bâtir ; les villes seules devraient être admises, et à titre exceptionnel, à imposer par l'octroi les spiritueux, les comestibles autres que ceux de première nécessité, et un petit nombre d'objets d'un usage général et facultatif.

Ajoutons que l'abandon des impôts réels par l'État aux autorités locales donnerait une marge appréciable à l'organisation du système fiscal des communes. Toutefois, pour éviter une surcharge excessive de la propriété foncière, industrielle et commerciale, il serait utile, dans l'hypothèse de cette concession, de fixer par voie réglementaire un rapport minimum et un rapport maximum entre les impôts personnels[1] ou assimilés[2] et les impôts indirects.

[1] Impôt sur le revenu et capitation municipale.
[2] Impôt sur le loyer.

Si maintenant nous portons les yeux spécialement sur la France, nous voyons que la réforme
du système de la taxation locale y est liée, d'une
part, à une question d'économies nécessaires dans
les budgets municipaux, et de l'autre à la réalisation d'une double réforme, depuis longtemps atten-
due et concernant le régime des contributions
directes et celui des taxes sur les boissons. Quelles
sont les dispositions qu'il y aurait lieu de prendre
en France pour améliorer dès à présent le système
de nos impôts locaux, et quelles sont, en second
lieu, les mesures qui seraient à recommander le
jour où la situation budgétaire de l'État se trouverait améliorée ?

Dès à présent, il faudrait organiser et rendre obligatoire pour les villes un large système de contributions particulières, et développer en même temps
à leur juste valeur les rétributions spéciales, ces diverses taxes pouvant fournir aux budgets locaux des
ressources qui sont aujourd'hui très imparfaitement
mises en œuvre. En second lieu, la péréquation et
l'amélioration de l'impôt foncier des terres et de
l'impôt mobilier profiteraient aux finances locales
aussi bien qu'aux finances de l'État. Une réforme
graduelle de l'octroi tendant à l'exemption de tous
les objets de première nécessité, à la prohibition
d'un mode de recouvrement suranné, la ferme,
s'impose, en même temps que l'abolition de la
taxe dans tous les bourgs, comme dans les villes où
sa nécessité n'est pas absolue et son remplace-
ment matériellement impossible. Enfin nous voudrions voir autoriser les communes, et principa-

lemcnt les villes, à établir et à percevoir, pour leur
compte et sous contrôle supérieur, un certain
nombre de taxes de complément : licences, taxes
sur les terrains à bâtir, capitations personnelles et
quelques taxes somptuaires.

Le jour où l'État se verrait en mesure de venir
plus ou moins largement en aide aux localités,
nous croyons que le sacrifice le plus profitable, et
en même temps le moins lourd pour le Trésor,
qu'il pourrait consentir à leur égard, serait de
renoncer pour son compte à la contribution mobilière, et de donner aux communes le droit d'établir
à leur profit un impôt sur le loyer d'habitation,
avec échelle de rectification progressive et clause
de réduction proportionnelle pour les familles
nombreuses. L'abandon aux autorités locales des
impôts fonciers et des patentes, — impôts insépa-
rables à notre sens, — ne serait possible dans notre
pays qu'après une réforme radicale du système
des impôts généraux, condition à laquelle il doit
nécessairement rester subordonné.

CHAPITRE V

EMPRUNTS ET DETTES DES COMMUNES [1]

Montant des dettes communales. — Leur répartition entre
les différentes communes du territoire. — Modes et conditions de réalisation des emprunts communaux.

Personnes morales, les communes ont des fonctions à remplir, elles ont un actif, leur domaine,
et des ressources fiscales, les impôts ; personnes
morales, elles peuvent aussi emprunter, contracter
des dettes et avoir un passif.

Pour satisfaire à leur objet social, les communes
ne sont pas obligées, par nature et comme des
entreprises privées, à des immobilisations de capitaux plus ou moins considérables ; leurs reve-

[1] Korösi, *Bulletin annuel des finances des grandes villes*, 1878-
1886. — O'Meara, *Municipal Taxation at home and abroad*, 1894. —
A. Shaw, *Municipal Government in Great Britain*, 1895. — *Situation financière des communes de France et d'Algérie*, 1891. —
A. de Foville, *Les Emprunts d'intérêt local en Angleterre* (*Revue
générale d'Administration*, 1878). *Statistica dei debiti comunali
e provinciali* (*Gazzetta ufficiale del regno d'Italia*, 9 juin 1891). Le
manque de documents statistiques sûrs et détaillés nous a empêché de donner au précédent chapitre l'ampleur que semblait
comporter le programme de l'Académie.

18

nus ne dépendent pas, comme en matière commerciale ou industrielle, d'une mise de fonds
préalable, et le recours au crédit n'est pas la
condition nécessaire de leur existence et de leur
constitution. Produits domaniaux, subventions ou
impôts, les ressources « ordinaires » des communes suffisent ou doivent suffire à pourvoir aux
dépenses courantes d'entretien ou d'exploitation,
aux dépenses ordinaires. Les emprunts et les dettes
n'interviennent qu'à l'occasion des dépenses
extraordinaires d'établissement, dont les revenus
fiscaux ne sauraient couvrir en une fois le capital
entier, pour en répartir la charge sur un plus
ou moins grand nombre d'années ; c'est un moyen
de soulager temporairement la taxation.

Ce n'est pas, dans le régime moderne des
finances locales, un phénomène nouveau que les
dettes communales. Autrefois les guerres et les
impositions royales extraordinaires formaient les
causes principales d'emprunt, les sources les plus
fréquentes du passif des localités. Aujourd'hui,
les communes ne recourent au crédit qu'à l'occasion de dépenses directement reproductives ; la
voirie, l'instruction, les grands services municipaux dans les villes, tels sont à l'heure actuelle
les trois grands chefs d'emprunt dans les finances
locales. Partout en ce siècle, et surtout depuis
cinquante ans, les dettes communales se sont
accrues dans une proportion considérable, très
supérieure à celle qui a marqué l'élévation du
produit des taxes locales, et à peu près parallèle
à celle qui a mesuré l'augmentation des dépenses

dans le même espace de temps. En France, le passif des communes a grossi de moitié en vingt-cinq ans, de 1868 à 1893 ; en Angleterre, il a progressé du tiers en dix ans, de 1882 à 1892. Dans tous les pays, la dette locale représente aujourd'hui quelque chose comme un mal nécessaire, bénin chez les uns, plus grave chez les autres ; c'est à l'heure actuelle l'un des devoirs les plus dignes de l'attention des gouvernements des grands États que de prévenir l'exagération du passif des administrations communales, et d'exercer sur les bilans et le crédit des municipalités un contrôle incessant et sévère.

Le tableau suivant donne, pour quelques grands États modernes, le capital réel de la dette communale avec le chiffre de son montant rapporté au chiffre de la population de chaque pays.

DATES	ÉTATS	CAPITAL DE LA DETTE (francs)	MONTANT PAR TÊTE (francs)
1890	Angleterre [1]	4 966 782 800	180,50
1880	Belgique [2]	581 784 152	105,39
1891	France [3]	3 224 088 832	84,36
1880	États-Unis [4]	3 487 294 305	69,50
1891	France (Paris excepté). . .	1 351 751 861	37,60
1889	Italie [5]	1 037 449 000	36,48

[1] *Local taxation returns.* Ce chiffre comprend l'ensemble des autorités locales.
[2] *Annuaire statistique de la Belgique.* La dotation de l'amortissement est déduite.
[3] *Situation financière des communes.*
[4] *10ᵗʰ Census.* Les fonds d'amortissement sont déduits.
[5] *Bilanci comunali.*

On remarquera que ce tableau ne comprend pas la Prusse. Il a été impossible de connaître le montant exact de la dette locale dans ce pays; mais on peut inférer de l'extrême modicité des sommes payées par les localités pour l'intérêt et l'amortissement de leurs emprunts, que le capital en est assez peu élevé par rapport au capital de la dette des autres États.

De tous les pays européens, c'est l'Angleterre qui a la dette locale la plus considérable. Si, en effet, nous ajoutons en France au montant de notre dette communale celui de notre dette départementale, nous obtenons un chiffre total par tête d'habitant de 98 francs seulement, inférieur de près de moitié au chiffre fourni par la statistique anglaise. Il faut dire qu'en revanche les attributions des autorités locales sont, en Angleterre, beaucoup plus larges, par rapport à celle de l'État, qu'en tout autre pays européen.

Après l'Angleterre, c'est en Belgique que la dette locale est proportionnellement la plus grosse. Le chiffre que nous avons donné dans le tableau précédent pour la Belgique comprend, dans l'ensemble du passif communal, les « dettes anciennes », liquidées en vertu des arrêtés-lois des 30 septembre, 1er novembre 1794 et du 12 janvier 1877 (14.248.915 francs).

En France, le capital de la dette locale est particulièrement élevé à l'heure actuelle. En effet, un grand nombre de communes grevées d'un passif se trouvent aujourd'hui dans la période où les intérêts absorbent la plus grosse partie des annuités, et où, en conséquence, le capital des emprunts ne diminue que très lentement ; d'autre part, de fréquentes opérations de conversion ou d'extension de durée des emprunts ont aussi contribué, en ces dernières années, à accroître le capital de la dette communale. Dans l'ensemble, la dette locale de la France est lourde, bien que relativement inférieure à celle de la Belgique et de l'Angleterre. Si, au lieu de considérer la France entière, nous envisageons la France sans Paris, la charge par tête de la dette communale tombe au taux très modéré de 37^{fr},60 ; la dette de la ville de Paris, qui se monte à 1.872 millions, représente à elle seule plus de la moitié de la dette totale des communes, et correspond à un taux par tête de 798^{fr},20.

Aux États-Unis, le chiffre moyen des dettes communales rapporté à la population, qui est de 69^{fr},50, s'élève considérablement, si l'on envisage spécialement les États de l'Est. Ce taux se monte à 225 francs dans le New-York, à 240 francs dans le Massachusetts, à 155 francs dans le Connecticut.

Des cinq pays que nous avons pu faire figurer dans notre statistique, c'est l'Italie qui a proportionnellement la dette communale la plus faible ; cette dette a d'ailleurs progressé du tiers de 1877 à 1891.

Comment la charge de la dette locale se répartit-elle dans chaque État entre les différentes communes ? Quel est le rapport du nombre des communes endettées au nombre des communes non endettées, et quel est le degré de participation des communes rurales à la totalité du passif des localités ? Les statistiques permettent malaisément de répondre à ces questions, et l'on doit se contenter ici encore des données approximatives fournies pour l'Italie par la *Statistica dei debiti comunali e provinciali*, pour les États-Unis par le dixième *Census*, et pour la France par la *Situation financière des communes en* 1891. En France, le nombre des communes endettées représente, en 1862, 12 0/0 du nombre total des communes; en 1868, cette proportion monte à 36 0/0, en 1877 à 50 0/0, en 1890 à 73 0/0; la progression du nombre des communes grevées d'un passif est près de deux fois plus rapide que celle du montant en capital de la dette locale. En Italie, le nombre des communes endettées représentait, en 1877, 40 0/0, et en 1889 64 0/0 du nombre total des communes du royaume; ces chiffres se rapprochent beaucoup des chiffres que nous avons trouvés pour la France, bien qu'ils restent légèrement inférieurs.

Ces statistiques mettent en relief un fait relativement nouveau dans le régime des finances locales, c'est qu'un grand nombre, et un nombre sans cesse croissant, de communes rurales sont aujourd'hui entrées dans la voie de l'emprunt. Il est incontestable que, par suite du développement des besoins de l'instruction et de la vicinalité, et grâce aux facilités plus ou moins grandes données aux autorités municipales pour les emprunts locaux, ce ne sont plus aujourd'hui les villes seules qui ont une dette, non pas même les seuls

bourgs, mais aussi une grande partie des villages
ruraux et des localités de campagne. Dans tel
département français, l'Eure-et-Loir par exemple,
il ne reste que 1,20 0/0 des communes qui ne soit
pas grevé de dettes; en Italie, dans la province
de Rome, on ne trouve plus que 14 communes
libres de charges sur 227. Il y a là un fait grave,
d'une importance économique considérable, qui
affecte directement le système des finances locales
et le crédit public, et sur lequel l'attention du
gouvernement et des législateurs ne saurait trop
être attirée.

Si la charge relative des emprunts locaux pèse
aussi lourdement, sinon plus, sur les petites communes, en raison de l'exiguïté de leurs ressources,
que sur les villes, la statistique montre cependant
que, dans tous les pays, la dette des villes représente la plus grosse partie du passif des communes, et que, dans cette dette urbaine, le passif
des grandes villes — disons des villes de plus
de 50.000 habitants — tient lui-même la place
la plus large. D'une manière générale on peut
dire que le montant en capital des dettes des communes est assez exactement proportionnel à la
population de ces mêmes communes. En France,
la dette des 246 villes qui ont plus de 10.00 habitants, qui sont chefs-lieux de départements,
ou dont la dette excède 1 million de francs,
représente 84 0/0 de l'ensemble de la dette
communale, et comme elle ne porte que sur
un chiffre de population légèrement inférieur au
quart de la population globale, elle grève cette

population d'une lourde charge en capital de
286 francs par tête d'habitant; au contraire, dans
le reste des communes du territoire, le poids de la
dette ne dépasse pas 17^{fr},50 par habitant. D'autre
part, le passif des villes de plus de 50.000 habitants
correspond à lui seul à 74 0/0 du passif total des communes en France. Aux États-Unis, d'après le *Census*
de 1880, la dette des villes de plus de 7.500 habitants absorbe 85 0/0 de la dette « fondée » des
villes, *townships* et districts scolaires. D'après la
Statistica dei debiti comunali e provinciali, la
dette afférente aux 395 villes d'Italie ayant plus
de 10.000 habitants s'élevait, en 1889, à 81 0/0
de la dette communale italienne, et l'ensemble
de la dette des 63 chefs-lieux de province représentait à lui seul 63 0/0 de cette dette totale. En
Angleterre, le passif des autorités locales se ré-
partissait, en 1891, de la façon suivante : dette
urbaine 92 0/0, dette rurale 1,3 0/0, dette mixte
6,7 0/0. On voit que les statistiques font ressortir partout les mêmes faits avec une similitude
curieuse.

La conséquence immédiate de ces faits, c'est
que, dans tous les pays, la charge de la dette des
grandes villes est très élevée, souvent exorbitante.
C'est ce dont on peut se rendre compte d'après le
tableau suivant [1] :

---

[1] Les chiffres de ce tableau sont extraits: pour la France, de la
Situation financière des communes en 1891 ; pour l'Italie, de la *Statistica dei debiti comunali e provinciali ;* et pour les autres
pays, de l'ouvrage de J.-J. O'Meara, *Municipal Taxation at home
and abroad.*

DATE de la STATISTIQUE	VILLES	MONTANT DE LA DETTE par tête d'habitant (francs)	DATE de la STATISTIQUE	VILLES	MONTANT DE LA DETTE par tête d'habitant (francs)
1891	Paris...........	798	1891	Rouen........	389
1891	Marseille.....	285	1891	Le Havre.....	246
1888	Rome........	398	1888	Naples........	263
1888	Milan.........	272	1888	Gênes........	268
1888	Florence......	245	1888	Bari..........	264
1891	Birmingham..	543	1891	Manchester...	504
1891	Liverpool.....	294	1891	Glasgow......	255
1890	Berlin........	176	1891	Francfort.....	330
1891	Anvers.......	777	1891	Rotterdam....	294
1891	Zurich.......	1150	1891	New-York.....	288
1891	Boston.......	650	1891	Nouv.-Orléans.	320

L'élévation des dettes dans les grandes villes résulte nécessairement et témoigne avec une certaine exactitude des grosses dépenses faites depuis un demi-siècle pour la transformation moderne des grandes agglomérations urbaines. On ne peut contester ni l'utilité du principe de ces dépenses, ni l'obligation stricte qui pèse aujourd'hui sur les municipalités de faire profiter leurs habitants des avantages de salubrité et de commodité que la science et l'hygiène mettent à leur disposition. Néanmoins il faut bien dire que l'exagération des dettes municipales constitue aujourd'hui l'un des dangers les plus graves du régime des finances locales. Si justifiées que soient les exigences multiples de l'édilité nouvelle, il est de toute nécessité de proportionner, dans le budget des villes, les dépenses aux moyens, les charges aux ressources, les engagements aux possibilités; partout il faut savoir distinguer entre les besoins immédiats ou

nécessaires et les besoins contingents ou relatifs
de la vie municipale, et il est d'une mauvaise
administration, d'une gestion imprudente, de surcharger pour des dépenses de pur luxe les facultés
des contribuables. Ce ne sont pas toujours, d'ailleurs, les plus grandes villes, malgré le gros chiffre
de leur passif, dont les finances sont les plus obérées,
car, si elles portent de lourdes charges, elles ont
aussi des moyens plus puissants, et le champ de la
taxation y est plus vaste. Ce sont plutôt de petites
villes, des villes moyennes, qui se sont laissées
entraîner par une ambition mal placée à des dépenses au-dessus de leurs forces, et l'on pourrait
citer en France telle ou telle municipalité qui est
contrainte aujourd'hui de recourir au crédit pour
payer les intérêts de ses dettes. Enfin l'abus de
l'emprunt local n'est pas un mal particulier à la
France ; nombre de villes d'Europe et d'Amérique
sont tombées dans la même tentation, se sont
exposées à des dangers semblables, et partout, sauf
peut-être en Prusse, le contrôle des autorités cen-
trales s'est sur ce point montré inefficace.

Les communes ont en principe, dans chaque
pays, toute liberté pour déterminer le mode de
réalisation de leurs emprunts, pour choisir leurs
procédés de recours aux prêteurs. Presque partout
les pouvoirs publics ont seulement cherché à leur
faciliter ces opérations, à leur procurer le crédit
aux prix les plus favorables, et à faire profiter les
petites communes des avantages dont bénéficient
les villes ; mais ils respectent toujours les préfé-

rences des municipalités, et réservent l'exercice
de leur pouvoir de tutelle pour l'examen des conditions exigées par les créanciers. Les communes
ont à leur disposition des moyens d'emprunt assez
divers. C'est ainsi qu'outre la dette qu'on pourrait
appeler « consolidée », nombre de communes,
même en France, ont une dette « flottante », provenant d'engagements pris par les municipalités
pour le paiement par annuités d'acquisitions ou de
travaux ; en Italie, les emprunts chirographaires,
hypothécaires et en lettres de change représentent
15 0/0 de la dette communale; aux États-Unis, les
dettes flottantes contractées en *bills* et *notes* se
montent à la somme de 250 millions de francs. On
peut ramener à trois les principaux modes d'emprunts locaux en usage dans les grands pays européens : l'emprunt fait au public, l'emprunt fait à
des institutions de crédit et l'emprunt fait à l'État.

L'emprunt public est un procédé réservé aux
villes, on peut même dire aux grandes villes; pour
qu'une municipalité puisse présenter sa signature
sur le marché des capitaux, il faut en effet que
son crédit soit connu et assez large pour attirer la
clientèle. Ces émissions peuvent être faites directement par souscription publique, ou par l'intermédiaire d'une maison de banque qui prend l'emprunt ferme, à option ou à prime. La souscription
publique, opération toujours aléatoire et exigeant
une pratique spéciale que ne possèdent souvent
pas les administrations municipales, est d'un usage
assez rare; le concours d'une maison de banque
donne aux villes toute garantie sur le succès de

l'emprunt, et se montre particulièrement appréciable en ce qu'il permet, le cas échéant, de faciliter l'opération en multipliant les centres d'émission. Les emprunts offerts au public sont divisés en obligations dont le type le plus répandu aujourd'hui, en France, est l'obligation de 500 francs amortissable par tirage au sort en un certain nombre d'années; en Angleterre, les titres sont d'ordinaire de 100 livres sterling; aux États-Unis, les *bonds*, d'une valeur habituelle de 1.000 dollars, sont toujours remboursables à échéances fixes au moyen d'un *sinking fund* ou fonds d'amortissement. Les emprunts contractés en obligations représentent en France 18 0/0 [1], en Italie 58 0/0 du montant total de la dette communale; en Italie, la statistique montre que la proportion de la dette constituée en obligations atteint 76 0/0 de l'ensemble dans les chefs-lieux de province, alors qu'elle ne dépasse pas 24 0/0 dans les autres communes du territoire [2].

La seconde forme des emprunts locaux comprend les emprunts contractés auprès d'institutions de crédit, d'établissements de banque privés. A la différence de l'émission publique, ce procédé d'emprunt est à la portée de toutes les communes, des municipalités rurales comme des villes; il peut présenter certains avantages au point de vue du taux de l'intérêt et de la facilité des négociations. On trouve en Allemagne plusieurs exemples de

[1] La ville de Paris exceptée. *Situation financière des communes en* 1891.

[2] *Statistica dei debiti comunali e provinciali*, 1891.

cette forme d'emprunt. Le *Centralbodenkredit* de Prusse a prêté aux communes, au 31 décembre 1889, la somme de 21 millions de marks, et la *Rheinische Hypothekenbank* a avancé jusqu'à la même date aux communes et aux cercles un million et demi de marks; ces établissements ont émis l'un et l'autre des lettres de gage. Pour que ce procédé d'emprunt communal se généralise dans un pays et qu'il y développe normalement tous ses avantages, il peut être utile que l'État lui donne sa sanction, le réglemente et confère quelques avantages particuliers à certains établissements spéciaux de crédit en matière de prêts locaux. C'est ce qui explique l'extension considérable qu'ont éprouvée, en France, les opérations communales faites par le Crédit Foncier. Si jusqu'en 1878 le capital des emprunts contractés auprès de cet établissement par les communes ne s'est pas monté très haut, en raison de l'exagération du taux de l'intérêt, depuis cette époque au contraire le développement progressif de ce mode d'emprunt a été remarquable, et n'a fait que s'accentuer récemment par l'effet de la suppression de la caisse des chemins vicinaux et de la caisse des écoles. Aujourd'hui les sommes dues par les municipalités au Crédit Foncier représentent 45 0/0 de leur passif total. En Belgique, le Crédit Communal, fondé en 1860, à l'époque de l'abolition des octrois, dans le but de permettre aux communes de se procurer des capitaux en engageant jusqu'à due concurrence leur part annuelle dans le fonds communal, remplit une fonction analogue à celle du Crédit

Foncier de France en matière de prêts locaux.
Les opérations de cette caisse ont reçu une nouvelle extension par suite de la création d'un second fonds communal en 1889.

Dans un troisième système, c'est l'État lui-même
qui vient jouer à l'égard des communes le rôle
de banquier et de prêteur ; il substitue son crédit
à celui des localités, et le fait bénéficier ainsi des
facilités et des avantages dont il jouit sur le marché des capitaux, tout en consentant parfois en leur
faveur des sacrifices personnels plus ou moins
considérables. Ce système d'emprunts locaux peut
être appliqué de deux façons, soit que l'État prête
directement aux municipalités, soit qu'il agisse
par l'intermédiaire d'un établissement spécial.
C'est en Angleterre [1] que l'État s'est fait pour la
première fois le banquier des autorités locales.
Dès 1817, une Commission, dite *Exchequer loan
Commission*, fut créée à Londres dans le but de
développer l'activité locale et d'assurer l'exécution
des grands travaux d'intérêt public par le moyen
d'avances faites à un taux d'intérêt modéré. L'organisation et le caractère de cette commission
furent ultérieurement modifiés par des lois de 1842
et de 1875 ; son nom même fut changé en celui
de *Public works loan Commission*. Aujourd'hui,
composée de seize membres une fois élus par le
Parlement et qui se renouvellent par cooptation
au fur et à mesure des vacances, cette Commission
fait aux autorités locales dûment autorisées des

[1] Voir de Foville, *Les Emprunts d'intérêt local en Angleterre.*

prêts dont le capital ne doit pas dépasser un maximum annuel de 100.000 livres sterling par localité; elle se procure les fonds nécessaires par l'émission de bons du Trésor ou de bons de l'Échiquier, exceptionnellement par la création des rentes ou d'annuités trentenaires. Il est admis en principe que l'État ne doit pas subir de perte du fait de ces prêts, et une loi de 1879 a conféré à la Commission le droit d'élever à tel ou tel chiffre qui pourrait être nécessaire le taux d'intérêt à demander aux localités; de fait, grâce à la modicité du taux d'intérêt des bons du Trésor et des bons de l'Échiquier, les avances ont pu être faites à un taux fort modéré, et cependant l'État a même pu réaliser quelques bénéfices sur ces opérations. De 1817 à 1883, les prêts consentis par la Commission se sont élevés à plus de 50 millions de livres sterling, et il restait dû 28 millions de livres au 31 mars 1883. — C'est à l'exemple de la Commission anglaise des prêts pour travaux publics que le législateur français a créé en 1868 la caisse des chemins vicinaux et, en 1878, la caisse des collèges, lycées et écoles primaires. Le fonctionnement de ces institutions rappelle par plus d'un point le système anglais dont il est limité. Avances faites aux communes par l'État, emprunts à la dette flottante, telles étaient les bases de l'organisation; seulement, à la différence de ce qui se passait en Angleterre, l'extrême modicité du taux d'intérêt exigé des localités, sensiblement inférieur au taux d'intérêt payé sur la dette flottante, rendait les opérations assez onéreuses pour le Trésor. On sait qu'en 1885 les pouvoirs publics renoncèrent pour l'avenir au système des prêts directs ; la liquidation graduelle du deux caisses s'imposa. Enfin l'empire d'Allemagne a lui-même usé pendant quelque temps d'un procédé assez analogue à celui que nous avons vu fonctionner en Angleterre et en France ; une partie du « fonds des invalides » est employée en prêts communaux aux taux d'intérêt de 4 ou 4 1/2 0/0 l'an. — Le système qui fait de l'État le banquier et le prêteur des communes, si avantageux qu'il puisse être pour les localités, ne laisse pas de présenter, au point de vue des finances générales et du crédit de l'État, certains inconvénients ou certains dangers. Appliqué avec mesure et économie comme en Angleterre, il se soutient assez exactement, sauf en ce qu'il accroît les découverts temporaires du Trésor, et encore cet accroissement est-il limité par le fait même que le taux d'intérêt des avances reste assez élevé. Lorsqu'au contraire le taux d'intérêt est abaissé outre mesure, comme il en a été en France, le Trésor se met à découvert de sommes d'autant plus importantes que les demandes d'emprunts se multiplient davantage. La dette flottante grossit démesurément ; responsable à vue de capitaux qu'il a engagés à terme, le Trésor est à la merci d'une crise.

Au lieu d'avancer directement ses fonds aux communes, l'État peut — c'est une seconde méthode — charger un établissement spécial, distinct et séparé du Trésor, doué d'une personnalité indépendante, d'accomplir les mêmes opérations.

La première tentative de ce genre a eu lieu en
France, et c'est en 1838 que l'État a autorisé la
caisse des Dépôts et Consignations à faire des prêts
aux localités sur ses fonds libres. De 1838 à 1852,
jusqu'à l'époque de la création du Crédit Foncier,
la Caisse des Dépôts conserva le monopole de fait
des prêts communaux ; pourtant elle ne développa
pas beaucoup ses affaires en ce sens, et le taux
d'intérêt réclamé aux communes demeura élevé.
Aujourd'hui encore, la nature des opérations de la
Caisse des Dépôts l'oblige à ne pas engager ses
capitaux pour une trop longue durée, et le montant de ses prêts aux localités est resté bien inférieur au montant des opérations de même nature
faites par le Crédit Foncier ; il n'atteint à l'heure
actuelle que 3 0/0 environ de l'ensemble de la
dette communale. La caisse italienne des Dépôts
et Prêts, formée en 1870 par la consolidation des
anciennes caisses régionales, a été chargée, dès
cette époque, de faire des avances aux communes ;
au 31 décembre 1888, le montant des engagements
contractés envers cet établissement par les localités italiennes s'élevait au quart du passif local.
Le système des emprunts communaux faits à un
établissement financier dépendant de l'État offre
moins de risques que le système des emprunts
faits directement au Trésor, parce qu'il est limité
par la force des choses, les établissements consi-
dérés ne pouvant, en général, disposer en faveur
des communes que d'une petite partie de leur
actif. D'ailleurs, il peut offrir aux localités, particulièrement aux petites communes et aux com-

munes rurales, des avantages de sécurité et de commodité qu'elles ne sauraient aisément trouver ailleurs.

La comparaison des conditions générales des contrats d'emprunts communaux dans les divers pays présente de grosses difficultés en l'absence de documents statistiques suffisants, et nous ne pouvons guère faire autre chose ici que de constater le double mouvement qui a porté depuis un quart de siècle les prêteurs, d'une part, à réduire le taux d'intérêt de leurs avances, et d'autre part les communes à allonger la durée moyenne de leurs engagements, en donnant de ces faits des exemples choisis dans les principaux États.

En aucun des pays que nous étudions, les communes ne sont aujourd'hui autorisées à contracter des emprunts perpétuels; leurs dettes sont en général remboursables à court terme. L'emprunt perpétuel constitue l'un des risques, sinon l'un des droits de la souveraineté politique. Or les communes ne sont pas des autorités souveraines; elles ont au-dessus d'elles l'État qui les contrôle et qui leur dénie les pouvoirs qu'il s'arroge à lui-même. Il y a eu en France, sous l'ancien régime, des emprunts locaux perpétuels; ces emprunts ont disparu, abolis par les mêmes autorités qui les avaient créés. Actuellement, les législations n'admettent plus la perpétuité en matière d'emprunts communaux. C'est en Belgique que nous trouvons les durées moyennes des emprunts locaux les plus étendues; les prêts du Crédit Communal

sont consentis d'ordinaire pour une période de
soixante-six ans. En Angleterre, la Commission
des Prêts pour travaux publics fait ses avances
pour vingt années en principe ; les lois scolaires
et sanitaires ont admis des dérogations à cette
règle, et aujourd'hui la période de cinquante ans
est la plus normale. La législation française n'au-
torisait, avant 1878, que très exceptionnellement
la réalisation d'emprunts communaux pour plus
de trente ans; depuis cette époque, les choses ont
singulièrement changé, et, sur 509 emprunts autorisés par les Chambres de 1879 à 1890, 387 avaient
une durée supérieure à trente années et allant jusqu'à cinquante. Aux États-Unis, quelques constitutions ont déterminé, d'une manière générale, la
durée maximum des emprunts locaux, qui est de
vingt ans en Californie, dans le Missouri, l'Idaho
et le Wisconsin, de trente en Pensylvanie; dans
les autres États, les emprunts des villes sont
rarement conclus pour une période de temps
supérieure à trente ans ; il est vrai de dire que
ces emprunts sont, en général, plus faibles dans
leur montant et aussi plus fréquents dans les
villes américaines qu'en Europe.

L'abaissement du taux de l'intérêt en ce siècle
ne pouvait manquer de profiter aux communes et
de leur faciliter les conditions du recours au crédit ; toutefois l'influence de ce phénomène ne
s'est fait sentir que depuis un petit nombre d'années sur les finances locales. En France, le taux
moyen de l'intérêt payé sur les emprunts communaux ne descendait pas au-dessous de 5 0/0

avant 1878 ; une diminution sensible a pu être constatée de 1878 à 1881, et, après un léger relèvement dans les années postérieures, l'abaissement du taux moyen a paru reprendre lentement ; aujourd'hui la Caisse des Dépôts et Consignations demande 4 0/0 l'an aux communes, et le Crédit Foncier 4,20 0/0. En Angleterre, les avances de la Commission des Prêts locaux se font aujourd'hui au taux ordinaire de 3,50 0/0. En Italie, le taux d'intérêt exigé par la Caisse des Dépôts et Prêts, qui est de 5 0/0 en principe, peut être abaissé à 3 0/0 et même à 2,50 0/0 pour les emprunts du service scolaire ou du service sanitaire. Les grandes villes ont partout profité plus tôt que les autres communes, et plus complètement, de la réduction du prix de loyer des capitaux, grâce à la faculté de l'émission publique et à la facilité des conversions ; l'emprunt en 3 0/0 est aujourd'hui le type le plus ordinaire des emprunts publics des villes.

CONCLUSION

Quel est, au point de vue social et politique, d'après les conclusions qui se dégagent de l'étude des finances locales, le caractère constitutif de la commune à l'heure actuelle ? Quelle est aujourd'hui la nature intrinsèque de la société communale ? — Deux doctrines sont en présence. D'après l'une, la commune est un syndicat privé, limité et obligatoire, un groupement de l'ordre économique, essentiellement distinct et différent de l'État : « L'État gouverne, la commune administre. » L'autre voit dans la société locale non seulement une société privée, mais encore une société publique, du même ordre et de la même nature que l'État, mais administrative et locale au lieu d'être nationale et politique. De ces deux thèses, laquelle est justifiée par les faits, laquelle est vérifiée par la critique du régime financier des localités ? — Retraçons dans ses grandes lignes l'évolution suivie par la commune rurale et la ville depuis le commencement des temps modernes jusqu'à l'époque actuelle.

A l'origine de la vie locale, les caractères propres des premiers groupements communaux se ressemblent partout. Partout on trouve dans les cam-

pagnes des communautés agraires ou villageoises
constituées en vue de la culture, où les exploitants
pourvoient en commun à leurs besoins collectifs.
L'indivision des terres cesse de bonne heure en
Angleterre et en France, elle subsiste plus longtemps dans les pays germaniques; les communautés
ne semblent d'ailleurs jouir ni en France ni en
Allemagne des privilèges politiques qui leur sont
dévolus en Grande-Bretagne et dans les Flandres.
Indépendants d'abord et libres, ces groupements
ruraux primitifs sont bientôt absorbés par la féodalité qui les étreint dans le servage, et détruits
par le seigneur, seul propriétaire du sol, seul
gérant des intérêts communs; en France, il semble
qu'ils aient réussi à se maintenir un peu plus longtemps sous l'autorité domaniale, tandis qu'en Angleterre ils subsistèrent encore davantage pour donner
bientôt naissance à la paroisse civile. — La ville,
d'autre part, n'est pas d'abord légalement distincte
du village; elle ne devient une personne morale que
par l'effet des privilèges reçus ou de la charte con-
cédée, et, une fois son droit à l'existence reconnu, elle
s'élève d'un seul coup, en certains pays, jusqu'aux
extrêmes limites de la souveraineté. Les villes
italiennes forment ainsi de véritables États, républiques d'abord, puis principautés; elles en reven-
diquent tous les droits et en remplissent toutes les
fonctions. En Allemagne, en Flandre, dans le Nord
de la France, là où il existe un pouvoir central,
mais impuissant encore, la ville pénètre dans l'organisation féodale, et, comme le seigneur même
contre qui elle s'est soulevée, se saisit d'une part

de la puissance politique. Elle a diplomatie, armée,
justice et police. C'est elle qui pose pour la première fois, en dehors des idées féodales, le principe
du devoir fiscal ; elle fonde l'impôt, l'impôt réel
d'abord, dérivé du droit régalien, puis l'impôt
indirect, enfin l'impôt personnel. C'est elle qui
retrouve la notion du droit public, égarée depuis
le droit romain, comme elle retrouve, dans le cadre
local, la notion de l'État, ouvrant ainsi la voie au
pouvoir central. Ses finances enfin sont des finances
d'État. En Angleterre, dans le Centre et le Midi
de la France, la royauté plus forte maintient plus
serré le lien qui rattache les villes à son autorité :
mais la différence ne réside que dans le degré
d'indépendance, et les municipalités gardent sinon
des pouvoirs d'ordre politique, du moins toutes
les attributions et tous les droits des autorités publiques.

Le moyen âge passe. De bonne heure en Angleterre et en France, plus tardivement en Allemagne,
l'État se constitue, absolu d'abord, fédéral en certains pays, en d'autres national. Comme un organisme naturel, l'organisme politique tend nécessairement à grandir et à se développer, par voie
d'absorption ou par voie de destruction. Partout
la souveraineté se concentre en un être supérieur
et abstrait qui devient de plus en plus quelque
chose de distinct des individus qui le composent ;
exclusiviste par nature, l'État attire à lui toute
l'autorité publique et s'en attribue le monopole.
Il supprime ou s'annexe tous les pouvoirs indépendants ; sauf en Angleterre, où il a toujours été

d'autant plus fort que la féodalité y a eu moins
de prise, l'unité nationale ne peut nulle part se
fonder sans la centralisation. Les villes, comme
naguère les seigneurs, perdent alors tout ce que
l'État gagne ; elles perdent leurs droits politiques d'abord, puis toute l'administration indépendante. Leur asservissement, qui en Allemagne
n'est entrepris qu'au xvᵉ siècle, commence chez
nous avec saint Louis ; dès Louis XIV en France,
sous les Stuarts en Angleterre, et en Prusse après
Frédéric-Guillaume Iᵉʳ, elles ne sont plus que des
agences du pouvoir central. Leurs budgets, leurs
impôts, leurs propriétés, sont aux mains de l'Etat,
qui le plus souvent dilapide les finances sous pré-
texte de les gérer ; les charges et les dettes s'accu-
mulent ; les affaires municipales sont mal faites,
parce qu'elles ne sont pas faites par les intéressés.
— Dans les campagnes, la chute de la féodalité
laisse le champ libre à l'initiative des paysans
pour le soin de leurs intérêts matériels et communs. A l'ancienne communauté traditionnelle et
passive, on voit se substituer l'association privée,
le syndicat local, à titre normal et permanent en
Angleterre et en Belgique, à titre plus ou moins
général en Allemagne et en France. Les paysans
s'unissent pour construire leurs chemins et pourvoir aux travaux d'utilité commune ; ils constituent
dans la paroisse une personnalité distincte, tout
en laissant à l'autorité ecclésiastique le soin des
intérêts moraux et charitables, l'assistance et l'instruction, et au seigneur la protection des personnes et des propriétés. Le pouvoir central

favorise cette résurrection de la vie rurale, qui
ne peut lui porter ombrage, et qui contribue à
ruiner les derniers vestiges du régime féodal.

Avec le siècle présent, la société locale est entrée
dans la troisième phase de sa longue évolution
historique. Centralisé et absolu, l'État tend à s'organiser et à se démocratiser ; une fois l'unité
nationale établie, il reconnaît l'existence des groupements locaux et cherche à les organiser à leur
tour sur des fondements uniformes et démocratiques. Les premières, les villes reçoivent de
l'État leur constitution moderne ; elles s'orga-
nisent sur un principe représentatif, et les bases
électorales de leur gouvernement s'élargissent peu
à peu. Dans les campagnes, la transformation des
institutions locales par la démocratie et la liberté
est plus difficile et plus tardive ; en France, décrétée par les lois, elle a peine à pénétrer dans les
faits et les mœurs ; en Angleterre et en Prusse,
le travail n'a commencé que d'hier. Partout le
cercle d'attributions des autorités locales s'élargit,
partout les dépenses communales progressent sans
limite ; des services nouveaux incombent aux localités, services publics comme l'instruction, l'hygiène
et l'assistance, services d'intérêt privé, comme les
entreprises industrielles dans les villes ; les anciens
services, la voirie entre autres, s'accroissent sans
mesure. Comme les dépenses, les impôts gran-
dissent, frappant non plus les seuls intéressés,
mais l'ensemble des habitants selon leurs moyens.
Les dettes grossissent. Le socialisme local apparaît sur les brisées de la démocratie.

Ainsi, lorsqu'on envisage le caractère intrinsèque de la commune, on peut distinguer trois grandes périodes dans l'histoire du régime local des grands pays européens. La commune rurale a d'abord été une communauté agricole; elle s'est ensuite transformée en une association privée; elle tend en ce siècle à devenir un organisme démocratique. La ville a commencé par être une autorité souveraine et autonome; bientôt elle est tombée sous la sujétion de l'Etat, dont elle n'a plus formé qu'une agence; en ce siècle, elle représente un centre d'administration locale plus ou moins libre et démocratiquement constitué. Aujourd'hui, villes et communes rurales remplissent, avec des attributions d'utilité commune et privée, des fonctions d'ordre public et collectif. A côté des rétributions pour services rendus, elles perçoivent de véritables impôts, qui frappent tous les citoyens selon leurs facultés. Elles exercent sur l'individu un droit supérieur de coercition et de réglementation. Le caractère constitutif de la société locale à l'heure actuelle est donc double. La commune est partout restée ce qu'elle a toujours été, un organe d'intérêt privé; elle est partout devenue ce qu'elle n'était ni toujours ni partout, un organe d'intérêt public. C'est une autorité publique, mais non politique; locale, et non nationale; c'est aussi un groupement économique et privé. De ce double caractère de la commune moderne, de cette nature complexe de la société locale, il y a des conséquences immédiates à déduire, des conclusions à tirer: essayons de le faire.

Toute société qui se propose pour but l'intérêt général d'une collectivité d'individus aspire par nature et de toute nécessité à se gouverner librement, c'est-à-dire par le concours réciproque de chacun des membres de cette collectivité. Ainsi, du jour où la commune moderne a vu sanctionner son caractère d'autorité publique, elle devait tendre fatalement à s'organiser sur des bases démocratiques, c'est-à-dire sur le principe du suffrage universel. Admet-on que la société communale soit d'essence exclusivement privée ? Alors « le suffrage direct et compté par tête est, dans la société locale, une pièce disparate, un engin monstrueux [1] », et l'on doit dire en matière municipale, comme on le fait entre particuliers : « Celui qui paie commande, et en proportion de ce qu'il paie. » Reconnaît-on, au contraire, que la commune est aujourd'hui et par surcroît un groupement d'ordre public, qui satisfait au moyen de l'impôt à des services dont l'intérêt est pour tous, sinon matériellement égal, du moins virtuellement identique ? Alors on pensera que le suffrage universel a, dans la commune moderne, en tant que cette commune représente une autorité publique, autant de raison d'être — ni plus ni moins — que dans l'État, et qu'il découle du même principe de justification. Son avènement dans la constitution locale peut être plus ou moins hâtif, plus ou moins tardif, mais il est inévitable. On peut le

---

[1] H. Taine, *Les Origines de la France contemporaine. Régime moderne*, I, p. 401.

précipiter, on peut l'entraver, on ne peut l'empêcher. De fait, il n'y a encore à l'heure actuelle,
en Europe, que deux pays où la représentation
communale repose légalement sur le suffrage
universel : c'est que la naissance de la démocratie
dans le régime local ne peut que suivre, et ne
saurait précéder, son apparition dans l'État. Partout du moins, l'électorat communal s'est singulièrement élargi depuis le commencement du
siècle ; en Angleterre, la doctrine du « one man
one vote » est aujourd'hui matériellement réalisée,
et les communes italiennes ont dès à présent un
corps électoral presque aussi étendu que le nôtre.
— Mais si le régime de la démocratie locale tend
ainsi à s'imposer de plus en plus comme un phénomène nécessaire et fatal, qu'il peut être permis de
regretter, non pas d'éviter, on doit du moins tâcher
de l'adapter le mieux possible au but poursuivi,
c'est-à-dire le plier aux conditions d'un gouvernement local juste et sain. Par la force des choses, le
fonctionnement efficace de ce régime rencontre à
son origine des obstacles très graves. C'est un
apprentissage long et pénible que celui du *selfgovernment* démocratique, et une étape intermédiaire s'impose ici, c'est la centralisation qui a
pour but et pour justification d'aider à cet apprentissage, et dont les Anglais et les Allemands commencent maintenant à comprendre, après nous et
à notre exemple, l'évidente bien que regrettable
nécessité. *Il faut que cet apprentissage se fasse.*
Associer un plus grand nombre d'individus à la
gestion des intérêts communs, pour créer le per-

sonnel nécessaire au gouvernement local ; développer l'esprit public et le sentiment de la solidarité sociale, séparer les affaires administratives des affaires politiques, et par là les politiciens des administrateurs, afin d'instruire et de former ce personnel ; assurer la responsabilité effective des représentants des intérêts collectifs ; corriger et améliorer le régime improportionnel et arbitraire du suffrage égal et direct ; en un mot, régler le fonctionnement de cette machine, qui est la démocratie locale, en lui faisant produire le meilleur résultat possible avec le moins possible de pertes de forces vives et le moins possible d'accidents : voilà, à l'heure actuelle, le devoir qui s'impose. Il est malaisé, mais il est essentiel.

L'avènement de la démocratie dans la société locale témoigne et résulte du caractère d'ordre public de la commune moderne. Mais cette commune n'est pas exclusivement une autorité publique, elle est subsidiairement une association d'ordre économique et privé. En même temps qu'une collectivité de citoyens, elle représente un syndicat de particuliers unis pour la gestion de certains intérêts matériels : elle a charge de services privés comme de services publics. Des deux faces de la société locale, le régime démocratique reflète et éclaire l'une, tandis que l'autre reste dans l'ombre. Il met en lumière le caractère public de la commune moderne, tire toutes ses conséquences et escompte tous ses résultats ; il néglige et efface le caractère privé de cette même commune, qui est le principal dans la vie pratique,

et qui disparaît absorbé par le premier, noyé dans
le suffrage universel. L'équilibre est rompu entre
les deux principes dont relève l'autorité communale, entre l'intérêt public et les intérêts privés.
Ces intérêts privés, qui ont été tout et ne comptent
plus pour rien dans les institutions locales, la
démocratie communale, organisée sur la base et
en vue de l'intérêt public, ne saurait en effet les
comprendre, ni les gérer, moins encore y satisfaire ; elle les anéantit ou elle les absorbe. De là
les abus, les contradictions et les vices dont
l'étude des finances communales montre la gravité
dans l'administration locale ; de là l'accroissement
des dépenses, favorisé par tous ceux qui en bénéficient sans en payer leur part, la prodigalité et la gratuité dans les services, l'exemption ou la détaxe
du plus grand nombre dans l'impôt, l'inégalité
de la répartition des charges communes et particulières, l'*empirisme* budgétaire et le socialisme,
c'est partout en un mot l'oppression des intérêts
privés par l'intérêt public, la tyrannie de la collectivité à l'égard des individus.

Cette rupture d'équilibre, avant de se mani-
fester dans la société locale, s'était déjà produite,
et pour les mêmes raisons, dans l'État, dans la
société centrale. C'est en effet par l'État qu'a
commencé, aux temps modernes, le développement progressif du communisme, de la *Gemeinwirtschaft*, comme on dit en Allemagne. Partout,
en Europe, l'État est devenu de plus en plus
une abstraction réalisée, quelque chose de supérieur et d'étranger à la somme des individus dont

il est fait, un maître souverain et absolu, dont les intérêts personnels sont le plus souvent opposés à ceux des particuliers qu'il représente. Le mal peut être moindre dans les pays plus jeunes et à moindre centralisation, aux États-Unis d'Amérique par exemple, où l'État n'est pas souverain, où l'État, premier citoyen de la nation, reste soumis comme les autres à l'autorité judiciaire. Dans la société locale, le mouvement n'est pas non plus aussi prononcé que dans la société centrale, pas aussi avancé que dans l'État, car la commune est, malgré tout, demeurée jusqu'à présent une personne plus naturelle et plus réelle que l'État, étant plus près de l'individu, intéressant davantage sa vie quotidienne, embrassant un moins grand nombre de ses intérêts publics et un plus grand nombre de ses intérêts privés. Là même pourtant, l'organisme démocratique devait fatalement tendre à détruire ou à s'assimiler tout ce qu'il avait autour de lui, pour régner seul en souverain. Là aussi, il a engendré fatalement la tyrannie irresponsable des majorités, l'arbitraire et le despotisme de la collectivité envers ses membres, l'antinomie entre les droits de tous et les droits de chacun. C'est là surtout qu'il faudrait aujourd'hui rétablir l'équilibre rompu et mettre un contrepoids au pouvoir absolu de la souveraineté publique.

Ce contrepoids opposé au suffrage universel, le régime de la centralisation autoritaire, qui partout étaie la démocratie locale à sa naissance, pourrait et devrait le donner. Par le contrôle des budgets communaux, par la surveillance exercée

sur l'administration locale, le gouvernement central pourrait et devrait prévenir ou punir toute
atteinte portée aux droits des individus par la
souveraineté démocratique : de fait, et presque partout, il a mal rempli son rôle à cet égard. D'ailleurs
on doit reconnaître qu'une tutelle étrangère est
nécessairement mal placée pour agir en pareille
matière. Ce qu'il faut ici, ce qu'il faut de toute
nécessité, c'est découvrir dans le régime local des
pays modernes *un régulateur naturel, interne et
automatique*, qui prenne la défense des intérêts
privés, isolés et désarmés devant le suffrage universel, dont la commune est restée mandataire et
dépositaire. On avait trouvé chez nous un frein
puissant dans l'adjonction des plus imposés : il est
aujourd'hui brisé. Les États-Unis nous offrent
l'exemple d'un système de prescriptions et limita-
tions préalables ; la Suisse, celui du référendum
communal, tous deux destinés à prévenir matériellement les abus les plus graves, tous deux capables
d'une action assez efficace. D'autres remèdes encore
ont été proposés : le vote plural, le suffrage proportionnel, la représentation des minorités. Quel que
soit d'ailleurs l'instrument employé, ce qu'il faut
avant tout, ce qu'il faut malgré tout, c'est réformer
la constitution communale en rendant une place
et un rôle aux intérêts privés dans le mécanisme
de la société locale, en protégeant les droits des
individus opprimés par ceux de la collectivité. C'est
là, pour nous, ce qui ressort de l'étude des finances
communales.

TABLE DES MATIÈRES

TOURS

IMPRIMERIE DESLIS FRÈRES

6, RUE GAMBETTA, 6